U0512897

本书为 2014 年国家社科资助一般项目

《匈人史文献及相关争议研究》

（项目号：14BSS006）前期成果

罗马帝国的梦魇

马塞里努斯笔下的东方战争与东方蛮族

The Haunted Roman Empire

Eastern Wars and Eastern Barbarians in Res Gestae

刘衍钢————著

上海人民出版社

目 录

第一部分

晚期罗马帝国历史的见证者：
马塞里努斯与他的时代

公元4世纪中后期是罗马帝国历史上的关键转型阶段。此阶段以337年君士坦丁去世开始,至392年狄奥多西一世(Theodosius I)查禁异教,确立基督教为国教结束。罗马帝国由此完成从古典帝国到基督教帝国的转变,同时罗马帝国也进入其最后阶段,不仅丧失了霸权,也丧失了统一。这期间西方古典史学也像古典罗马帝国一样持续衰落,教会意识形态垄断历史写作的过程大体上与教会垄断信仰的过程同步。5世纪开始,基督教思想独占历史写作的局面完全形成,基督教史学的这种控制力量在《上帝之城》(De civitate Dei)问世之后更为强固。

这一时期还有最后一批古典异教历史学家在从事写作,其中最重要者为阿米亚努斯·马塞里努斯(Ammianus Marcellinus),其次还有《诸帝本纪》(Sciptores Historiae Augustae)的一位(或多位)匿名作者。《诸帝本纪》的写作手法杂乱而低劣,书中引用的"史料"多为杜撰。①而马塞里努斯的《历史》(Res Gestae)则是伟大的古典史著,自中世纪晚期被发现以来一直是有关晚期罗马帝国的最重要史料。马塞里努斯素有"最后一位伟大的古典史家"之誉,他不仅是4世纪历史的记录者,其生平也是晚期罗马帝国政治军事史与思想史的缩影。

在马塞里努斯生活的年代,罗马帝国尚未从"3世纪危机"中完全恢复,除了诸多棘手的内部问题之外,它还面临着来自东方的两大外患:其一是取代了帕提亚王国、拥有强大军力和侵略野心的

---

① C.Kelly, *Ammianus Marcellinus*: *The Allusive Historian*, Cambridge: Cambridge University Press, 2008, pp.144, 222—223.

萨珊波斯帝国;其二是居住在帝国东部边境内外的蛮族势力,诸如盘踞小亚细亚的"化外之民"伊苏里人,惯于越界抢掠的哥特人、萨尔玛提亚人等。4世纪初,罗马帝国、萨珊波斯与东方诸蛮族之间大体上维持着微妙的势力均衡:在东方,罗马军团成功阻遏波斯人的攻势(296—298年),强迫后者接受《尼西比斯和约》并割让底格里斯河以东五省;在多瑙河地区,罗马军团亦能凭借军事优势御蛮族于国门之外。然而罗马主导的均衡并不长久;337年起,萨珊波斯国王沙普尔二世(309—379年在位)频频于东部边界寻衅,计划征服阿拉伯诸国、占领罗马美索不达米亚及叙利亚诸省。虽然"叛教者"尤里安皇帝(Julian或Julianus,361—363年在位)对蛮族和萨珊波斯发起的反攻取得了一定成效,但由于其在前线暴卒以及东方战争的巨大损耗,继任者们已无法抵抗外敌入侵的洪流。罗马在东方战争遭遇惨败之后,边境蛮族也频繁发动侵略,帝国的梦魇从此开始。363年,罗马被迫从波斯境内撤军,割让美索不达米亚及亚美尼亚诸省,尼西比斯等十五座前线要塞沦于敌手,罗马在东方边境转为守势,领土大幅缩减。4世纪中后期,被基督徒称为"上帝之鞭"的匈人降服另一支游牧民族阿兰人(Alani),随后胁其越过塔纳伊斯河(Tanais,即顿河)进攻哥特诸族,迫使大部分哥特人南迁,避入罗马帝国境内。入境的蛮族无法忍受罗马人的粗暴压迫,后者也因此将其视为内部威胁,双方的积怨日甚一日。378年,暴动的哥特人于亚得里亚堡(Adrianople)之战击杀东罗马皇帝瓦伦斯,帝国东部的精锐野战力量几乎全军尽殁,苦心经营数世纪的东北边境防线遂告瓦解。由是观之,与萨珊波斯帝国之间的战争(史称"东方战争"),以及东方蛮族对边界的侵袭,是罗马帝国走向全面崩溃的起点。

　　对于以上历史事件,马塞里努斯和他的《历史》无疑是最好的见证。史学史角度言之,在晚期罗马帝国的史家中,马塞里努斯是少有的对这两大东方因素始终非常关注、非常强调的一位。马塞里努斯的生平年代(约 330—400 年)与东方战争及东方蛮族大举入侵基本吻合,且马氏本人曾在尤里安麾下服役,奋战于东方战争的第一线。马氏之撰写《历史》,本以为塔西佗续史为目的(因而《历史》全书所及史事的起讫时间应为 96—378 年)①,但由于后世抄本的散佚,如今仅有涉及 353—378 年的部分传世。②东方战争与蛮族入侵作为这二十五年中最重要的政治军事事件,自然成为《历史》现存诸卷的核心叙事线索。《历史》第 14 卷开篇即谈到伊苏里人的入境劫掠以及萨珊波斯针对罗马的阴谋。③其后 10 卷中,马氏又以尤里安皇帝为主线,先后讲述罗马军队在西部反击阿勒曼尼蛮族和东征波斯之役,而在涉及尤里安东征的部分,他更以第一人称视角如实记述自己的参战经历。随着尤里安之死、罗马军团折戟于东方,以及西部防线的节节败退,马氏开始反思帝国内部的腐败与纷争,追问罗马国力衰微的原因。从《历史》第 31 卷开始,作者复将目光转向来自东方的敌人——哥特蛮族,以及将其逐入罗马的匈人。《历史》最后亦是最重要的一卷记述了匈人的入侵

---

① 塔西佗的史著以涅尔瓦皇帝登基之年(即 69 年)为截止时间。马塞里努斯为其著作取名《历史》,本就有承续塔西佗《历史》之意,而马氏的历史思想和撰史方法也在很大程度上借鉴塔西佗,相关研究参见 Marcellinus, *Ammianus Marcellinus*, Vol. I, The Loeb Classical Library, London: William Heinemann, 1958, pp.xv—xxiii。

② 《历史》共 31 卷,前 13 卷已遗失,后 18 卷大部分保留至今。《历史》的版本流变及相关问题,参见 T.D.Barnes, *Ammianus Marcellinus and the Representation of Historical Reality*, Ithaca & London: Cornell University Press, 1998, pp.231—244。

③ Ammianus Marcellinus, XIV.1.2—3.

和哥特人的南迁与叛乱,以罗马在亚得里亚堡战役的惨败收尾,不啻为罗马帝国走向瓦解的预告。因此,本书将帝国与蛮族这两大东方要素作为研究对象,通过解读马塞里努斯的文献记载,一窥4世纪后期这一罗马帝国衰落的关键历史时段。

第一章
马塞里努斯身份考辨

虽然自近代以来马塞里努斯一直是最著名的古典史家之一，然而与大部分古代史家一样，后人对于马塞里努斯的身世及经历所知有限。事实上几乎所有关于马塞里努斯的信息皆来自他那本残缺的史著，此外还有少量当时人物的通信中提到他。《历史》以纯正的拉丁文写就，但马塞里努斯并不是真正的罗马人，拉丁语亦非他的母语，他大约在成年之后才真正掌握拉丁语。在《历史》结尾，马塞里努斯总结自己的著作：

> 我作为一名昔日的战士和一名希腊人，奉上自己力所能及的成果，所讲述的历史事件从恺撒涅尔瓦即位延续至瓦伦斯死亡。这部著作力求真实，我从不刻意隐瞒或者编造谎言，也不对历史妄加评判。①

这段话是有关作者及其史著的最重要信息，其他还有一些相关内容与线索零散分布于《历史》的部分章节中，特别是以第一人称叙

---

① Ammianus Marcellinus, XXXI.16.9.

述的章节中。借助于这些信息，我们可以大体重塑马塞里努斯的生平及其史著的原貌。

在上述段落中，马塞里努斯自称为"希腊人"（graecus）和"战士"（miles）。"希腊人"指来自行省的说希腊语者；"战士"则说明他以军旅为主要生涯。《历史》还有段记载透露了作者的另一重要身份。359年阿米达（Amida）城①被波斯人攻陷，马塞里努斯及两名伙伴趁着夜晚逃离，由于身为"贵族"（ingenuus）②不擅长距离步行，马塞里努斯劳累不堪。之后他们偶然发现一匹没有马鞍与马衔的无主战马，马塞里努斯于是骑上战马与同伴继续赶路。③在罗马，普通平民很少有机会骑马，只有富家子弟才能以马代步；马塞里努斯能够轻易操控无马具的战马，他的骑术必定相当高超。根据这段记述大体可推知：马塞里努斯出身于社会上层，他的家庭应属于高级军官与市政管理阶层（curiales，或称市政元老阶层）。④马塞里努斯对心目中理想君主尤里安皇帝的各项政策皆持赞同态度，唯独对他增加市政管理阶层负担的举措微词颇多⑤，此外《历史》中指责其他皇帝压榨市政管理阶层或者哀叹市政管理阶层负担日益沉重的内容更多⑥，这些内容也可以间接印证作者的社会地位。

因此，要了解马塞里努斯，必须记住他的三个最重要身份：希

---

① 即波斯人所称的狄亚巴克尔（Diyarbakr），现代称狄亚贝基尔（Diarbekir）。

② 当时 ingenuus 一词有很多含义，在罗马法中这个称谓指父母皆为自由人者，但在这里显然是指贵族。

③ Ammianus Marcellinus，XIX.8.5—7.

④ 这是多数学者的观点，也有一些人持反对意见，认为马塞里努斯来自纯粹的军官阶层。参见 C.Kelly, *Ammianus Marcellinus: The Allusive Historian*, pp.132—125。

⑤ 主要是指尤里安颁布法令，取消一些城市的免税权，而城市的税收主要是由市政管理阶层负责。Ammianus Marcellinus, XXI.12.23, XXII.9.12, XXV.4.21.

⑥ 例如 Ammianus Marcellinus, XIV.7.2, XXII.9.4, XXVII.7.6—7, XXVIII.6.4, XXVIII.6.18。

腊人、战士与贵族。①

　　一般认为马塞里努斯的故乡是叙利亚首府安提奥克（Antioch），安提奥克是当时罗马帝国的东方都城与东方文化中心，帝国的四大城市之一。②马塞里努斯显然对安提奥克感情极深，对这座城市赞誉颇多，称其为"东方的美丽宝石"（orientis apex pulcher）③，赞赏其富裕与文明"举世无匹"（mundo non certaverit）。④《历史》中有很多章节表明作者对安提奥克的环境与文化传统非常熟悉。⑤此外，《历史》中两场以第一人称叙述的战争⑥皆以作者返回安提奥克作为结束。⑦近来有学者对马塞里努斯故乡的传统观点提出异议，认为马塞里努斯也可能来自腓尼基地区，他对安提奥克的感情是因为后来在那里长期居住⑧；另有一些学者认为北希腊的特萨罗尼加（Thessalonica）与埃及的亚历山大里亚也可能是马塞里努斯的故乡。⑨不过这类观点少有人认同，主流观点依然认为马塞里努斯出生于安提奥克的富裕贵族家庭，民族上他属于希腊人，也有可能是叙利亚人。⑩

---

① 现代学者对马塞里努斯身份的研究见 J.F.Matthews，"The Origin of Ammianus"，*The Classical Quarterly*，*New Series*，44（1994），pp.252—269；C.Kelly，*Ammianus Marcellinus：The Allusive Historian*，pp.122—125。

② 另外三座城市为：罗马、亚历山大里亚与君士坦丁堡。

③ Ammianus Marcellinus，XXII.9.14.

④ Ammianus Marcellinus，XIV.8.8.

⑤ 例如 Ammianus Marcellinus，XIV.1.9，XXII.12.8，XXIII.5.3.

⑥ 公元 359 年的波斯入侵与公元 363 年的尤里安东征波斯。

⑦ Ammianus Marcellinus，XIX.8.12，XXV.10.1.

⑧ T.D.Barnes，*Ammianus Marcellinus and the Representation of Historical Reality*，Ithaca & London：Cornell University Press，1998，pp.60—63.

⑨ C.Kelly，*Ammianus Marcellinus：The Allusive Historian*，p.117.

⑩ 当时安提奥克居民的上层讲希腊语，下层讲叙利亚语，语言与民族并无必然联系。J.W.Drijvers，& D.Hunt，*The Late Roman World and its Historian*，London & New York：Routledge，1999，pp.5—6；C.W.Fornara，"Studies in Ammianus Marcellinus：II：Ammianus' Knowledge and Use of Greek and Latin Literature"，*Historia：Zeitschrift für Alte Geschichte*，41（1992），pp.328—344.

从语言学上分析，"阿米亚努斯"应该是个源自闪语（Semitic）的名字①，《历史》中的一些记载也表明作者懂叙利亚语。②

晚期帝国时代安提奥克的最著名人物为利巴尼乌斯（Libanius），他是最后一位杰出的古典修辞学家，在马塞里努斯时代的罗马文化界有着广泛影响，他的著述中有众多内容可与《历史》的记载相互印证。关于马塞里努斯是否曾受教于利巴尼乌斯目前尚不清楚，但两人显然相互认识且有书信往来③，有一封书信保存至今。④利巴尼乌斯还在一封写于 360 年的信中提到一位在军队服役的"杰出的阿米亚努斯"（ὁ καλὸς Ἀμμιανός），称其为"穿着军装的哲学家"。⑤关于这位阿米亚努斯是否就是后来的史学家阿米亚努斯·马塞里努斯，目前尚有争议。⑥

马塞里努斯大约出生于 330 年，即君士坦丁大帝统治后期，他的家庭很可能是地位很高的军人世家。⑦马塞里努斯在君士坦提乌斯二世（Constantius II, 337—361 年）在位统治时期开始仕途，时间约为 350 年⑧，身份为"皇家骑兵队员"（protector

① T.D. Barnes, *Ammianus Marcellinus and the Representation of Historical Reality*, pp.62—63.
② Ammianus Marcellinus, XVIII.6.16.
③ Ammianus Marcellinus, *The Later Roman Empire*, London: Penguin Books, 2004, p.14.
④ 关于本文献的研究论述见 J.F. Matthews, "The Origin of Ammianus", 44 (1994), pp.252—269。
⑤ Libanius, *Ep*, 233.4.
⑥ C.Kelly, *Ammianus Marcellinus: The Allusive Historian*, p.125.
⑦ T.D. Barnes, *Ammianus Marcellinus and the Representation of Historical Reality*, pp.1, 118—119.
⑧ 也有人认为是 355 年。见 C.Kelly, *Ammianus Marcellinus: The Allusive Historian*, p.7。

domesticus)。①《历史》中提到此时作者本人刚刚成年(adulescens)就开始了军旅生涯②,这些记载不仅有助于我们推测作者的出生时间,亦为我们了解他的社会地位提供了丰富信息。"皇家骑兵队员"这一称号容易引起误解,不少著名学者(比如吉本)把它当作贵族等级③,因为在5—6世纪时,此称呼确为荣誉称号与等级,并非真正军职。④但在更早时代,此称号乃真正的军职。⑤由于史料的混乱和缺乏,该称号的真实内涵难以完全复原,但可以肯定在4世纪时,"皇家骑兵队员"确实是精锐近卫骑兵队成员。⑥这一称号所包含的信息极为丰富,往往被众多研究者所忽略。

经过戴克里先与君士坦丁的军事改革⑦,帝国早期的近卫军团(praetoriani)早已不复存在,此时的新式近卫军(scholae palatinae)的组成要复杂得多。虽然《历史》对近卫军各作战部队记

---

① 马塞里努斯两次提到自己的军职。见 Ammianus Marcellinus, XIV.9.1, XVIII.8.11。

② Ammianus Marcellinus, XVI.10.21.

③ 吉本认为该等级为最低元老等级,即拥有该等级者才有进入元老院的资格。见 E.Gibbon, *The Decline and Fall of the Roman Empire*, Vol.II, London: Routledge Thoemmes Press, 1997, p.82。

④ A.H.M.Jones, *The Later Roman Empire 284—602*, Vol.I, Baltimore: The John Hopkins University Press, 1986, pp. 657—658; C. Kelly, *Ammianus Marcellinus: The Allusive Historian*, p.131.

⑤ 最早创建这一部队的是3世纪皇帝迦利埃努斯(Gallienus)。见 A.H.M.Jones, *The Later Roman Empire 284—602*, Vol.I, pp.53—54。

⑥ P.Sabin & H.V.Wees & M.Whitby, *The Cambridge History of Greek and Roman Warfare*, Vol.II, Cambridge: Cambridge University Press, 2007, pp.305—306。

⑦ 因为晚期帝国史料的缺乏和混乱,戴克里先与君士坦丁在晚期帝国军事改革中的作用尚难以确定。不过有些新式近卫军部队可以肯定在戴克里先时期已经组建。参见 P.Sabin & H.V.Wees & M.Whitby, *The Cambridge History of Greek and Roman Warfare*, Vol.II, pp.279—280; A.H.M.Jones, *The Later Roman Empire 284—602*, Vol.I, pp.54, 100—101, 103—104。

载颇多①，但现代学者对于当时近卫军的具体编制并不很清楚，而且帝国东部与西部的近卫军组织也不完全相同。②综合各方记载，大体能确定当时东部近卫军包括两支轻盾部队（scutarii）、一支重甲部队（armaturae）、两支蛮族机动部队（gentiles et scutarii），一支机动轻骑兵部队（scutarii sagittarii）及一支机动重甲骑兵部队（scutarii clibanarii）。③这些部队主要用于战场，直接护卫皇帝的任务则由亲卫队（candidati）承担。④因为马塞里努斯精于骑射，他所隶属的部队当为机动轻骑兵部队，这是近卫军中地位最显赫的部队之一。⑤根据纸草文献提供的证据，马塞里努斯所属的皇家骑兵队最早可能出现于3世纪中期⑥，其地位可能高于其他战场部队，仅低于亲卫队。最重要的是这支队伍不是纯粹战斗部队，它还兼有两项重要功能，即皇帝的仪仗队与帝国的高级士官学校。⑦皇家骑兵队成员多为高级军官子弟，往往短期服役后就能成为军官或将领⑧，马塞里努斯曾提及自己与同僚的晋升惯例，⑨他本人的经历

---

① 例如 Ammianus Marcellinus，XIV.7.9，XVI.4.1，XX.8.13，XXVI.1.4，XXVII.10.12。

② 据《百官志》（*Notitia Dignitatum*）记载，东部有7支近卫军队，西部有5支近卫队。见 *Notitia Dignitatum*，IX.3—9；XI.3—11。

③ A.H.M.Jones，*The Later Roman Empire 284—602*，Vol.I，p.613.

④ P.Sabin & H.V.Wees & M.Whitby，*The Cambridge History of Greek and Roman Warfare*，Vol.II，p.280. "candidate"一词的拉丁语含义为"穿白衣者"，可知这支部队的军装为白色。

⑤ 马塞里努斯也提到过这支部队。见 Ammianus Marcellinus，XXXI.7.16。

⑥ C.Kelly，*Ammianus Marcellinus：The Allusive Historian*，pp.119—121.

⑦ 关于皇家骑兵队员接受的各种军事训练和文化教育，以及他们所承担的各种任务，参见 F.Trombley，"Ammianus Marcellinus and Fourth-century Warfare：a protector's approach to historical narrative"，*The Late Roman World and its Historian*，pp.16—26.

⑧ 实际上 protector 一词在罗马帝国晚期即有候补军官之意。A.H.M.Jones，*The Later Roman Empire 284—602*，Vol.I，pp.135，634，637—639.

⑨ Ammianus Marcellinus，XVI.10.21.

就非常典型。有鉴于此，皇家骑兵队成员在出身、身高、相貌以及骑术与武器技巧方面都有很高要求。[①]据史学家弗兰克(R.I. Frank)考证，4世纪的古典史料中共提及八位皇家骑兵队成员，其中五位出自马塞里努斯的《历史》。马塞里努斯时代有三个皇帝，即约维安(Jovian 或 Jovianus)、瓦伦提尼安(Valentinian)与瓦伦斯(Valens)曾在皇家骑兵队服役。这些人的共同特点是出身贵族，父亲为高阶军官。[②]因此有学者猜测349年任东方总督(comes orientis)的马塞里努斯可能正是这位同姓史学之父。[③]马塞里努斯的高级军官家庭背景有助于解释他对拉丁语的熟练掌握，因为当时东方通用希腊语，只有军队与宫廷中使用拉丁语。[④]

因此我们可以推知：马塞里努斯可能来自身世显赫的高级军官家庭，而且是个身材高大、面貌端正且身体强健的人。古希腊有句名言"没有健美体魄的人不可能有健全的灵魂"，这话虽然未必

---

① 近卫军的最低身高要求高于普通部队，一般为6罗尺以上，即1.8米左右。相关的分析见 C.Kelly, *Ammianus Marcellinus：The Allusive Historian*, pp.130—132。

② T.D. Barnes, *Ammianus Marcellinus and the Representation of Historical Reality*, p.59；F. Trombley, "Ammianus Marcellinus and Fourth-century Warfare: a protector's approach to historical narrative", *The Late Roman World and its Historian*, p.19. 实际上如果没有显赫的家庭背景，要成为皇家骑兵队员非常困难。现存晚期罗马帝国铭文材料中提到一位军官弗拉维乌斯·梅莫利乌斯(Flavius Memorius)，他在野战部队(comitatenses)中服役二十八年后才得以升入皇家骑兵队；而马塞里努斯二十岁左右就成为皇家骑兵队员。两人的社会地位显然有巨大差异。参见 F.Trombley, "Ammianus Marcellinus and Fourth-century Warfare: a protector's approach to historical narrative", *The Late Roman World and its Historian*, pp.18—19。

③ C.Kelly, *Ammianus Marcellinus：The Allusive Historian*, pp.106, 121.

④ C.Kelly, *Ammianus Marcellinus：The Allusive Historian*, pp.123—125. 帝国东部宫廷近卫军将士都接受拉丁语文学教育，因此从皇家骑兵队出去的军官一般具有很好的双语能力，《历史》中有多处相关记载。见 F.Trombley, "Ammianus Marcellinus and Fourth-century Warfare: a protector's approach to historical narrative", *The Late Roman World and its Historian*, pp.19—20。

正确,但用在马塞里努斯身上却非常合适。在古典史家之中,马塞里努斯的这些素质是少有的,这使得他的著作呈现出与其他古典史著完全不同的风貌。跟那些博学的书斋式作家相比,马塞里努斯或许见识不算高深,但他的叙述单纯直率,丝毫没有史著中常见的阴郁激愤气息。读过马塞里努斯史著的人或许不喜欢他的虚夸文风,但一定喜欢字里行间展现出的作者个性。另一方面,马塞里努斯成年后确实博览群书,但他的文学功底与技巧并不算一流,哲学、科学与宗教等方面的知识也略显肤浅。①这多少跟他的家庭背景和早年经历有关。

① T.D. Barnes, *Ammianus Marcellinus and the Representation of Historical Reality*, pp.75—77.

第二章

马塞里努斯的军旅生涯

353 年，马塞里努斯离开近卫军，成为东方最高军事统帅乌尔西奇努斯(Ursicinus)的随从副官，这也是马塞里努斯本人首次出现于自己的史著中。[①]马塞里努斯与乌尔西奇努斯的关系非常亲密，乌尔西奇努斯在安提奥克拥有昂贵房产[②]，与马塞里努斯家族可能也有联系。[③]马塞里努斯对乌尔西奇努斯的爱戴与尊敬不免严重影响了相关记载的客观性，这也是《历史》公认的缺憾之一。[④]马塞里努斯笔下的乌尔西奇努斯总体上是位完美的统帅，由于我们对乌尔西奇努斯的了解基本上全部来自《历史》[⑤]，因此可以说

---

① Ammianus Marcellinus，XIV.9.1，XIV.11.5. 马塞里努斯此时的职务为无职副官(tribunus vacans，亦可译为"自由副官")，即没有固定的下属军队，可执行各种任务的副官。

② Ammianus Marcellinus，XVIII.4.3.

③ Ammianus Marcellinus，*The Later Roman Empire*，p.453.

④ Marcellinus，*Ammianus Marcellinus*，Vol. I，London：William Heinemann，1982，p.x；C.Kelly，*Ammianus Marcellinus：The Allusive Historian*，p.107.

⑤ 现存的犹太经典《巴勒斯坦塔木德》(*Palestinian Talmud*)中有几个故事谈到乌尔西奇努斯镇压公元 351—352 年犹太人反抗，这大概是《历史》之外唯一涉及乌尔西奇努斯的史料。见 T.D. Barnes，*Ammianus Marcellinus and the Representation of Historical Reality*，p.130. 部分现代学者(例如 E.A.汤普森)认为乌尔西奇努斯远非一位杰出将领，马塞里努斯可能掩饰了他的很多失败。（转下页）

乌尔西奇努斯借助马塞里努斯的文笔成为一位不朽的古代军事将领。马塞里努斯早年的军旅生涯大体上伴随着乌尔西奇努斯沉浮。乌尔西奇努斯受到副帝(Caesar)迦鲁斯(Gallus,君士坦提乌斯皇帝的东方共治者)信任,后来迦鲁斯被处死②,乌尔西奇努斯亦不免受皇帝猜疑。③354年,乌尔西奇努斯被召往米兰的宫廷接受审讯④,马塞里努斯伴随统帅前往。恰逢此时莱茵军区统帅西尔瓦努斯(Silvanus)遭到廷臣陷害,被迫称帝谋反⑤,由于乌尔西奇努斯在军中的威望,皇帝只得派遣他去处理危机,马塞里努斯也陪伴统帅前往北方执行这项危险任务。⑥此次兵变被乌尔西奇努斯一行人成功平息,西尔瓦努斯被部下所杀。⑦但《历史》对整个行动过程叙述得较为隐晦含混,可能因为乌尔西奇努斯等人采用了不太光彩的手段,尤其是利用了西尔瓦努斯对他们的尊

（接上页）马塞里努斯对乌尔西奇努斯品格与能力的赞扬很多。例如 Ammianus Marcellinus, XIV.9.1—2。其他古典史料对于乌尔西奇努斯军事上的失误,尤其他在高卢期间的指挥无能略有暗示。见 Libanius, *Or*, 18.42。相关分析见 C.Kelly, *Ammianus Marcellinus:The Allusive Historian*, pp.44—45；F. Trombley, "Ammianus Marcellinus and Fourth-century Warfare: a protector's approach to historical narrative", *The Late Roman World and its Historian*, p.21；D. Hunt, "The Outsider Inside: Ammianus on the rebellion of silvanus", *The Late Roman World and its Historian*, p.53。

② Ammianus Marcellinus, XIV.11.6—34.

③ 按照马塞里努斯的说法,君士坦提乌斯除掉迦鲁斯的心意已决,但对迦鲁斯身边深受东部将士爱戴的乌尔西奇努斯颇为忌惮。于是他决定在将迦鲁斯召往西部处死之前,先让乌尔西奇努斯离开东部。见 Ammianus Marcellinus, XIV.11.1—5。

④ Ammianus Marcellinus, XV.2；A.Cameron & P.Garnsey, *The Cambridge Ancient History*, Vol.XIII, Cambridge: Cambridge University Press, 1998, p.25.

⑤ Ammianus Marcellinus, XV.5.1—16.

⑥ Ammianus Marcellinus, XV.5.18—26.

⑦ Ammianus Marcellinus, XV.5.28—34.

重和信任。①尽管平息叛乱有功,乌尔西奇努斯还是未能完全洗清罪名,他被指控盗用财物。②此后两年乌尔西奇努斯滞留在高卢,曾短期出任莱茵军区副统帅③,此间马塞里努斯一直陪伴着他。

357年,鉴于东方局势日益紧张,皇帝终于决定派乌尔西奇努斯回美索不达米亚主持军务④,马塞里努斯也跟随统帅回到东方。其间皇帝的疑虑始终未消,政敌们也极力诽谤⑤,最终皇帝决定以升任近卫步兵统帅(magister peditum praesentalis)的名义把乌尔西奇努斯召回宫廷,便于就近控制。⑥359年波斯开始了正式进攻,本已在赴任途中的乌尔西奇努斯与马塞里努斯接到命令,立即返回美索不达米亚部署防御。⑦作为乌尔西奇努斯所信任的下属,马塞里努斯在战争中执行了很多危险的侦察与通信任务,有一次差点被俘。⑧最重要的一次任务是深入波斯科尔杜埃尼(Corduene 或Cordyene)省侦察波斯军队入侵动向。该省总督暗中与罗马通好,他安排马塞里努斯潜伏在高处的岩石观察,马塞里努斯目睹了波

---

① Ammianus Marcellinus,*The Later Roman Empire*,p.448. 12 世纪拜占庭史家佐那拉斯(Zonaras)对此有简略记载,没有提到乌尔西奇努斯。见 Zonaras,XIII. 9.24.尤里安皇帝的著作中对此也有说明,但主要侧重于西尔瓦努斯。见 Julian,*Or*,I.48c,II.98d—99a.整个过程的详细分析见 D.Hunt,"The Outsider Inside:Ammianus on the rebellion of silvanus",*The Late Roman World and its Historian*,pp.46—56。其他分析见 C.Kelly,*Ammianus Marcellinus:The Allusive Historian*,pp.41—42,45—47;A.Cameron & P.Garnsey,*The Cambridge Ancient History*,Vol.XIII,pp.27—28;A.H.M.Jones,*The Later Roman Empire 284—602*,Vol.I,pp.116—117。

② Ammianus Marcellinus,XV.5.35—36.

③ Ammianus Marcellinus,XVI.2.8;A.Cameron & P.Garnsey,*The Cambridge Ancient History*,Vol.XIII,p.49.乌尔西奇努斯任职时间不长,之后被召回米兰。

④ Ammianus Marcellinus,XVI.10.21.

⑤ Ammianus Marcellinus,XVIII.4.2—6.

⑥ Ammianus Marcellinus,XVIII.5.4—5,XVIII.6.1—4.

⑦ Ammianus Marcellinus,XVIII.6.5—7.

⑧ Ammianus Marcellinus,XVIII.6.7—19.

斯沙普尔大王(Shapur the Great)率领波斯及亚洲蛮族大军渡过安扎巴(Anzaba)①河的壮观场面。②沙普尔此番没有取道传统的西路,而是由北路进军,完全出乎罗马人预料,马塞里努斯火速返回底格里斯河上游重镇阿米达向乌尔西奇努斯报告。③乌尔西奇努斯立即布置应对措施④,并率随从尽快赶往幼发拉底河上游的萨摩萨塔(Samosata),打算在波斯人到达前毁掉那一带的两座桥梁。⑤但队伍中途遇袭被冲散,马塞里努斯几经周折逃回阿米达。⑥之后马塞里努斯亲身经历了这场战争中最惨烈,亦是决定性的战役——阿米达围攻战。阿米达坚持了七十三天终告陷落,城中驻军大多战死或被俘,仅有少数人趁夜晚逃脱,马塞里努斯有幸在这些逃亡者之列。⑦他历经艰险逃往亚美尼亚,在那里与乌尔西奇努斯汇合,随队伍回到故乡安提奥克。⑧

乌尔西奇努斯于 360 年被免职⑨,我们对此后一段时间马塞里努斯的情况所知甚少,但此间发生在帝国西部的事件极大影响了罗马帝国的历史进程,也极大影响了马塞里努斯此后的生涯及

---

① 即大扎布河(Great Zab River),底格里斯河支流。
② Ammianus Marcellinus,XVIII.6.20—23,XVIII.7.1.安扎巴河即大扎布河,底格里斯河北部支流。
③ Ammianus Marcellinus,XVIII.7.2.
④ Ammianus Marcellinus,XVIII.7.3—10.
⑤ Ammianus Marcellinus,XVIII.8.1.
⑥ Ammianus Marcellinus,XVIII.8.7—14.
⑦ Ammianus Marcellinus,XIX.1—8.
⑧ Ammianus Marcellinus,XIX.8.5—12.现代学者对马塞里努斯在本次战役中的作用有众多分析。见 R.C.Blockley,"Ammianus Marcellinus on the Persian Invasion of A.D.359",*Phoenix*,42(1988),pp.244—260。
⑨ Ammianus Marcellinus,XX.2;C.Kelly,*Ammianus Marcellinus:The Allusive Historian*,p.125.

其史著。西尔瓦努斯兵变使得莱茵地区的局势更趋混乱,日耳曼人趁机入侵。①君士坦提乌斯皇帝无法单独应对帝国漫长边界上的危机,只得于 355 年末任命本家族仅存的另一位男性——其堂弟,即迦鲁斯的异母弟弟尤里安——为副帝,负责西部战事。②随后几年间尤里安在高卢的战争非常成功,他虽然毫无军事经验,但在初期遭受挫折后很快成为一名优秀统帅。③357 年尤里安率一万三千人的罗马军队以寡击众,在阿尔根托拉图姆(Argentoratum)④击溃三万五千人的日耳曼联军⑤,之后又数度越过莱茵河深入敌境,迫使日耳曼人屈服。⑥此间马塞里努斯正在高卢,可能参加了尤里安的加冕仪式及之后的部分战役。⑦一系列辉煌的胜利使得尤里安在军中的威信剧增,也使得尤里安与君士坦提乌斯皇帝间的关系日趋紧张。因为尤里安的家庭成员几乎全部遭君士坦提乌斯屠杀⑧,他自然

---

① Ammianus Marcellinus,XV.8.1.

② Ammianus Marcellinus,XV.8.2—18.

③ Ammianus Marcellinus,XVI.2,XVI.4;A.H.M.Jones,*The Later Roman Empire 284—602*,Vol.I,pp.119—120.

④ 今法国斯特拉斯堡,这场著名战役一般被称为"斯特拉斯堡战役"。

⑤ Ammianus Marcellinus,XVI.12.

⑥ Ammianus Marcellinus,XVII.1—2.

⑦ 马塞里努斯在高卢战争中的经历参见 R.C.Blockley,"Ammianus Marcellinus on the Battle of Strasburg:Art and Analysis in the 'History'",*Phoenix*,31 (1977),pp.218—231。

⑧ A.Cameron & P.Garnsey,*The Cambridge Ancient History*,Vol.XIII,p.3. 君士坦丁为庶子,其母亲出身低微,理论上他没有继承权。而君士坦丁的三个异母弟弟——包括尤里安的父亲尤里乌斯·君士坦提乌斯(Julius Constantius)——身世显赫,母亲为皇帝马克西米安(Maximian)的女儿。因此在君士坦丁诸子看来,几个叔叔及其子女是自己帝位的潜在威胁。公元 337 年君士坦丁刚去世,副帝君士坦提乌斯就唆使军队将其他皇族全部屠杀,只有尤里安与其兄迦鲁斯因为年幼得以幸免,但他们的生活一直受到监视与限制。前面已经述及迦鲁斯后来也被君士坦提乌斯处死;尤里安在成为副帝前正在雅典求学,极力远离政治。关于 337 年的皇族大屠杀,马塞里努斯史著的遗失部分应该有记载。现存的《历史》中,只有在述及尤里安死亡时简略提到。见 Ammianus Marcellinus,XXV.4.1。

不可能对皇帝有真正的忠心,皇帝也仅希望尤里安扮演名义统治者角色,不能容忍他拥兵自重。①这种紧张关系终于在 360 年公开化,拒绝听命于君士坦提乌斯的高卢军队拥立尤里安为帝②,帝国面临内战。君士坦提乌斯计划在波斯战争稍稍平息后率军西进讨伐尤里安③,但他在东方的战争很不成功④,其间尤里安在多瑙河地区发动攻势,夺取了部分地区。⑤君士坦提乌斯闻讯后率大军进攻尤里安⑥,但他于 361 年 11 月病死于途中⑦,内战得以避免,尤里安成为整个帝国唯一的合法统治者。⑧

尤里安皇帝在位时间很短,但他是马塞里努斯心目中的英雄与理想君主。⑨在位期间尤里安减轻赋税⑩,革除前朝弊政⑪,使罗马帝国的内部局面有所好转。尤里安是罗马历史上最后一位异教皇帝,其古典气质与古典文化修养更甚于马塞里努斯。他即位后公开宣布放弃基督教信仰,采取种种措施试图复兴古典宗教与古

---

① R.Browning, *The Emperor Julian*, London: Weidenfeld & Nicolson, 1977, pp.81—82.

② Ammianus Marcellinus, XX.4.

③ Ammianus Marcellinus, XX.9.3—5.

④ Ammianus Marcellinus, XX.11.1—25.

⑤ Ammianus Marcellinus, XX.9—10; A. Cameron & P.Garnsey, *The Cambridge Ancient History*, Vol.XIII, pp.58—59.

⑥ Ammianus Marcellinus, XXI.13.6—16.

⑦ Ammianus Marcellinus, XXI.15.

⑧ A.H.M.Jones, *The Later Roman Empire 284—602*, Vol.I, p.120.

⑨ 马塞里努斯对尤里安的赞誉见 Ammianus Marcellinus, XVI.1, XVI.5, XXV.4。相关详细分析见 C.Kelly, *Ammianus Marcellinus: The Allusive Historian*, pp.300—316。

⑩ Ammianus Marcellinus, XXV.4.15; A. Cameron & P.Garnsey, *The Cambridge Ancient History*, Vol.XIII, pp.64—67.

⑪ Ammianus Marcellinus, XVI.5, XXII.4; A.Cameron & P.Garnsey, *The Cambridge Ancient History*, Vol.XIII, pp.63—64; A.H.M.Jones, *The Later Roman Empire 284—602*, Vol.I, pp.129—130.

典文化。①在当时的历史环境下,尤里安的事业自然难以成功。362 年皇帝到达马塞里努斯的故乡安提奥克,他恢复异教崇拜与尊崇古典哲学的举动遭到当地基督教团体的激烈抵制与羞辱,尤里安随即反击,颁布了一些反基督教法令。②这位皇帝的种种举措使他成为西方历史上争议最大的皇帝之一。

363 年尤里安率军进攻波斯③,马塞里努斯参与了这次远征。④我们并不确切知道马塞里努斯在战争期间的职务及承担的任务,他大约开始负责后勤辎重舰队,因为《历史》在叙述舰队活动时最先使用第一人称⑤;当罗马的辎重舰队沿幼发拉底河而下与皇帝的主力汇合后,他大概参与了之后的历次战斗,《历史》对这之后的叙述大量使用第一人称。⑥罗马军队所向披靡,进抵波斯首都泰西封(Ctesiphon),但无力攻城,只得沿北路退回亚美尼亚。⑦波斯军队以焦土与袭扰战术对付罗马人,因而此次行军异常艰苦⑧,皇帝本人也在一次战斗中负重伤,当晚死去。⑨次日罗马高级将领开会推举继任皇帝⑩,马塞里努斯可能是与会者之一,吉本认为其中一位发言的无名高级将领⑪就是马塞里努斯

---

① Ammianus Marcellinus, XXII.5—6;A.Cameron & P.Garnsey, *The Cambridge Ancient History*, Vol.XIII, p.62.
② Ammianus Marcellinus, XXII.14.
③ Ammianus Marcellinus, XXIII.2.
④ Ammianus Marcellinus, XXIII.5.7, XXIII.6.30.
⑤ 例如 Ammianus Marcellinus, XXVI.1.5。有关是役马塞里努斯各种具体军职的讨论,见 C.Kelly, *Ammianus Marcellinus: The Allusive Historian*, pp.125—127。
⑥ 例如 Ammianus Marcellinus, XXVI.6.1。
⑦ Ammianus Marcellinus, XXIV.7.
⑧ Ammianus Marcellinus, XXV.2.
⑨ Ammianus Marcellinus, XXV.3.
⑩ Ammianus Marcellinus, XXV.5.1—3.
⑪ Ammianus Marcellinus, XXV.5.3.

本人。①会议的结果是近卫军统帅约维安继位为帝。②约维安立即
与波斯媾和,放弃了罗马控制的美索不达米亚东北部地区,其中包
括北部最重要的设防城市,亦是马塞里努斯曾长期驻扎的司令部
所在地尼西比斯(Nisibis)。③

---

① 《罗马帝国衰亡史》第 2 卷第 24 章。见 E.Gibbon, *The Decline and Fall of the Roman Empire*, Vol.II, p.289. 相关分析见 C.Kelly, *Ammianus Marcellinus: The Allusive Historian*, pp.127—128; Ammianus Marcellinus, *The Later Roman Empire*, 465。

② Ammianus Marcellinus, XXV.5.4—9.

③ Ammianus Marcellinus, XXV.7.

第三章

《历史》的撰述

战争结束后马塞里努斯返回故乡安提奥克,在那里居住了十多年。《历史》在记载 372 年安提奥克的大规模迫害时提到作者亲身目睹的场景,此时作者的身份已不是军人。[①]《历史》的另一处记载中称作者在 378 年时仍然在安提奥克。[②]其间马塞里努斯可能曾数度出行,前往埃及、希腊与黑海等地[③],同时留意积累素材并潜心阅读,为日后历史的写作做准备,《历史》对作者行程也有多处提及。[④]378 年发生了著名的亚得里亚堡会战,罗马大败,皇帝瓦伦斯阵亡,帝国东部的精锐部队几乎全部丧失。[⑤]378 年末至 380 年间,马塞里努斯动身前往罗马。[⑥]他没有走比较便捷的海路,而是

① Ammianus Marcellinus,XXIX.1.24,XXIX.2.4.

② Ammianus Marcellinus,XXXI.1.2.

③ C.Kelly, *Ammianus Marcellinus*:*The Allusive Historian*, p.15.

④ 希腊地区见 Ammianus Marcellinus,XXVI.10.9。色雷斯黑海地区见 Ammianus Marcellinus,XXII.8.1,XXVII.4.2。埃及地区见 Ammianus Marcellinus,XVII.4.6,XXII.15.1。关于马塞里努斯的旅行有多种推测,也有人认为他离开安提奥克前往罗马时做过长途旅行,到过上述地区。见 T.D.Barnes, *Ammianus Marcellinus and the Representation of Historical Reality*,p.1。

⑤ 马塞里努斯称仅有三分之一的罗马军队幸存。见 Ammianus Marcellinus,XXXI.13.18。对此说法学者们也有争议。C.Kelly, *Ammianus Marcellinus*:*The Allusive Historian*, p.13.

⑥ T.D.Barnes, *Ammianus Marcellinus and the Representation of Historical Reality*, p.2.

取道充满风险的色雷斯陆路，大概是为了察看亚得里亚堡战场，收集历史素材①，对此《历史》中有所记述：

> 最后，死者中较有身份者被以尽可能适当的方式安葬。其他死者的遗体则暴露在外，被污秽的鸟兽吞噬，这些禽兽在那段时间都习惯于吃死尸。直到现在，那里的平原上依然闪耀着死者遗骨的森森白光。②

我们对随后几年马塞里努斯的活动不太清楚，他最迟于 383 年退职后定居罗马，开始《历史》的写作。《历史》中有很多言语表明作者写作时身在罗马③，其主要读者群亦是罗马人。④

像马塞里努斯这样的外乡人（peregrinus）来罗马定居，往往会跟某些罗马显贵保持密切关系，接受其庇护。⑤当时罗马势力最大的有两大家族，即叙马奇（Symmachi）家族与安尼西（Anicii）

---

① Marcellinus, *Ammianus Marcellinus I*, p.xiii.

② Ammianus Marcellinus, XXXI.7.16. 对于这段记载，学者们有较大争议，吉本认为马塞里努斯并未去过亚得里亚堡战场，只去过公元 377 年萨里凯斯（Salices）战役遗址。该看法得到锡克、塞姆与巴恩斯等现代学者支持。马修斯详细分析了这段记载，认为马塞里努斯是模仿维吉尔和塔西佗。见 Tacitus, *Annals*, I.61.2—3；Vergil, *Aeneid*, XII.35—36。此外，与马塞里努斯同时代的利巴尼乌斯在颂扬罗马军队时也有类似描述。见 Libanius, *Or*, XXIV.4. 相关分析见 C.Kelly, *Ammianus Marcellinus：The Allusive Historian*, pp.14—17。

③ 例如 Ammianus Marcellinus, XIV.6.2, XXII.15.24, XXVIII.1.3—4。

④ 例如 Ammianus Marcellinus, XIV.6, XV.7.3, XVI.10, XVII.4, XVII.11.5, XXVIII.4。

⑤ 有关马塞里努斯与罗马贵族间的联系，见 A.Cameron, "The Roman Friends of Ammianus", *The Journal of Roman Studies*, 54(1964), pp.15—28。

家族。①传统观点认为叙马奇家族与异教学术界人士关系密切，最有可能是马塞里努斯的庇护者。②但该看法因缺乏证据，遭到卡梅隆（A.D.E.Cameron）等现代学者的反对，目前已少有人支持。③《历史》提到 384 年的粮荒时，对当时罗马执政者驱逐外乡人（peregrini）的措施多有讥讽和抱怨。④一般推测作者马塞里努斯也在被驱逐之列⑤，而当时罗马城市长官（praefectus urbi）即为叙马库斯（Symmachus）⑥，因而马塞里努斯与叙马奇家族大概没有联系。那么马塞里努斯的庇护者就可能是安尼西家族。但马塞里努斯对安尼西家族的评价同样不高，对该家族头面人物佩特罗尼乌斯·普罗布斯（Petronius Probus），《历史》多有批评⑦，而且《历史》中有一段描述罗马贵族堕落的文字明确列举了安尼西家族子弟。⑧因此安尼西家族也不太可能是史学家的庇护者。近来有学者提出了更合理的解释，即马塞里努斯在罗马的庇护者很可能是

---

① 叙马奇家族地位显赫，公元 6 世纪东哥特人统治意大利时期依然是最重要的元老家族。安尼西家族在 4—5 世纪非常显赫，从马塞里努斯时期至西罗马帝国灭亡的大部分西部最高内政职务由该家族的成员把持，皇帝佩特罗尼乌斯·马克西姆斯（Petronius Maximus）就来自该家族。A.H.M.Jones, *The Later Roman Empire 284—602*，Vol.I, p.177.

② C.Kelly, *Ammianus Marcellinus：The Allusive Historian*, pp.104—105.

③ A.Cameron, "The Roman Friends of Ammianus", *The Journal of Roman Studies*, 54(1964), pp.15—28.

④ Ammianus Marcellinus, XIV.6.19.

⑤ 相关的详细分析见 C.Kelly, *Ammianus Marcellinus：The Allusive Historian*, pp.133—141。

⑥ 即著名元老贵族与修辞学家叙马库斯。C.Kelly, *Ammianus Marcellinus：The Allusive Historian*, p.110.

⑦ Ammianus Marcellinus, XXX.5.4—11. 相关分析见 A.H.M.Jones, *The Later Roman Empire 284—602*, Vol.I, p.142。

⑧ Ammianus Marcellinus, XVI.8.10—13, XXXI.5.10—17.

希帕提乌斯（Hypatius）。①希帕提乌斯身为皇亲国戚，地位显赫，于359年出任执政官②，他跟马塞里努斯一样来自东方，而且曾在安提奥克长期居住。马塞里努斯可能与希帕提乌斯关系亲密，《历史》中提到希帕提乌斯时称其为"我们的希帕提乌斯"（noster Hypatius），而且对希帕提乌斯颇有溢美之词③，对希帕提乌斯的姐姐尤西比娅（Eusebia）皇后亦赞誉有加。④马塞里努斯移居罗马时，希帕提乌斯正担任意大利与伊里利库姆（Illyricum）的行政长官，有能力提供庇护，甚至有学者认为马塞里努斯正是跟随希帕提乌斯由东方移居罗马。⑤但上述384年瘟疫爆发时希帕提乌斯已卸任，因而无力保护马塞里努斯。走笔至此，马塞里努斯的庇护人只能说查无实人，可归入悬案之列。

《历史》中记载的最晚事件是尼奥特利乌斯（Neoterius）任执政官⑥，时间为390年⑦，因而马塞里努斯大约在390年后完成《历史》写作。⑧八十岁高龄的利巴尼乌斯有一封写给马塞里努斯的信

---

① T.D.Barnes, *Ammianus Marcellinus and the Representation of Historical Reality*, p.122; C.Kelly, *Ammianus Marcellinus：The Allusive Historian*, p.116.

② Ammianus Marcellinus, XVIII.1.1.

③ Ammianus Marcellinus, XXIX.2.16.

④ Ammianus Marcellinus, XV.2.8, XVII.7.7, XVIII.3.2. 据《历史》记载，尤西比娅一直保护尤里安，使他免受来自宫廷的猜疑和迫害。但按理说尤西比娅不应该获得这样高的评价，因为同样据《历史》记载，尤西比娅出于妒忌毒死了尤里安怀孕的妻子海伦娜（Helena）公主。见 Ammianus Marcellinus, XVI.10.18。相关详细分析见 C.Kelly, *Ammianus Marcellinus：The Allusive Historian*, pp.149—150。

⑤ C.Kelly, *Ammianus Marcellinus：The Allusive Historian*, p.106.

⑥ Ammianus Marcellinus, XXVI.5.14.

⑦ Marcellinus, *Ammianus Marcellinus*, Vol. II, London：William Heinemann, 1972, p.594.

⑧ T.D.Barnes, *Ammianus Marcellinus and the Representation of Historical Reality*, p.54.

保存至今，写信的时间为 392 年，在信中利巴尼乌斯祝贺马塞里努斯的作品取得成功：

> 我听说整个罗马都高度评价你的作品，视你为这方面的大师，无人可以超越。这不仅对你，对于身为你同乡的我们，也是无上的光荣。因此请不要停止创作，这样我们就能继续欣赏你的作品。你也不要对人们的赞美感到厌倦，你的努力会增加你的声望，这也是我们的福分。①

传统上认为这封信的收信人马塞里努斯就是史学家马塞里努斯。该说法在 20 世纪八九十年代遭到一些学者质疑②，但经过著名学者马修斯(J. Matthews)等人考证，传统的看法依然被广泛接受。③关于马塞里努斯辞世的时间，因史料缺漏，我们不得而知。目前可以肯定是在 392 年之后，较可能的时间是 393—394 年。此时他的史著已经在罗马深受欢迎，他计划续写《历史》，但未能如愿。④

① Libanius, *Ep*, 1063; T.D.Barnes, *Ammianus Marcellinus and the Representation of Historical Reality*, p.55; J.F.Matthews, "The Origin of Ammianus", 44(1994), pp.252—256.
② 主要的质疑者为福纳拉与波尔萨克等。见 C.Kelly, *Ammianus Marcellinus: The Allusive Historian*, pp.111—113。
③ J.F.Matthews, "The Origin of Ammianus", 44(1994), pp.267—269; T.D. Barnes, *Ammianus Marcellinus and the Representation of Historical Reality*, pp.56—57.
④ Marcellinus, *Ammianus Marcellinus*, Vol.I, pp.xix—xx.

第四章

《历史》的史学地位

在很长一段时期里,马塞里努斯的名字无人知晓,几乎没有古代作家明确提到过他的史著。门琴黑尔芬经过大量分析研究认为:虽然马塞里努斯之后的作家很少引用他的著作,但实际上有众多古代史家读过马塞里努斯的《历史》,他们作品中的很多知识显然来自马塞里努斯。这些作家之所以有意忽略马塞里努斯,主要是因为他们是基督徒①,在信仰上与马塞里努斯对立。而且"叛教者"尤里安皇帝作为基督教的敌人一直被极度妖魔化,马塞里努斯对尤里安的欣赏与理想化是他们所不能容忍的。②这一观点已经被广泛接受。③

马塞里努斯史著自发现之日起,其重要性就一直在上升。近代以来,史学发展的总体趋势是对史著文学价值的关注越来越低,对史著的真实性及史料价值的关注则日益增长。马塞里努斯的文笔在拉丁文献中并不出众,但他治史的真诚与客观在拉丁语史家

---

① 其中包括极为重要的教会史家,比如哲罗姆(St. Jerome)。

② O.J. Maenchen-Helfen, "The Date of Ammianus Marcellinus' Last Books", pp.386—399.

③ C.Kelly, *Ammianus Marcellinus: The Allusive Historian*, p.182.

中可谓首屈一指,因而马塞里努斯的史著越来越受到重视是很自然的。另一方面,马塞里努斯的很多个人特色,例如对民俗、宗教、自然科学与技术的偏好,都与现代史学比较契合。在晚期古典史料中,《历史》被公认为是查士丁尼之前最优秀的史著,其记载的完整与准确皆得到公认。①对所有研究晚期罗马帝国史的现代学者而言,《历史》都是最重要的史料。②

不可否认,《历史》也存在明显的缺陷。马塞里努斯是个职业军人,不可能对高深抽象的哲学或玄学思考有兴趣,这多少使得他缺乏前辈伟大古典史家那样的深邃眼光。他崇尚严明的纪律与井然有序的社会,但他不理解支撑这些所需要的众多其他因素。③现代学者还普遍认为马塞里努斯往往背离自己的修史原则,过于关注无关琐事(minutiae)④,有时马塞里努斯过于沉浸个人回忆并力图展现真实场景,结果往往忽略了全局。⑤如马修斯所言,《历史》中很多内容很大程度上是马塞里努斯的"个人表述"(self-revealing),其中融入了太多作者的个人情感与偏见。⑥E.A.汤普森充分肯定马塞里努斯史著的历史价值,但也指出有两大偏见影响了马塞里努斯对历史真实的表现,其一为马塞里努斯对某些心目中英雄人物(比如上司乌尔西奇努斯和皇帝尤里安)的爱戴;其二

---

① T.D.Barnes, *Ammianus Marcellinus and the Representation of Historical Reality*, p.2.

② A.Cameron & P.Garnsey, *The Cambridge Ancient History*, Vol.XIII, p.414.

③ [美]J.W.汤普森:《历史著作史》(上卷),第 1 册,商务印书馆 1992 年版,第141 页。

④ Ammianus Marcellinus, XXVI.1.1, XXIII.1.1, XXVIII.2.12.

⑤ 例如《历史》记载了 359 年马塞里努斯逃离阿米达,饥渴难耐时设法从一口井中取水的详细过程。这段记载虽然生动但没有必要,更像自传小说而非历史。见 Ammianus Marcellinus, XIX.8.6—7。

⑥ C.Kelly, *Ammianus Marcellinus：The Allusive Historian*, pp.33—34.

为马塞里努斯的阶级偏见。①

　　然而瑕不掩瑜,马塞里努斯是当之无愧的最后一位杰出的古典史家,也是公认的塔西佗之后最优秀的拉丁语史家,他给后人留下了晚期罗马帝国的最好史料。②J.W.汤普森评价马塞里努斯说:"自从狄奥·卡西乌斯以后,再没有哪一位作家像他这样细心而充分地使用资料了,也没有一位像他这样富有见识,这样明智而正直的了。"③麦凯尔(Mackail)则称赞马塞里努斯"是一位军官和绅士,有资格在罗马的伟大史家中占一席之地"④。现代著名罗马史学者锡克(Otto Seeck)则对马塞里努斯的人物刻画推崇备至,认为马塞里努斯是最伟大的史学家之一。⑤另一位杰出罗马史学者塞姆高度评价《历史》的写作风格,称赞马塞里努斯是"诚实的人",并坦言自己在晚年转向晚期帝国研究是因为"无人能抗拒阿米亚努斯·马塞里努斯"。⑥当代著名古典学者马修斯认为马塞里努斯是最伟大的古典史家之一,他的话可谓现代学者对马塞里努斯的最客观公允的评价:

　　毫无疑问,对其时代社会生活的几乎所有方面,他都是杰出雄辩的见证者。若论兴趣的广泛、情况细节描绘的丰富以

---

① T.D. Barnes, *Ammianus Marcellinus and the Representation of Historical Reality*, 1998, pp.16—17; C. Kelly, *Ammianus Marcellinus: The Allusive Historian*, pp.44—45.

② C.Kelly, *Ammianus Marcellinus: The Allusive Historian*, p.7.

③ [美] J.W.汤普森:《历史著作史》(上卷),第1册,商务印书馆1992年版,第139页。

④ Marcellinus, *Ammianus Marcellinus I*, pp.xix—xx.

⑤ Marcellinus, *Ammianus Marcellinus I*, p.xx.

⑥ R.Syme, "Zeitkritik und Geschichtsbild im Werk Ammians by A. Demandt", *The Journal of Roman Studies*, 58(1968), pp.215—218; J.W.Drijvers & D.Hunt, *The Late Roman World and its Historian*, p.2; T.D.Barnes, *Ammianus Marcellinus and the Representation of Historical Reality*, 1998, pp.8—9.

及观察能力方面,他足以跟我们所知任何时代的任何希腊罗马史家匹敌。只有修昔底德,或许还有波利比乌斯可能更值得我们赞美。但与他们的世界相比,马塞里努斯的世界如此广大,其政治架构则更为严酷,其文化复杂性又远远胜之。这个世界的一切皆在一双敏锐不倦的眼睛注视之下,眼睛的主人着迷于人类所有形式的活动。对研究这一时代的现代史学者而言,他所呈现的世界依然是活生生的挑战。①

所有历史学者在述及 378 年之后的罗马帝国历史时都会感到遗憾,因为马塞里努斯的历史记载结束于这一年。②对于这之后的历史,他们不再有这样优秀的参考文献了。③吉本的《罗马帝国衰亡史》在开始叙述狄奥多西王朝(Theodosius Dynasty)历史时,亦即马塞里努斯的记载结束之际,写下了一段献给马塞里努斯的精彩告别辞:

现在我满怀着最大最真诚的遗憾,向一位准确可靠的历史导师告别。他秉笔书写自己时代的历史,丝毫没有沾染上那些影响同时代人思想的偏见与激情。④

相信每一位马塞里努斯的读者在合上《历史》的最后一页时,心中都会涌起跟吉本一样的感慨。

---

① J. F. Matthews, *Ammianus Marcellinus*, New York: Charles Scribner's Sons, 1982, p.228.
② M.H.Dodgeon & S.N.C.Lieu, *The Roman Eastern Frontier and the Persian Wars* (*AD 226—363*), London & New York: Routledge, 1991, p.7.
③ C.Kelly, *Ammianus Marcellinus: The Allusive Historian*, p.2.
④ E.Gibbon, *The Decline and Fall of the Roman Empire*, Vol. III, London: Routledge Thoemmes Press, 1997, p.145.

第五章
相关研究综述

　　有关罗马帝国的衰落与晚期罗马帝国历史，国外的研究成果非常丰富。有关马塞里努斯的研究更是晚期帝国研究的热点，过去数个世纪有大量相关专著问世。由于马塞里努斯的《历史》是研究晚期罗马帝国以及罗马的军事与民族史的首选史料，每一位研究晚期罗马帝国或罗马军事民族史的学者都会不可避免地仔细研究马塞里努斯。因此可以说，所有晚期罗马帝国史和罗马军事与民族史学者都是马塞里努斯专家，要完全历数他们的名字与研究成果是不可能的。这里仅列举与本书有关的重要近现代学者与论著。

　　吉本（E.Gibbon）　吉本至今依然是晚期罗马帝国历史的最重要学者之一。他的《罗马帝国衰亡史》仍然是了解晚期罗马帝国历史的必备书籍。对吉本而言，马塞里努斯是最重要的史料来源及最杰出的史家。《罗马帝国衰亡史》第 2 卷的绝大部分史料来自马塞里努斯，书中对马塞里努斯赞誉极多。①此外，吉本还在其他论

---

① 最重要者如：《罗马帝国衰亡史》第 3 卷第 26 章。见 E.Gibbon, *The Decline and Fall of the Roman Empire*, Vol.III, London: Routledge Thoemmes Press, 1997, p.145。

著中高度评价马塞里努斯。比如在《为〈罗马帝国衰亡史〉第 15 与
16 章部分段落辩护》(*A Vindication of Some Passages in the Fifteenth
and Sixteenth Chapters of the Decline and Fall of the Roman Empire*)中,
吉本赞扬马塞里努斯的宗教记述,认为他的记载"独立而不偏不
倚",远胜过教会史学家尤西比乌斯(Eusebius)。[1]吉本是公认的近
代以来第一位研究马塞里努斯的杰出学者,他的诸多成就至今依
然被广泛承认。

蒙森(T.Mommsen) 蒙森为近代最杰出的罗马史学者。他对
马塞里努斯最有价值的研究主要集中于对《历史》地理学记载的批
判性诠释。蒙森对马塞里努斯的地理学评价不高,其见解影响深
远,在现代学者中亦不乏赞同者。[2]不过,多数现代学者认为《历
史》在民族学与地理学方面具有极高史料价值,并强调马塞里努斯
对其他民族、文化与宗教的公正态度。[3]

克拉克(C.U.Clark) 克拉克为现代最重要的马塞里努斯版
本校勘学者。他研究了迄今为止发现的所有《历史》抄本内容,校
订翻译了马塞里努斯的《历史》。所有现代版《历史》皆以克拉克版
《历史》为基础。此外,克拉克还是研究马塞里努斯的最重要学者
之一,有不少重要专著与相关论文,代表作为《阿米亚努斯·马塞
里努斯的文本传统》(*The text tradition of Ammianus Marcellinus*)。

琼斯(A.H.M.Jones) 琼斯为最杰出的现代古典学者之一。
他有关晚期罗马帝国的主要著作为《晚期罗马帝国》(*The Later Ro-*

---

[1] T.D.Barnes, *Ammianus Marcellinus and the Representation of Historical Reality*, p.3.
[2] T.D.Barnes, *Ammianus Marcellinus and the Representation of Historical Reality*, p.75.
[3] J.W.Drijvers & D.Hunt, *The Late Roman World and its Historian*, p.2.

man Empire 284—602)。该书运用全面的史料与现代分析方法对晚期罗马帝国的政治、经济、军事、宗教、对外关系等各个方面进行了全方位分析研究,是研究晚期罗马帝国的必备参考书。马塞里努斯的《历史》是琼斯最重要的史料来源。琼斯还著有一本《古代世界的衰落》(*The Decline of the Ancient World*),大体为《晚期罗马帝国》的精简本,也有重要参考价值。

波伊弗特(J.den Boeft)　荷兰学者波伊弗特为英语世界之外研究马塞里努斯的最重要现代学者。波伊弗特最主要的贡献是对《历史》的翻译和校对考析,此外还有大量相关论著与评论,他还是《马塞里努斯的撰史艺术》(*The Historiographic Art of Ammianus Marcellinus*)等论文集的主编。

E.A.汤普森(E.A.Thompson)　汤普森为最重要的现代古典学者之一,也是现代英语世界马塞里努斯研究的开拓者。[1]他的主要相关著作为 1942 年出版的《阿米亚努斯·马塞里努斯的历史著作》(*Historical Work of Ammianus Marcellinus*)。此外,汤普森还是最重要的古代民族史学者之一,为研究匈人史的最重要学者。他的《匈人史》(*The Huns*)是有关匈人历史的经典著作,被再版过多次。汤普森是匈奴起源说的最主要反对者,他的观点以马塞里努斯的相关记载为主要依据,在 20 世纪 70 年代获得国际史学界的普遍承认。

门琴黑尔芬(O.J.Maenchen-Helfen)　美籍奥地利学者门琴黑尔芬为 20 世纪最杰出的古代史学家之一。他精通包括汉语在内的众多语言,研究范围涉及文献学、考古学、语言学、民族、古人

---

[1]　J.W.Drijvers & D.Hunt, *The Late Roman World and its Historian*, p.1.

类学等众多门类。门琴黑尔芬深入研究和分析马塞里努斯的记载,在古代民族学等方面取得了众多划时代成就。他的主要民族史著作《匈人的世界》(*The World of Huns*)从经济、社会、宗教、民俗、艺术、军事等诸多方面对匈人进行了深入研究,书中的材料详尽完备,分析精确严谨,为相关研究的最重要参考书。[1]此外门琴黑尔芬还发表了一些研究马塞里努斯的论文,比如《阿米亚努斯·马塞里努斯最后著作的完成时间》("The Date of Ammianus Marcellinus' Last Books")等,对马塞里努斯的研究有巨大贡献。门琴黑尔芬反对匈奴起源说,他认为匈人实为第一支抵达欧洲的突厥民族[2],其文化生活中的诸多因素都与东亚相关,但是匈人与匈奴是两个不同的民族。

希瑟(P. J. Heather)   希瑟为当代最重要的晚期罗马帝国学者之一,也是最重要的古代欧洲民族史学者。他的主要著作有《西哥特人》(*The Visigoths*)、《哥特人与罗马人》(*Goths and Romans 332—48*)、《罗马帝国的衰落》(*The Fall of the Roman Empire*)等,此外还有大量相关论文,如《阿米亚努斯对约维安的记载:历史与文学》("Ammianus on Jovian: History and Literature")等。《西哥特人》为全面介绍西哥特人历史的专著集,《哥特人与罗马人》为分析帝国晚期罗马与哥特人关系的专著,这两本书对研究晚期罗马帝国的对外关系及民族大迁徙非常有帮助。《罗马帝国的衰落》是有关罗马帝国衰亡的最新史著,该书叙述翔实,史料丰富,分析深入,综合了晚期罗马帝国研究的最新成果。

塞姆(R. Syme)   塞姆为现代最杰出的罗马史学者之一。他的

---

[1]   O. J. Maenchen-Helfen, *The World of the Huns*, pp. XV—XVI.

[2]   O. J. Maenchen-Helfen, *The World of the Huns*, pp. 441—443.

研究重点主要在共和国晚期与元首制初期，代表作《罗马革命》（*The Roman Revolution*）是公认最杰出的现代古典史著之一。塞姆晚年开始研究马塞里努斯史著，进而涉足晚期帝国史。他的主要相关专著为《阿米亚努斯与历史真实》（*Ammian und die historische Realität*），此外还有一些论文，比如《阿米亚努斯对迦鲁斯的记述》（"Ammianus' Account of Gallus"）等。塞姆对于马塞里努斯的写作手法与写作风格，以及《历史》整体结构的研究方面有重要贡献。①塞姆的贡献还在于培养了很多研究晚期罗马帝国史与马塞里努斯的优秀学者。当代研究马塞里努斯的两位最重要学者马修斯与巴恩斯都是塞姆的学生。

马修斯(J.F.Matthews)　马修斯为研究马塞里努斯的最重要现代学者之一。他的主要相关著作为《阿米亚努斯·马塞里努斯》（*Ammianus Marcellinus*）和《阿米亚努斯笔下的罗马帝国》（*The Roman Empire of Ammianus：with a new introduction*）。此外还有众多相关论文，如《阿米亚努斯的历史演进》（"Ammianus' Historical Evolution"）、《阿米亚努斯与罗马永恒》（"Ammianus and the Eternity of Rome"）等。马修斯对马塞里努斯的研究非常全面细致，也最为深入，几乎对马塞里努斯史著的每一方面都有涉足。②

巴恩斯(T.D.Barnes)　巴恩斯为研究马塞里努斯的最重要现代学者之一。他的主要相关著作为《阿米亚努斯·马塞里努斯及其表现的历史真实》（*Ammianus Marcellinus and the Representation of Historical Reality*）。此外还有众多相关论文，如《尤里安的法律》

① T.D. Barnes, *Ammianus Marcellinus and the Representation of Historical Reality*, 1998, pp.8—9, 27—28.

② J.W.Drijvers & D.Hunt, *The Late Roman World and its Historian*, pp.5—6.

("A law of Julian")、《帝国的征战》("Imperial Campaigns")等。巴恩斯对马塞里努斯的研究主要集中在《历史》的版本、基本架构、叙述手法与风格、马塞里努斯的信仰与神学等方面。巴恩斯的研究手法非常细致，往往得出与传统看法不一致的结论。[①]

凯利(G.Kelly) 凯利为当代研究马塞里努斯的最重要学者之一。他的主要相关专著为《阿米亚努斯·马塞里努斯：善用典故的史学家》(*Ammianus Marcellinus：The Allusive Historian*)。该书分两部分，前部分分析马塞里努斯的经历与传记写作，后部分研究《历史》的史料与手法。该书对于马塞里努斯研究有重要参考价值。

戴维斯(J.P.Davies) 戴维斯为研究罗马宗教历史的重要学者，其相关专著为《罗马宗教史：李维、塔西佗与马塞里努斯及其诸神》(*Rome's Religious History：Livy，Tacitus and Ammianus on Their Gods*)。书中有对马塞里努斯宗教哲学的专门分析。该书对于马塞里努斯研究有重要参考价值。

卢特沃克(E.N.Luttwak) 卢特沃克为战略分析与国际关系专家，并非专业古典学者。他的代表作《罗马帝国大战略：从公元1世纪至3世纪》(*The Grand Strategy of the Roman Empire：From the First Century A.D. to the Third*)首次将全面长时效的战略理论引入罗马军事史研究，因而意义重大。该书成书于冷战时代，书中很多内容与现实的美国对外军事战略有关联，因而争议颇大，受到专业史学界的众多批评。几乎所有涉及罗马帝国军事战略的著作都会有一定篇幅驳斥或分析卢特沃克的"大战略"理论。

---

① J.W.Drijvers & D.Hunt, *The Late Roman World and its Historian*, p.6.

艾萨克(B.Isaac)　艾萨克为研究罗马帝国战略的最重要学者之一,也是卢特沃克的最重要反对者之一。他的研究主要集中于罗马帝国在东方的外交政策与军事战略,代表作为《帝国的边界》(*The Limits of Empire*)。该书主要分析罗马帝国对东方边疆(从高加索至埃及)的经营,时限至拜占庭时代。本书内容充实,利用了大量古代文献、铭文、考古报告等,创新之处在于还利用了古代犹太人的经典《巴勒斯坦塔木德》(*Palestinian Talmud*)。该书推翻了很多有关罗马军事战略的传统观点,如老兵殖民区的准军事作用、罗马在东方的防御性态势、罗马与沙漠民族间的松散关系等。

布罗克雷(R.C.Blockley)　布罗克雷是研究晚期罗马帝国战争与马塞里努斯史著的最重要学者之一。布罗克雷有众多相关论文与专著,如《塔西佗对马塞里努斯的影响》(*Tacitean Influence upon Ammianus Marcellinus*)、《斯特拉斯堡战役中的马塞里努斯》("Ammianus Marcellinus on the Battle of Strasburg")、《马塞里努斯对 359 年波斯入侵的记载》("Ammianus Marcellinus on the Persian Invasion of A.D. 359")等,此外布罗克雷还是《剑桥古代史》等权威著作中相关章节的执笔者。相对于 E.A.汤普森等肯定马塞里努斯的学者,布罗克雷对马塞里努斯持一定的批评态度。[1]

阿兰·卡梅隆(A.Cameron)　阿兰·卡梅隆为研究马塞里努斯的著名现代学者,有众多相关论文,如《阿米亚努斯的罗马朋友》("The Roman Friends of Ammianus")、《罗马最后的异教徒》(*The Last Pagans of Rome*)等。

亨特(D.Hunt)　亨特为当代最重要的晚期罗马帝国史学者之

---

[1]　J.W.Drijvers & D.Hunt,*The Late Roman World and its Historian*,p.3.

一,有众多相关论文,如《阿米亚努斯·马塞里努斯笔下的基督徒与基督教》("Christians and Christianity in Ammianus Marcellinus")以及对波伊弗特等学者研究与翻译的评议。此外亨特还是《剑桥古代史》等权威著作中相关章节的执笔者与研究马塞里努斯的论文集《晚期罗马世界及其史学家》(*The Late Roman World and its Historian*)的主编。

　　阿维里尔·卡梅隆(A.Cameron)　阿维里尔·卡梅隆为当代最重要的晚期罗马帝国与拜占庭史学者之一,《剑桥古代史》晚期罗马帝国部分的主编。阿维里尔·卡梅隆对马塞里努斯亦有研究,与阿兰·卡梅隆合作发表了一些相关论文。

　　李(A.D.Lee)　李是研究晚期罗马帝国军队组织的最重要现代学者。他著有《古代晚期战争》(*War in Late Antiquity*)等重要专著,也是《剑桥古代史》、《剑桥希腊罗马战争史》(*The Cambridge History of Greek and Roman Warfare*)中相关章节的执笔者。李的研究主要侧重于罗马军队与罗马社会的相互关系及其影响。

　　费里尔(A.Ferrill)　费里尔为研究晚期罗马帝国军事史的最重要学者之一。他的主要著作为《罗马帝国的衰落》(*The Fall of the Roman Empire*)。该书主要从军事与战略层面分析罗马帝国的衰亡,使用了大量的相关史料,分析了晚期帝国的历次重大战役。同时该书也分析并修正了卢特沃克的战略理论。

　　兰斯(Ph. Rance)　兰斯为当代最重要的晚期罗马帝国军事史与不列颠史专家。除相关专著与论文外,他还是《剑桥希腊罗马战争史》中相关章节的执笔者。兰斯的研究主要偏重于战术与军事技术,对研究晚期罗马帝国的军事有重要参考价值。

　　塞科斯(P.M.Sykes)　塞科斯为英国著名的将领与外交家,亦是最重要的伊朗史学者之一。他的主要著作为《波斯史》(*A History of Persia*)，是有关波斯的最重要通史之一，主要为政治军事史。第 1 册内容至萨珊波斯灭亡，是研究古代波斯史的重要参考书之一。

《剑桥古代史》(*The Cambridge Ancient History*)　目前相对最权威的世界古代史，与本书有关的主要为第 11、12、13、14 卷，4 世纪中后期历史在第 13 卷。剑桥古代史的历史叙述非常全面，并有大量讨论专题，皆由相关领域内的权威学者执笔。该书是笔者的重要参考书之一。

现代史学家中对马塞里努斯史著的某些部分及某些专题进行过研究的还有沃格纳(C.Vogler)、艾略特(T.Elloitt)、西格尔(R.Seager)、福纳拉(C.Fornara)、惠特比(M.Whitby)、罗兰·史密斯(R.Smith)、沃尔明顿(B.Warmington)、德里杰夫(J.W.Drijvers)、泰特勒(H.C.Teitler)、波尔萨克(G.Bowersock)与德林克瓦特(J.Drinkwater)等等。[1]

与国外相比，国内对晚期罗马帝国的研究比较薄弱，相关的专著与论文不多，研究马塞里努斯的人更少。目前国内有关马塞里努斯的专著只有一本《最后的古典》[2]，该书侧重于文化方面的讨论分析，对笔者的研究帮助不大。另外，本书广泛涉及萨珊波斯古代史，国内的相关专著只有一本比较简略的通史。[3]

---

[1]　T.D.Barnes, *Ammianus Marcellinus and the Representation of Historical Reality*, pp.18—19.

[2]　叶民:《最后的古典》,天津人民出版社 2004 年版。

[3]　孙培良:《伊朗通史:萨珊朝伊朗》,西南师范大学出版社 1995 年版。

第二部分

东 方 战 争

公元 4 世纪的东方战争(337—363 年),亦称波斯战争,是罗马历史上历时最长、规模最大的对外战争。这场战争的结局影响深远,确定了此后三个世纪两大帝国在西亚的疆界与政治势力范围。这场战争也是罗马历史上史料最为丰富的一场战争,相关史料之中,马塞里努斯的《历史》具有无可置疑的最重要的价值。本部分将以马塞里努斯的记载为主,同时参照其他各种史料,重构这场旷日持久战争的过程及前因后果,并分析其历史意义及深远影响。

第六章

历史回顾与战争起因

本章主要叙述 4 世纪之前罗马帝国与波斯帝国间的战争历史,并在此基础上揭示 4 世纪两大帝国间旷日持久战争的直接起因。

一、帕提亚时期

"帕提亚人"(Parthians)其实是个错误称呼,这个民族的祖先为东伊朗游牧民族萨尔马提亚人(Sarmatians)的分支帕耐人(Parnae)。公元前 3 世纪中期,他们在首领阿尔萨克(Arsak)率领下由中北亚入侵伊朗高原。[①]这批游牧战士首先占据帕提亚省(当时属塞琉古王国),因而被称为"帕提亚人",这个称呼本来指当地的伊朗族农耕居民。此时塞琉古王国正全力在西部进行叙利亚战争,帕提亚王国与另一东方新兴希腊化王国巴克特里亚(Bactria)趁机占据了塞琉古王国大片东方疆土。萨尔马提亚人是最善战的游牧

---

① 阿尔萨克的家族即中国史籍中的"安息"。这个名称在古代文献中有多种拼法,《历史》中称"阿尔萨西斯"(Arsaces),并对其开国事迹有记载。见 Ammianus Marcellinus, XXIII.6.2。

民族之一，跟其他草原游牧民族相比，他们在战术上的最大特色在于使用人马皆披挂的重甲骑兵①，这种战术后来在亚欧大陆广泛传播，从罗马到中国皆能看到类似的重骑兵。②帕提亚人固然是勇猛的战士，但并不是优秀的统治者与管理者。他们一直与草原民族保持密切联系，尽力保持其游牧本色，没有尝试与被征服民族有所融合，因而一直被臣民们视为外来者。这种缺乏坚实根基的统治有助于说明何以帕提亚王国的疆土总有很大的变动。

公元前 209 年开始，塞琉古的安提阿大王（Antiochus III the Great，即安条克三世）为收复失地开始向东方大规模用兵，帕提亚人丧失大部分占领地，退回北方草原，在称臣纳贡条件下保留帕提亚北部地区。但安提阿大王的霸权最终被罗马粉碎（公元前 190 年），此后罗马利用外交手段极力削弱塞琉古王国，致使塞琉古王多次复兴的努力归于失败，而帕提亚人则趁机恢复实力，在伊朗高原树立起霸权。为帕提亚人奠定帝国基础的是米特拉达提斯一世（Mithradates I），他两度击败塞琉古王，基本上夺取了塞琉古王国位于幼发拉底河以西的全部领土，同时他还向东吞并了部分巴克特里亚王国的领土。至公元前 1 世纪初，塞琉古王国已经无足轻重，其领土只有叙利亚一隅。不过此时帕提亚还不是亚洲西部的唯一强国，北方的亚美尼亚王国与本都王国都是新兴的强大势力。但这两国先后被罗马击败，公元前 1 世纪 60 年代庞培经略西亚，完全粉碎了这两大王国，并把塞琉古王国的残余领土收归罗马。

---

① A.Ferrill, *The Fall of the Roman Empire*, p.9.这种战术也可能由萨尔马提亚人以东的塞人（Sakae）首创。参见 A.D.H.Bivar, "Cavalry Equipment and Tactics on the Euphrates Frontier", *Dumbarton Oaks Papers*, 26,（1972）, p.273。

② L.Adkins & R.A.Adkins, *Handbook to Life in Ancient Rome*, New York: Fact on File, 2004, p.86。

庞培虽暂时压服了帕提亚,但帕提亚作为亚洲仅存的能与罗马抗衡的势力,终于发展成强大帝国。大体上在帕提亚成长过程中罗马一直是间接帮助者,它的这种东方政策不可谓明智,类似的错误会在东方一再重复。

与罗马相比,帕提亚并不是一个组织良好的帝国,它一直未脱离游牧民族本色,国内组织非常松散。帕提亚王能够直接控制的疆域不大,即便是名义上直接控制的省份,总督的独立权力亦很难驾驭。①帕提亚主要依靠在周边建立附属缓冲王国来保证本土安全,作战时大部分军队从仆从国征召。如此的政治军事架构使得帕提亚的军事组织动员能力很弱,难以进行大规模持久战争,同时也难以保证军队的素质与忠诚。因为工程技术方面的巨大差距,帕提亚的城墙一般难以抗衡罗马人的攻城武器,加之帕提亚的各方面资源均远不如罗马,帕提亚对抗罗马的战略比君士坦丁的纵深防御更为逊色。这种战略纯粹是以空间换时间的机动防御,把大片国土丢给敌人,以机动部队袭扰敌人,当敌人遭到削弱、变得疲惫,补给与交通难于维持时再设法击败或消灭敌人。这样的战略,对本国政治经济的伤害比纵深防御战略更大,而且会以牺牲大量臣民的忠心为代价。事实上帕提亚的战略目的很少完全实现,罗马军队真正被消灭的例子只有公元前 53 年的卡莱(Carrhae)之战,其余的战争只要在帕提亚境内展开,无论胜败都会对帕提亚帝国造成严重伤害。

公元前 53 年罗马第一次进攻帕提亚,结果罗马惨败,四万军

---

① A. H. M. Jones, *The Decline of the Ancient World*, London & New York: Longman, 1975, p.12.

队约有两万被杀,一万被俘。①罗马失败的主要原因在于轻敌,以为仅凭一两个东方行省之力就能征服这个亚洲帝国。帕提亚随即报复,入侵叙利亚,但因为缺乏攻城技术与后勤保障,被罗马轻易击退。②公元前 40 年帕提亚趁罗马内战,以支持共和派为名入侵叙利亚与巴勒斯坦。帕提亚人开始在共和派支援下取得胜利③,但随后被"后三头"之一安东尼的部将击败,帕提亚副王被杀(公元前 38 年),帕提亚军队退出罗马诸省。④作为报复,公元前 36 年安东尼率军队从北路越过底格里斯河进攻米底地区。帕提亚人成功消灭了罗马大军的后援辎重部队,迫使安东尼撤回亚美尼亚,是役罗马的人员损失在两万以上。⑤公元前 1 世纪中后期是帕提亚帝国的最强盛时期,而罗马则政局动荡,内战频繁,因而帕提亚虽然实力远不如罗马,依然能够击退罗马侵略,重创对方。

帝国初期罗马的军事重心在西部,在东方,罗马与帕提亚大体保持和平。例外的只有公元 1 世纪 50 年代双方为争夺亚美尼亚爆发的战争⑥,这场战争以双方妥协收场。此时帕提亚的实力已呈颓势,罗马随之计划大规模入侵,但尼禄的死亡及之后的内战使得进攻计划搁置,双方又维持了四十多年的和平。2 世纪是罗马帝国全盛期,帕提亚则日益衰落,罗马的几次大规模入侵完全耗尽了帕提亚的实力。规模最大的入侵发生于 115 年,图拉真率

---

① P.M.Sykes, *A History of Persia*, London: Macmillan and CO, 1915, p.379.

② P.M.Sykes, *A History of Persia*, p.380.

③ P.M.Sykes, *A History of Persia*, p.385.

④ P.M.Sykes, *A History of Persia*, p.386.

⑤ P.M.Sykes, *A History of Persia*, pp.387—390.

⑥ P.M.Sykes, *A History of Persia*, pp.405—408.

大军攻占美索不达米亚全境,又越过底格里斯河攻陷帕提亚首都泰西封,将帕提亚降为属国。①虽然帕提亚不久即恢复独立并收复大部分领土,但再也未能恢复昔日实力。161年帕提亚趁罗马皇帝安托尼努斯去世之机入侵亚美尼亚与叙利亚,罗马随即反击,于163—165年攻入美索不达米亚,越过底格里斯河深入帕提亚腹地并洗劫了泰西封。②尽管不久之后罗马因瘟疫而退兵,此次攻击对帕提亚的打击还是非常致命,帕提亚由此丧失了强国地位。

197年,塞普提米乌斯·塞维鲁(Septimius Severus)皇帝率领的罗马军队再次攻陷泰西封,蹂躏了帕提亚最富庶的地区。③这次罗马军队没有打算离开,塞维鲁毁灭了帕提亚西北面的附属缓冲国阿狄亚贝尼(Adiabene)王国,将其领土并入罗马。④自此罗马控制美索不达米亚西北部长达四百多年,对波斯的战略地位大为改善,美索不达米亚西北部亦由此被称为"罗马美索不达米亚"(Roman Mesopotamia)。由于罗马军队的攻城守城战能力远高于对手,帕提亚无力驱逐这里的罗马驻军,此举对帕提亚的国运可谓毁灭性打击。随后帕提亚陷于分裂和内战,216年再次被罗马击败。⑤虽然次年帕提亚再次集结军队与罗马作战获胜⑥,但国力已告枯竭,无力再应付内部动荡。220年,帕提亚的附属国波斯(即法尔斯,在伊朗高原南部)反叛,六年后(226年)彻底灭亡了帕提

---

① P.M.Sykes, *A History of Persia*, pp.411—413.

② P.M.Sykes, *A History of Persia*, pp.413—414.

③ P.M.Sykes, *A History of Persia*, p.415.

④ P.M.Sykes, *A History of Persia*, pp.415—416.关于这一地区,马塞里努斯在地理学章节中有专门介绍。见 Ammianus Marcellinus, XXIII.6.20—21。

⑤ P.M.Sykes, *A History of Persia*, p.416.

⑥ P.M.Sykes, *A History of Persia*, p.417.

亚王国,建立起波斯萨珊王朝(Sassanid Dynasty)。

二、萨珊时期

    罗马在萨珊帝国建立过程中所起的作用与四百年前在帕提亚帝国建立过程中所起的作用相仿。罗马尽力摧毁东方强敌,结果却间接帮助了威胁性更大的潜在敌手,为其成长壮大清除了障碍,其结果是罗马不得不面对更强大的新对手。萨珊波斯人与帕提亚人不同,他们是伊朗高原的本地民族,与周边民族关系密切。他们的最初势力范围大体为古波斯帝国发源地①,萨珊王族亦自称为古波斯阿契美尼德(Achaemenid)王族后裔。②因此与帕提亚帝国相比,萨珊帝国在国内享有更高威望,更易获得臣民效忠,统治基础也更稳固。萨珊波斯人早已文明开化,其统治方式与帕提亚人那种外来游牧民族的统治方式不同,集权色彩更浓厚,政治组织更严密,统治效率也更高。③一般而言,萨珊王朝对行省(Satrapy)总督与仆从国的控制能力远超帕提亚④,昔日帕提亚时代的周边半独立国王现在大多被波斯大王任命的总督所取代。⑤而且萨珊波斯复兴了古波斯帝国的国教琐罗亚斯德教(Zoroastrianism),对臣

---

① 即伊朗高原南部,今伊朗法尔斯(Fars, فارس)省一带。实际上"波斯"一词即源自"法尔斯"。

② M.H.Dodgeon & S.N.C.Lieu, *The Roman Eastern Frontier and the Persian Wars* (*AD 226—363*), pp.275—282.

③ 孙培良:《伊朗通史:萨珊朝伊朗》,西南师范大学出版社 1995 年版,第 10—11 页。

④ S.A.Cook & F.E.Adcock & M.P.Charlesworth & N.H.Baynes, *The Cambridge Ancient History*, Vol. XII, Cambridge:Cambridge University Press, 1999, p.116.

⑤ G.Hambly, *Central Asia*, pp.50—51.

民的精神控制也大大加强。①萨珊波斯以古波斯帝国继承者自居，声称要恢复古波斯所有疆土②，因此在政治上萨珊波斯比帕提亚更具侵略性。③在军事方面，萨珊波斯能动员规模更大，组织与装备更好的军队，进行持久战争的能力也更强。加之萨珊波斯军队的游牧色彩较弱，工程技术远比帕提亚人先进，这些因素都极大削弱了罗马军队的传统战术优势。萨珊波斯帝国创建之时，正值罗马开始步入3世纪危机之际，因此东方地区的力量平衡完全被打破。此后约七十年间，总体上萨珊波斯在军事上占据主动，对罗马保持着攻势。

229年，萨珊王朝开国君主阿尔达希尔(Ardashir)率军越过幼发拉底河入侵叙利亚④，两国间爆发第一次战争。此时萨珊帝国刚刚建立，表面上罗马帝国的塞维鲁王朝正值繁荣和平时期，实力上居于上风。罗马大军随后入侵米底与美索不达米亚作为报复，但被阿尔达希尔成功挫败，双方于232年停战。⑤阿尔达希尔还迫使罗马军队退出亚美尼亚，随后把亚美尼亚纳入波斯势力范围。⑥两年后，罗马皇帝亚历山大·塞维鲁(Alexander Severus)死于兵变⑦，3世纪

---

① D.S.Potter, *The Roman Empire at Bay AD 180—395*, London & New York: Routledge, 2004, pp.220—223; S.A.Cook & F.E.Adcock & M.P.Charlesworth & N.H.Baynes, *The Cambridge Ancient History*, Vol.XII, pp.118—119.

② 马塞里努斯记载了波斯王写给罗马皇帝的一封外交信函，这可以说是波斯人这种心态的最佳记录。波斯王在信中自谓古波斯王后裔，要求获得大部分罗马帝国东部疆土，包括埃及、叙利亚与小亚细亚。见 Ammianus Marcellinus, XVII.5.3—8。

③ A.H.M.Jones, *The Later Roman Empire 284—602*, Vol.I, Baltimore: The John Hopkins University Press, 1986, p.25.

④ P.M.Sykes, *A History of Persia*, p.426.

⑤ P.M.Sykes, *A History of Persia*, p.427.

⑥ P.M.Sykes, *A History of Persia*, pp.427—428.

⑦ S.A.Cook & F.E.Adcock & M.P.Charlesworth & N.H.Baynes, *The Cambridge Ancient History*, Vol.XII, p.71.

危机正式爆发,罗马帝国陷于分裂和内战,东方防线趋于瓦解,波斯趁机开始对罗马采取大规模攻势。241 年沙普尔一世进攻罗马,波斯军队展示了以往罗马的敌人从未具备过的攻城能力,美索不达米亚最重要设防城市尼西比斯与东方首府安提奥克相继陷落。[1]波斯军队大肆掠夺,这是罗马帝国建立以来帝国省份首次遭到如此惨重的洗劫。罗马皇帝戈尔狄安三世(Gordian III)率军反击,数度击败沙普尔,夺回安提奥克与尼西比斯,并深入波斯国境。[2]但戈尔狄安死于兵变,罗马的胜利化为乌有[3],双方达成和平各自撤军。[4]

258 年开始,沙普尔再次率军入侵,攻占安提奥克。[5] 260 年,罗马皇帝瓦勒里安(Valerian)率军反击,把波斯人逐出叙利亚。但后来皇帝率领的军队在美索不达米亚陷入波斯军重围,瓦勒里安最后投降。[6]是役为罗马对外战争史上最屈辱的失败,此前从未有罗马皇帝在战争中被俘。取得此次胜利后沙普尔再次入侵,安提奥克再度陷落。[7]但波斯军队带着大批战利品归国时遭到罗马属

---

[1] P.M.Sykes,*A History of Persia*,p.431.

[2] P.M.Sykes,*A History of Persia*,pp.431—432.

[3] 孙培良:《伊朗通史:萨珊朝伊朗》,第 13 页。关于戈尔狄安的胜利及遇害,古典史料多有记述。现存的《历史》中也有提到戈尔狄安击败波斯人的内容,不过记载那次战争的部分已遗失。马塞里努斯参与东征波斯时经过戈尔狄安的墓地,对此也有记述。见 Ammianus Marcellinus,XXIII.5.7—9,XXIII.7.17。但现代发现的萨珊波斯铭文与上述记载不一致,沙普尔在铭文中声称自己击败了罗马皇帝。现代学者一般认为波斯一方的说法更可信。可能是因为罗马军队战败撤退,官兵们在撤退途中哗变,杀死了戈尔狄安。见 D.S.Potter,*The Roman Empire at Bay AD 180—395*,pp.234—236。

[4] S.A.Cook & F.E.Adcock & M.P.Charlesworth & N.H.Baynes,*The Cambridge Ancient History*,Vol.XII,p.131.

[5] P.M.Sykes,*A History of Persia*,p.432.

[6] S.A.Cook & F.E.Adcock & M.P.Charlesworth & N.H.Baynes,*The Cambridge Ancient History*,Vol.XII,p.171.

[7] P.M.Sykes,*A History of Persia*,p.433.

国帕尔米拉(Palmyra)军队袭击,波斯人损失惨重,部分皇室家眷被俘。①263年帕尔米拉军队入侵美索不达米亚,大败沙普尔,围攻泰西封。②帕尔米拉最早是位于叙利亚东部沙漠的半独立城市,因地处商业要道而致富。罗马为抵御帕提亚进犯而帮助帕尔米拉发展军事力量,使其成为强大势力。③帕尔米拉战胜波斯,对罗马帝国并非幸事,这个新兴王国对罗马的伤害更大。帕尔米拉趁着罗马在东方势力衰弱之机宣布独立,经营自己的东方帝国,其军队攻占了罗马大部分东部领土,包括叙利亚和埃及这两个东部最富庶的省份。④不过帕尔米拉的兴起对罗马亦有一定益处,它使得罗马与大部分东方事务隔绝,尤其是不再与强大的波斯帝国直接对抗。在此前提下,多瑙河军队与诸军人皇帝可以专注于罗马内部事务,为重建帝国积聚力量。

271年,罗马恢复实力,皇帝奥勒里安(Aurelian)出兵东方,成功击灭了帕尔米拉。⑤到275年,奥勒里安在各条战线均获胜,帝国恢复统一。奥勒里安随即开始筹划向波斯复仇,但他在军队即将出发时死于暗杀⑥,奥勒里安虽死,东征计划却并未被放弃。此时亚欧草原骚动起来,两大帝国的北方边境均受到游牧民族攻击。⑦罗马抢先从游牧民族战争中抽身,利用时间差在东方战场上

① P.M.Sykes, *A History of Persia*, p.434.

② P.M.Sykes, *A History of Persia*, pp.434—435.

③ M.Rostovtzeff, *The Social and Economic History of the Roman Empire*, Vol.I, Oxford: Clarendon, 1963, p.429.

④ S.A.Cook & F.E.Adcock & M.P.Charlesworth & N.H.Baynes, *The Cambridge Ancient History*, Vol.XII, pp.178—180.

⑤ S.A.Cook & F.E.Adcock & M.P.Charlesworth & N.H.Baynes, *The Cambridge Ancient History*, Vol.XII, p.302.

⑥ P.M.Sykes, *A History of Persia*, p.439.

⑦ P.M.Sykes, *A History of Persia*, pp.439—440.

占得先机。皇帝卡鲁斯(Carus)在多瑙河地区迅速击败入侵的萨尔马提亚人，随即于283年率军东进袭击波斯。此时萨珊帝国深陷于对游牧民族的战争，波斯王巴赫拉姆二世(Bahram II)正在中亚地区致力于征服入侵的塞人①，西线兵力空虚，罗马军队遂一路攻至泰西封城下。然而卡鲁斯突然离奇死亡，波斯人幸免于难，双方议和休战。②此战之后，罗马对美索不达米亚北部的统治得以恢复③，三年后，罗马又完全恢复对亚美尼亚的控制，进而纵容亚美尼亚袭扰波斯。④至此东方边界基本恢复萨珊帝国初建时的状态，萨珊帝国对罗马的大规模攻势阶段宣告结束，罗马在东方再度居于优势。

三、299年和约:4世纪战争的直接起因

283年战争的屈辱结局显然是波斯所无法容忍的。波斯虽然战败，但军事实力基本未损，可能还因为东部的胜利而有所增强，因此未来的战争遂不可避免。但因为波斯帝国内部发生王位争夺，对外军事行动推迟了约十年。⑤293年，波斯王纳尔塞斯

---

① 即中国史书中的塞种人，属伊朗游牧民族。塞人后来被安置于今锡斯坦(Sistan)，锡斯坦古称"塞格斯坦"(Segestan)，意为"塞人之地"。见 G. Hambly, *Central Asia*, New York: Delacorte Press, 1966, p.52. 对于该民族马塞里努斯亦有记载。见 Ammianus Marcellinus, XIX.2.3.

② P.M.Sykes, *A History of Persia*, p.440. 马塞里努斯对这个民族也有所记载。见 Ammianus Marcellinus, XIX.2.3。

③ S.A.Cook & F.E.Adcock & M.P.Charlesworth & N.H.Baynes, *The Cambridge Ancient History*, Vol.XII, p.322.

④ P.M.Sykes, *A History of Persia*, pp.440—441. 相关亚美尼亚古典史料见 M.H. Dodgeon & S.N.C.Lieu, *The Roman Eastern Frontier and the Persian Wars* (AD 226—363), London & New York: Routledge, 1991, pp.301—324。

⑤ P.M.Sykes, *A History of Persia*, p.441.

(Narses)战胜兄弟夺取王位,为巩固自己地位,他随即准备对罗马开战。①296 年,战争正式爆发,纳尔塞斯出兵进攻亚美尼亚,驱逐罗马所立的国王,重新控制该国,随后波斯军队入侵罗马的美索不达米亚诸省。②

　　纳尔塞斯之所以选择此时开战,是因为罗马皇帝戴克里先正身陷埃及,忙于进攻僭位者阿基莱乌斯(Achilleus)与多米提安(Domitianus),无暇东顾。③但从总体形势看,波斯开启战端并不明智。此时罗马帝国的内部纷争基本平息,正进入戴克里先统治的鼎盛时期,虽然戴克里先忙于埃及事务无法抽身,罗马还是有足够力量应付来自波斯的威胁。东方副帝迦列里乌斯(Galerius)被召往叙利亚指挥对波斯作战,迦列里乌斯追击波斯军队深入美索不达米亚北部荒野,遭到波斯军队伏击而损失惨重。④然而波斯的胜利只是暂时的,一场失败并不能动摇罗马的实力优势。次年戴克里先将大批多瑙河精锐部队投入东方战场⑤,迦列里乌斯率军取道亚美尼亚突袭波斯⑥,纳尔塞斯大败,波斯军几乎被全歼,大批显贵被俘,其中包括纳尔塞斯的家眷。⑦迦列里乌斯继续挺进,攻占泰西封⑧,纳尔塞斯走投无路,只得乞求和平。罗马开列的和约

---

① S.A.Cook & F.E.Adcock & M.P.Charlesworth & N.H.Baynes, *The Cambridge Ancient History*, Vol.XII, p.335.

②④⑥ P.M.Sykes, *A History of Persia*, p.441.

③ A.H.M.Jones, *The Later Roman Empire 284—602*, Vol.I, p.39.阿基莱乌斯和多米提安于 286 年在亚历山大里亚称帝,296 年戴克里先才从其他帝国事务中抽身进攻埃及。此时阿基莱乌斯在埃及已经营了十年,有了相当的基础,因此戴克里先击败他并不轻松。S.A.Cook & F.E.Adcock & M.P.Charlesworth & N.H. Baynes, *The Cambridge Ancient History*, Vol.XII, pp.334—335.

⑤⑧ S.A.Cook & F.E.Adcock & M.P.Charlesworth & N.H.Baynes, *The Cambridge Ancient History*, Vol.XII, p.336.

⑦ P.M.*Sykes*, *A History of Persia*, p.442.

内容如下：

1. 波斯割让底格里斯河以东的五省。这五省为：英提莱尼（Intilene）、索芬尼（Sophene）、阿尔扎内尼（Arzanene）、科尔杜埃尼（Corduene 或 Cordyene）与扎布狄凯尼（Zabdicene）。

2. 底格里斯河代替幼发拉底河成为两国新的边界。

3. 增加亚美尼亚领土，直到米底的曾塔（Zentha）城堡。

4. 伊比利亚（今格鲁吉亚）王国接受罗马保护。

5. 尼西比斯成为唯一的商贸中心，两国间的商贸往来必须通过这里。①

以上条款除第五条波斯略有异议外②，其余的全部被波斯接受。和约大约于 299 年签订，纳尔塞斯所获得的回报只有自己的家眷，这个历史上对罗马让步最大的波斯王于 301 年黯然退位。③关于条约的具体内容，至今尚存争议，比如我们不知道英提莱尼与索封尼的具体位置，曾塔城堡的位置也很模糊。④不过罗马的大体意图还是比较清楚：亚美尼亚一向是两国间冲突之源，因而罗马希望尽可能将波斯与亚美尼亚隔绝；另外罗马在工程技术方面有相当优势，因此尽量把防御战线推向敌人国土，这样敌人的进攻成本会大增；而战场远离罗马本土，可保证未来战争中罗马边境诸省不被战火波及；第四条是为了控制高加索隘口，保证亚洲诸省安全；第五条是为了方便控制边境贸易和交往，增加财政收益。

---

① S.A.Cook & F.E.Adcock & M.P.Charlesworth & N.H.Baynes, *The Cambridge Ancient History*, Vol. XII, p.336；D.S.Potter, *The Roman Empire at Bay AD 180—395*, p.293；P.M.Sykes, *A History of Persia*, p.442.

② S.A.Cook & F.E.Adcock & M.P.Charlesworth & N.H.Baynes, *The Cambridge Ancient History*, Vol.XII, p.337.

③ P.M.Sykes, *A History of Persia*, p.443.

④ P.M.Sykes, *A History of Persia*, p.442.

　　299 年的和约使得罗马在东方的势力范围达到历史顶峰,罗马能长期控制底格里斯河以东地区,这在历史上是绝无仅有的。[①]这之后罗马军队驻地深入波斯帝国的心脏地带,居高临下威胁着波斯帝国首都以及波斯帝国的主要经济区,因而罗马获得了前所未有的战略地位与战术优势。罗马在这远离帝国本部的地区兴建并加固众多堡垒与城镇,使之成为难以渗透的战略防御地带,此后数百年间波斯都未能对罗马东部的富庶省份形成有效威胁。

　　然而,罗马此举在军事及经济层面收益很大,在政治层面却留下了无穷隐患。或许罗马政治家的目光过于专注于政治军事,忽视了文化以及意识形态的影响。从公元前 6 世纪开始,底格里斯河就成为文化与族群分界线,河以东为伊朗族,河以西为闪族,底格里斯河这种文化象征意义历经两千多年,至今依然存续。现存的萨珊波斯铭文很清晰地描述了波斯人对这一区分的重视:波斯王的称号为"雅利安人与非雅利安人的众王之王"(King of Kings of Ayans and non-Aryasns),底格里斯河以东为伊朗(Iran,意为雅利安之国),以西为亚述(Assyria)。[②]底格里斯河以东为伊朗民族核心地带,亦是波斯帝国立国之根本,是波斯统治者必须全力维护的地区。相对而言,底格里斯河以西地区是被征服的外围地带,虽然经济地位更重要,但放弃它们并非不可容忍。因此,与一百年前罗马势力越过幼发拉底河相比,罗马势力此次越过底格里斯河,除了在军事战略层面,还在文化与心理层面给伊朗民族带来巨大冲击,此举不可避免会激起日后波斯人的强烈反应。罗马新占领

[①]　P.M.Sykes, *A History of Persia*, p.442.

[②]　M.H.Dodgeon & S.N.C.Lieu, *The Roman Eastern Frontier and the Persian Wars* (*AD 226—363*), pp.34—35.

的底格里斯河以东五省皆为公认的传统波斯领土，那里的居民与波斯人同源同种，自居鲁士时代起就忠于波斯国王。因而这五个省份的地位极其敏感，关乎波斯帝国的根基与合法性，只要波斯帝国实力尚存，就一定会尽全力夺回这些领土。罗马此次尽管沉重打击并羞辱了波斯帝国，但未能彻底摧毁其军事能力。罗马既无力完全降服波斯帝国，那么波斯帝国恢复实力就只是时间问题，新的大规模战争同样也只是时间问题。[1]公元4世纪两大帝国间绵延数十年的战争可以说是299年和约的必然结果。与马塞里努斯同时代的古典史家奥勒留斯·维克多（Aurelius Victor）对此有敏锐的洞察，他将4世纪大规模波斯战争的起源上溯至戴克里先的东方政策。[2]

还有一点值得注意，那就是波斯割让给罗马的底格里斯河以东五省此后地位不明。古典史料中对它们基本没有记载，它们的存在对罗马军事战略似乎毫无影响。因为距离等因素，罗马实际上难以防守这些地区，4世纪时这五省中的一部分可能已经被波斯控制。[3]马塞里努斯提到自己去五省之一的科尔杜埃尼执行侦查任务，依靠的是当地波斯总督的暗中协助。[4]这表明：随着时间推移，299年和约不只在政治文化层面，而且在军事战略层面，可能也是不明智的。

---

[1] A.Cameron & P.Garnsey, *The Cambridge Ancient History*, Vol.XIII, Cambridge：Cambridge University Press, 1998, pp.3, 437.

[2] Aurelius Victor, XXXIX.37.相关分析见 B.Warmington, "Some Constantinian References in Ammianus", *The Late Roman World and its Historian*, London & New York：Routledge, 1999, pp.150—151。

[3] A.Cameron & P.Garnsey, *The Cambridge Ancient History*, Vol.XIII, p.439.

[4] Ammianus Marcellinus, XVIII.6.20—21.

第七章

罗马与波斯的东方战略目标

一、波斯的战略及目标

有关波斯古代史的记载基本来自古典作家,这些古典作家的记述不可避免带有偏见,片面夸大了波斯人的进攻性。在他们看来,古波斯帝国及其继承帝国皆侵略成性,帕提亚与萨珊波斯虽不再有古波斯帝国那样征服欧洲的野心,但一直把亚洲地区视为自己理所当然的势力范围。罗斯托夫采夫的评论很好地概括了这种传统观点:

> 帕提亚人从未放弃对叙利亚地区与亚美尼亚的要求,他们也从未遭到一次让他们一蹶不振的沉重打击。正相反,他们很清楚,罗马驻叙利亚的军团并不能阻止他们再次入侵波斯帝国古代领土的企图。[1]

帕提亚之后的萨珊波斯人似乎侵略性更大,因为他们明确以古波

---

[1]　M.Rostovtzeff, *The Social and Economic History of the Roman Empire*, Vol.I, p.354.

斯帝国的继承者自居。①对萨珊波斯野心的描述见于众多古典记载，比如赫罗狄安（Herodian）与卡西乌斯·狄奥（Cassius Dio）。在卡西乌斯·狄奥看来，波斯人一直试图恢复阿契美尼德帝国时期的波斯版图，对埃及，叙利亚及小亚细亚都有领土野心。②

上述看法显然过分夸大了波斯的侵略性。据古典作家记载，从帕提亚到萨珊帝国，波斯军队确实多次入侵叙利亚，波斯军队在叙利亚大肆劫掠后离去，给罗马带来严重损失。③但换个角度看，波斯人如此行为模式正说明他们对叙利亚并无领土野心。如果波斯人真的把叙利亚视为自己的领土打算长期占领并统治的话，就不可能采取如此竭泽而渔的掠夺性侵袭策略。如果深入研究东方边境的军事战略态势，就会发现古典作家的说法完全与事实不符。以早期帝国为例，叙利亚的驻军一般为 2—3 个军团④，如果单纯考虑叙利亚驻军的实力，这些军队确实不足以抵御波斯人的全面入侵。但如果全面分析一下罗马在东方的兵力部署，就会发现罗马实际上的进攻态势——罗马军队对波斯边境诸省呈合围之势，而波斯则处于防御地位。叙利亚以南的巴勒斯坦与犹太，还有后

---

① 波斯人是非常重视统治者血统的民族，萨珊王族一直宣称自己是古波斯阿契美尼德王族的血脉。相关的波斯传说可参看著名的波斯史诗《列王纪》（Shah-nama）。根据波斯传说，萨珊王族和众多大君主，包括亚历山大，都是古波斯大王 Dara（即大流士）的后裔，恺撒和奥古斯都也是古波斯王后裔。

② Dio, *Dio's Roman History*, Vol. IX, London：William Heinemann, 1982, pp.482—485.

③ 帕提亚人于公元前 52 年与 41 年入侵叙利亚。萨珊波斯大规模入侵叙利亚主要发生于沙普尔一世（Shapur I, 公元 241 年与 258 年）、科斯洛埃斯一世（Chos-roes I, 540 年与 572 年及其后数年）及科斯洛埃斯二世（Chosroes II, 611 年及其后十数年）。

④ 主要有第三"高卢"军团（III Gallica）和第四"斯基泰"（IV Scythica）军团，有时还有第十六"顽强弗拉维"（XVI Flavia Firma）军团。L. Adkins & R. A. Adkins, *Handbook to Life in Ancient Rome*, pp.63—64.

来的阿拉伯省,一般驻有 2—3 个军团,埃及则驻有 2 个军团。叙利亚以北的小亚细亚地区一般驻有 2 个军团,必要时还可以从多瑙河地区调集更多军团。[①]概言之,如果波斯军队全面入侵叙利亚,会被置于 10 个以上军团的三面合围之中。因此正常情况下波斯根本不可能入侵叙利亚,而罗马要入侵波斯却可以迅速调集大量部队。

事实上,波斯的地位远比罗马虚弱,这使得波斯帝国在总体战略上对罗马处于守势。前面已讨论过,两大帝国间绵延数世纪的战争,其实质在于争夺闪族经济区的控制权。整个闪族经济区中,罗马占据了绝大部分,波斯仅控制美索不达米亚南部一隅。[②]罗马帝国地域广阔,富庶繁荣的地区很多,叙利亚只是其中之一,即便叙利亚受到攻击,对整个罗马国力的影响也不算严重。而波斯则不同,境内真正的富庶生产地带只有美索不达米亚南部,这里很容易受到罗马从西面与北面两个方向的居高临下的攻击。而且美索不达米亚南部水网密布,人口及城市众多,相对有利于罗马军队施展其步兵战术与攻城技术优势。战争只要在这里展开,不论胜负都会给波斯的国力,尤其是财政税收带来致命影响。总体而言,波斯帝国能动用的资源远少于罗马,边疆环境亦远不如罗马。除西部面对罗马外,从西北至东南边境外分布着众多强悍游牧民族,他们对三分之二的波斯边境构成弧形包围之势。加之伊朗高原地区地势比较平坦,利于游牧骑兵活动,因而波斯帝国缺乏罗马帝国那

① L.Adkins & R.A.Adkins, *Handbook to Life in Ancient Rome*, pp.63—64.
② 闪族经济地带主要有四个地区:阿非利加(非洲西北部)、埃及、叙利亚与美索不达米亚。其中罗马据有阿非利加、埃及、叙利亚及美索不达米亚北部,波斯仅占有美索不达米亚南部。

样的战略纵深,在各个地区都容易受到攻击。事实上波斯在西部的对外政策远不如罗马那样带有进攻性,其主要目标仅限于保护美索不达米亚南部与波斯心脏地带。但在具体战术方面,波斯军队除机动性之外没有其他明显优势,比较明智的战略是以攻为守,以进攻战略达到防御目标,因而波斯的战略表面上带有进攻性。传统上波斯的战略目标主要有二,即保住幼发拉底河边界与美索不达米亚地区和控制亚美尼亚。

1. 保住幼发拉底河边界与美索不达米亚地区

罗马人渡过幼发拉底河只可能在美索不达米亚北部上游河段,实际上罗马历次进攻大多选择宙格马(Zeugma)或萨摩萨塔为渡河地点。罗马军队渡河后,可向东进攻米底,亦可向南进攻美索不达米亚南部,即巴比伦地区。由于罗马在机械与工程技术方面的优势,要阻止罗马军队渡河是不可能的,较可行的应对战略是发挥波斯的骑兵优势,在地势较为开阔的平坦地带打击敌人。从美索不达米亚北部到米底都是适于波斯骑兵作战的地区,帕提亚时期罗马对波斯最惨重的两次失败(公元前53年与公元前36年)都发生在这一地区。3世纪开始,罗马帝国的战略战术逐渐改变,堡垒防守战术日益重要。随着美索不达米亚北部成为罗马永久占据区,罗马在这里大量殖民,加固城防,修建堡垒。因此萨珊王朝面临的局势远比帕提亚时期严峻,不仅保住幼发拉底河边界已不可能,而且想在北部开阔地区以野战击败罗马人也希望渺茫。

较之帕提亚,萨珊波斯的战略目标大大后退,实际上防御色彩更为浓厚,只是尽可能遏制美索不达米亚罗马控制区的战略进攻潜力。整个萨珊帝国期间,波斯人都竭尽全力挣脱帕提亚末期开始的罗马对美索不达米亚南部地区的战略包围。而这一目标,波斯人从未完全达到。美索不达米亚北部诸城中,有两座城市的战略地位最为重要。其一为中部的尼西比斯,北部第一大城与经济文化中心,五条主要道路的交汇点;其二为南部的辛加拉(Singara),靠近波斯边境,控制着四条主要道路。如果波斯控制了这两座枢纽城市,罗马的整个美索不达米亚北部防御体系就会处于半瘫痪状态,罗马还会丧失以美索不达米亚北部为基地发动大规模进攻的能力。因此我们不难理解:在后来的战争中波斯人为何会多次不惜代价倾举国之力攻击这两座城市,而罗马也竭尽全力保卫这两座城市。

2. 控制亚美尼亚

亚美尼亚是罗马与波斯争夺的另一个焦点。对这一地区的争夺同样可以看出波斯帝国在战略上的防御地位:如果罗马控制了亚美尼亚,就能以这里为基地进攻米底与美索不达米亚;而如果波斯控制了亚美尼亚,并不会对罗马的小亚细亚诸省造成威胁。从庞培开始,罗马就力图控制亚美尼亚[1],以获取在西亚地区的战略优势,而帕提亚也力图在亚美尼亚排挤罗马势力。一方面,罗马帝国在实力上占有优势,而且亚美尼亚境内多山,有利于罗马军队活动;但另一方面,从罗马小亚细亚诸省到亚美尼亚距离遥远,交通线崎岖漫长,而且亚美尼亚居民在文化上更接近伊朗人。因此总体上罗马与帕提亚在亚美尼亚势均力敌,军事与外交手段并用,这种均势最集中的表现是 61 年罗马皇帝为阿尔萨西斯族(Arsacids)亚美尼亚国王加冕。[2]萨珊波斯在亚美尼亚的政策大体上是对帕

---

[1] A.N.Sherwin-White, *Roman Foreign Policy in the East 168 B.C. to A.D. 1*, Norman: University of Oklahoma, 1984, pp.187—195.

[2] Tacitus, *Annals*, XV.24—31.被加冕的亚美尼亚王提里达特斯(Tiridates)为帕提亚王沃洛吉西斯一世(Vologeses I)之兄。

提亚传统的继承。

二、罗马的东方战略及目标

总体而言罗马在东方的对外政策带有进攻性，这种进攻策略源于罗马传统的"安全疆界"理念，即为了保护本国的安全，必须尽可能把疆界向敌人一方推进。①由于罗马帝国整体实力占优，帕提亚对罗马的统治威胁不大，而罗马在经营东方之初则试图摧毁帕提亚。但罗马的扩张总会达到实力的极限，由于两度进攻均大败，摧毁帕提亚的目标基本被放弃，但在双方的均势地位中，罗马实际上依然处于进攻者地位。在整个战略格局上，波斯帝国心脏地带处于罗马南北两线构成的"铁钳"威胁之下。在北线，双方的势力边界开始时为亚美尼亚，这里地形崎岖，便于罗马对美索不达米亚或米底展开攻势，对波斯军队而言却是难以渗透的屏障。②但这里远离罗马本土，在后勤方面对罗马极为不利，在这里达成均势，正说明了罗马的战略进攻态势。在南线，双方以幼发拉底河为界，这在战略上大体均衡，对双方而言防守远比进攻便利。帕提亚军队缺乏攻城技术及长期战争能力，难以在叙利亚立足；而罗马军队则机动性相对逊色，很难在美索不达米亚北部平原地区击败帕提亚骑兵。

在帝国初期，罗马把主要精力用于经营欧洲边境，东方边境的重要性相对较低。罗马与帕提亚之间的矛盾主要在于争夺亚美尼亚的控制权，双方主要运用外交手段，真正的军事对抗只有公元

---

① J.Keegan, *A History of Warfare*, London：Pimlico, 2004, p.278；B.Isaac, *The Limits of Empire*, Oxford：Clarendon, 1990, p.394.

② B.Isaac, *The Limits of Empire*, p.51.

60 年前后的战争①,战争的结果依然是双方保持均势。从韦帕芗
(Vespasian)皇帝开始,罗马在东方采取攻势。②2 世纪起,罗马帝国
在东方的军事力量大大加强,在图拉真与马尔库斯·奥勒留
(Marcus Aurelius)统治时期罗马军队两度入侵美索不达米亚,攻
占泰西封。这些战争很大程度上是为了皇帝的个人荣耀并赢得士
兵效忠,罗马并无长期据守的打算。塞维鲁王朝时期罗马才开始
长期占据美索不达米亚北部,但对防御并没有特别重视。③

　　3 世纪危机以来,罗马的东方战略有很大转变,在东方战线上
有所推进,美索不达米亚北部的战略地位变得非常重要。危机结
束之后,罗马在美索不达米亚北部加固城防,修建堡垒,并大规模
移民。从社会经济角度讲,因为东部地区的灾难恢复能力远高于
西部地区,因而 3 世纪以来东部地区的重要性日益上升。比如东
部最富庶的省份为埃及,西部最富庶的省份为阿非利加,前者提供
的税收约为后者的三倍。④如此经济环境下,罗马的政治重心也相
应逐渐东移。为了保护东部诸省免遭波斯攻击,罗马必须尽可能
在波斯人的进攻道路上设置障碍,而波斯进攻的唯一通路正是美
索不达米亚北部地区。从战略战术角度看,罗马的纵深防御战略
非常适于在美索不达米亚北部地区实施,相关的具体分析下文将
会谈到。

　　虽然总体上罗马实力占优,但 3 世纪末罗马在东方的推进已
达到极限。君士坦丁去世后帝国的分裂使得罗马能投入东方战线

---

① 　F.Millar, *The Roman Near East 31 BC-AD 337*, pp.66—68.

② 　B.Isaac, *The Limits of Empire*, p.50.

③ 　B.Isaac, *The Limits of Empire*, pp.399—400.

④ 　A.H.M.Jones, *The Decline of the Ancient World*, p.363.

的资源突然变得薄弱，于是东部边疆的均势被打破，优势的天平向波斯一方倾斜。因而在尤里安皇帝即位后能组织全国力量进行东方战争之前，罗马在具体战略层面上居于守势，主要目标在于保住现有势力范围。因此，罗马帝国在东方的主要战略目标非常有限，亦非常明确而有针对性，即尽力遏制与消耗波斯的进攻实力：

第一，尽力加强美索不达米亚北部的纵深防御系统，使之成为波斯人不可逾越的障碍，如此东方的战争不至于对叙利亚等富裕省份带来严重影响。罗马采用的主要方法是在交通枢纽和战略要地修建大量堡垒，加固城防。前述的尼西比斯与辛加拉皆为重点设防的城市，其中尼西比斯最为重要，因而在后来战争中成为东方司令部的长期所在地，马塞里努斯多次在此驻留。[1]罗马的多数重要堡垒位于底格里斯河沿岸的战略要地，比如位于上游河畔战略要地的阿米达，该城既是坚固堡垒，又是重要的武器库，平常由第五"帕提亚"军团驻防，后来战况紧急时又进驻多个军团增强防御。[2]也有些堡垒位于幼发拉底河上游的重要渡河地点，例如萨摩萨塔。[3]

第二，尽力控制亚美尼亚，保持罗马对波斯的战略优势，分散波斯的实力。罗马一般是通过外交手段实现这一目标。

4 世纪开始，萨拉森人（Saracens）的势力日益强大[4]，他们的活动地域贯穿两大帝国交战的整个东方战场，因而罗马与波斯都必

---

[1] Ammianus Marcellinus，XVIII.6.

[2] Ammianus Marcellinus，XVIII.9.

[3] Ammianus Marcellinus，XIV.8.7.

[4] A.Cameron & P.Garnsey，*The Cambridge Ancient History*，Vol.XIII，p.451.

须认真对待这些沙漠游牧者,把尽可能多的萨拉森部落争取到自己一边。到了 4 世纪后期,还有另一个原本不太重要的因素变得重要起来,那就是北方高加索防线的局势日益紧张。具体说来,匈人对高加索关隘以及当地诸附属王国的压力越来越大,罗马必须认真应付。在这方面罗马帝国与波斯帝国有着共同利益。

第八章

东方战争的第一阶段：波斯的攻势

一、波斯进攻前期

对于 4 世纪这场旷日持久战争的确切起因及初期战事，古典史料中没有清晰的记载。①现存《历史》中，有两部分涉及波斯战争的起因。其一是沙普尔写给君士坦提乌斯的外交信函，在信中沙普尔强调自己是古波斯王的继承者，合法的疆域包括所有东方地区，向西远达色雷斯。但他愿意做一定让步，只拥有美索不达米亚与亚美尼亚②；其二是为尤里安东征辩护时，马塞里努斯强调是君士坦丁听信哲学家梅特罗多鲁斯（Metrodorus）的谗言而"点燃了帕提亚战火"（ardores Parthicos succendisse）③，因此尤里安不应该为发动战争负责。《历史》对梅特罗多鲁斯蛊惑君士坦丁发动战争的事迹肯定有记载，但这部分已经遗失。其他古典史料对此也有说明，大意为梅特罗多鲁斯向君士坦丁展示击败波斯后控制东方

---

① A.H.M.Jones, *The Later Roman Empire 284—602*, Vol.I, p.84; A.Cameron & P.Garnsey, *The Cambridge Ancient History*, Vol.XIII, pp.3, 438.

② Ammianus Marcellinus, XVII.5.5—6.

③ Ammianus Marcellinus, XXV.4.23—24.

商路的巨大利润,促使君士坦丁决定发动战争。①马塞里努斯对此的记载想必也大同小异。

上述《历史》中的两处叙述略有矛盾,但大体上说明了战争爆发的真正原因,即罗马与波斯双方均对领土现状不满。重新统一的罗马帝国认为自己处于强势,希望波斯做出更大让步;波斯则因为实力已经恢复,加之国王已经成年且颇有雄才大略,因而力图洗刷昔日的屈辱并恢复丧失的领土。②

沙普尔大王发动的首次战争针对萨拉森人。这些阿拉伯游牧民族的分布范围由阿拉伯半岛向东遍及美索不达米亚与伊朗高原西部诸省,他们趁波斯帝国衰弱之机发动袭击,曾一度围攻泰西封。③大约在 226 年,刚成年的沙普尔发动反击。④波斯人在波斯湾组建了一支舰队,随后波斯军队在舰队配合下沿阿拉伯半岛东岸扫荡,屠戮了众多萨拉森部落。⑤沙普尔以酷刑对待俘虏⑥,境内外萨拉森人大多被降服。这之后波斯帝国内部局势稳定下来,国力日益强盛。这期间也正是君士坦丁统治下的罗马帝国的强盛时期,君士坦丁以全体基督徒保护者自居,这些基督徒包括波斯境内

---

① Marcellinus, *Ammianus Marcellinus*, Vol.II, pp.514—515; M.H.Dodgeon & S.N.C.Lieu, *The Roman Eastern Frontier and the Persian Wars*(*AD 226—363*), p.153. 相关分析见 B.H.Warmington, "Ammianus Marcellinus and the Lies of Metrodorus", *The Classical Quarterly*, *New Series*, 31(1981), pp.464—468。

② Ammianus Marcellinus, XVII.5.3—8; Libanius, *Or*, LIX.66—72.

③ M.H.Dodgeon & S.N.C.Lieu, *The Roman Eastern Frontier and the Persian Wars* (*AD 226—363*), p.144; P.M.Sykes, *A History of Persia*, p.445.

④ A.Cameron & P.Garnsey, *The Cambridge Ancient History*, Vol.XIII, p.419.

⑤ 塔巴里(al-Tabari)对此次战争有详细记录。见 M.H.Dodgeon & S.N.C.Lieu, *The Roman Eastern Frontier and the Persian Wars*(*AD 226—363*), pp.144, 289—291。

⑥ M.H.Dodgeon & S.N.C.Lieu, *The Roman Eastern Frontier and the Persian Wars* (*AD 226—363*), pp.294—295; P.M.Sykes, *A History of Persia*, p.445.

的大量皈依者，因而君士坦丁的东方政策带有明显侵略性。①据尤西比乌斯(Eusebius)记载，324年君士坦丁曾警告沙普尔不得迫害波斯境内基督徒。②另一些古典史料记载，君士坦丁曾率军征伐过波斯，双方互有胜负。③为遏制波斯势力在阿拉伯半岛的扩张，罗马纵容东北非基督教王国埃塞俄比亚进攻阿拉伯半岛南部，此举在波斯看来显然是想从南面包抄波斯帝国。④330年，君士坦丁出兵亚美尼亚，以铁腕镇压了当地得到波斯支持的反基督教暴乱，并立侄子汉尼拔尼亚努斯(Hannibalianus)为亚美尼亚王，还授予其"众王之王"称号。⑤随后大约在334年，皇子君士坦提乌斯被派往东方边境主持防务，同时筹划进攻波斯。⑥关于君士坦丁的进攻计划，尤西比乌斯与利巴尼乌斯等人的著述中均有所提及⑦，此举无疑受到众多基督教臣民的支持。⑧

336年，当波斯使者抵达君士坦丁堡要求修改299年和约时，

---

① A.H.M.Jones, *The Later Roman Empire 284—602*, Vol.I, p.85；P.M.Sykes, *A History of Persia*, p.445.

② Eusebius, *Vita Constantini*, IV.8—13.

③ 这些记载未必可靠。见 M.H.Dodgeon & S.N.C.Lieu, *The Roman Eastern Frontier and the Persian Wars(AD 226—363)*, pp.146—147.

④ A.Cameron & P.Garnsey, *The Cambridge Ancient History*, Vol.XIII, p.419.

⑤ "众王之王"(Shahenshah, شهنشاه)称号一向为东方最高统治者专有，君士坦丁此举显然有推翻波斯王以自己侄子取而代之的意图。A.Cameron & P.Garnsey, *The Cambridge Ancient History*, Vol.XIII, pp.3, 419, 437. D.S.Potter, *The Roman Empire at Bay AD 180—395*, pp.459—460.

⑥ 尤里安后来在评论君士坦提乌斯时提到此事。见 Julian, *Or*, I.13b。A. Cameron & P.Garnsey, *The Cambridge Ancient History*, Vol.XIII, p.419。

⑦ Eusebius, *Vita Constantini*, IV.56；Libanius, *Or*, LIX.60—75. 其他众多相关记载见 M.H.Dodgeon & S.N.C.Lieu, *The Roman Eastern Frontier and the Persian Wars(AD 226—363)*, pp.159—162。

⑧ M.H.Dodgeon & S.N.C.Lieu, *The Roman Eastern Frontier and the Persian Wars (AD 226—363)*, pp.162—163.

君士坦丁回答:为了弘扬基督教,自己将会征服波斯。①此举无异于宣战,随后双方皆积极备战,波斯境内基督教徒遭到大规模迫害。②但第二年君士坦丁去世,帝国发生短暂骚乱,君士坦提乌斯发动大清洗,除君士坦丁嫡生子女外,其余有皇室血统者几乎尽被诛杀③,被害者中包括汉尼拔尼亚努斯。④君士坦提乌斯与两个兄弟三分罗马帝国,他本人统治帝国东部地区。⑤上述变故无疑大大有利于波斯,波斯本来准备挑战统一的罗马帝国,现在对手突然变成了三分之一的罗马帝国。新的东部皇帝君士坦提乌斯各方面的能力以及掌握的资源皆远不及其父,而且汉尼拔尼亚努斯死后亚美尼亚的混乱局势使得波斯在亚美尼亚有机可乘。⑥于是战略态势完全逆转,波斯由防御转入进攻。337 年,就在君士坦丁死后不久,战争正式爆发。⑦波斯在亚美尼亚地区鼓动反基督教暴动,同时波斯骑兵与忠于波斯的萨拉森骑兵不断越过边境发动袭击。⑧

　　第二年(338 年)沙普尔亲率大军进攻罗马在美索不达米亚的最重要城市尼西比斯,波斯人围攻两月后退兵⑨,之后战争持续进

---

① Libanius, *Or*, LIX.72; A. Cameron & P. Garnsey, *The Cambridge Ancient History*, Vol.XIII, p.419.

② P.M.Sykes, *A History of Persia*, pp.447—448.

③ A.H.M.Jones, *The Later Roman Empire 284—602*, Vol.I, p.112; R.Browning, *The Emperor Julian*, pp.34—35; A.Cameron & P.Garnsey, *The Cambridge Ancient History*, Vol.XIII, pp.3—4.

④ 尤里安与佐西默斯都对此有记述。见 Julian, *Ep*, 270C.3.5—8; Zosimus, II. 40.3。

⑤ A.Cameron & P.Garnsey, *The Cambridge Ancient History*, Vol.XIII, pp.4—5.

⑥ Julian, *Or*, I.18d—19a.

⑦ A.Cameron & P.Garnsey, *The Cambridge Ancient History*, Vol.XIII, pp.3, 437—438.

⑧⑨　P.M.Sykes, *A History of Persia*, p.446.

行，双方均无进展。341 年，沙普尔立贵族阿尔萨西斯（Arsaces）为亚美尼亚国王，暂时把亚美尼亚置于波斯控制之下。①君士坦提乌斯在开战后积极恢复东部军队的纪律和战斗力。②除备战之外，罗马还展开外交攻势，尽力与萨拉森人达成和约以孤立波斯人。③按照利巴尼乌斯的说法，君士坦提乌斯于 338 年或 339 年率军前往东部前线迎击波斯人，但未有大规模战斗。④随后几年罗马军队越过底格里斯河，攻陷了一些波斯城镇。⑤

344 年，沙普尔又集结大军由南线进攻美索不达米亚北部罗马控制区，在辛加拉城遭遇君士坦提乌斯率领的一支罗马军队主力，双方发生激战。⑥关于此战的过程，古代史料的说法较为混乱，因此难以完全复原整个过程。⑦利巴尼乌斯和尤里安都曾在演说中述及此战⑧，一般认为两人的说法最为详细可信。马塞里努斯对此战过程也必然有所记述，可惜这部分已经遗失，现存《历史》中只有一处大略提到此次战役。⑨此外，《历史》还谈到君士坦提乌斯曾"在一场激战中被波斯人击败后落荒而逃"⑩，并两次提到 359

---

① P.M.Sykes, *A History of Persia*, p.446；A.Cameron & P.Garnsey, *The Cambridge Ancient History*, Vol.XIII, p.12.

② Julian, *Or*, I.21b—22a.

③ M.H.Dodgeon & S.N.C.Lieu, *The Roman Eastern Frontier and the Persian Wars (AD 226—363)*, p.173.

④ Libanius, *Or*, LIX.76—82.

⑤ Libanius, *Or*, LIX.83—87；Julian, *Or*, I.22a—22d；Athanasius, *Historia Arianorum*, XVI.

⑥ 这场会战的时间说法不一，也有人认为是 348 年。

⑦ M.H.Dodgeon & S.N.C.Lieu, *The Roman Eastern Frontier and the Persian Wars (AD 226—363)*, pp.181—190.

⑧ Libanius, *Or*, LIX.99—120, XVIII.208；Julian, *Or*, I.22d—25b.

⑨ Ammianus Marcellinus, XVIII.5.7.

⑩ Ammianus Marcellinus, XXV.9.3.

年前辛加拉被波斯攻占,但这些事件发生的具体时间以及是否与此次辛加拉会战有关已无从确知。①辛加拉会战的过程大体反映出双方战术的长处与短处②:正面会战中罗马军队击败对手,压制并驱赶波斯军至波斯营寨;但随后罗马军队侧翼遭到波斯骑兵突袭,几乎全军覆没。③此战波斯获胜,但并无决定性意义。随后君士坦提乌斯在东部边境尽力布置城镇防御,对波斯采取守势,尼西比斯作为整个美索不达米亚北部防御区的枢纽成为设防重点。④346 年,沙普尔再次率军进攻尼西比斯,但再次失败。⑤这之后双方依然继续交战,阿塔纳修斯(Athanasius)提到君士坦提乌斯曾在埃德萨(Edessa)指挥作战。⑥马塞里努斯也提到两个罗马军团在了辛加拉参与了对波斯军的夜袭⑦,时间约为 348 年,但相关的详细记载已经遗失。

350 年,西部罗马帝国皇帝,君士坦提乌斯之弟君士坦斯(Constans)被杀,马格内恩提乌斯(Magnentius)被拥立为西部皇帝。⑧君士坦提乌斯拒绝承认弑其弟的篡位者,准备攻打马格内恩提乌斯。⑨他预料到波斯即将再度发动进攻,因此在率主力部队前

① Ammianus Marcellinus,XIX.2.8,XX.6.5.

② Libanius, *Or*, LIX.117;Julian,*Or*, I.24d.

③ P.M.Sykes, *A History of Persia* , p.447.

④ M.H.Dodgeon & S.N.C.Lieu, *The Roman Eastern Frontier and the Persian Wars (AD 226—363)* , pp.190—191.

⑤ P.M.Sykes, *A History of Persia* , p.446;M.H.Dodgeon & S.N.C.Lieu, *The Roman Eastern Frontier and the Persian Wars(AD 226—363)* , pp.191—192.

⑥ Athanasius, *Apologia contra Arianos* , 51.

⑦ Ammianus Marcellinus, XVII.9.3.

⑧ A.Cameron & P.Garnsey, *The Cambridge Ancient History* , Vol.XIII, pp.10—11, 14—15. 对于这些事件,马塞里努斯史著的遗失部分中应该有所记载,现存的马塞里努斯著作中只偶尔提到。例如 Ammianus Marcellinus, XV.5.16。

⑨ A.H.M.Jones, *The Later Roman Empire 284—602* , Vol.I, pp.112—113.

往欧洲前部署好了美索不达米亚的防务①，并立堂弟迦鲁斯为副帝主持东方事务。②不久沙普尔果然第三次率军围攻尼西比斯，此次波斯帝国投入的军力规模空前，除陆军主力外，还有水军及印度盟友提供的战象。波斯人在城边凿渠，引邻近迈格多尼乌斯（Mygdonius）河之水形成人工湖泊，用以淹没敌人工事，冲垮城墙，同时展开己方水军。③是役波斯人采用了各种办法，但罗马守军顽强抵抗，最终沙普尔损失两万人而一无所获，只得退兵。④现存的《历史》中，马塞里努斯只有一次在战术分析中谈及此次围攻，称战斗中波斯的战象受惊后践踏己方军队，给波斯人带来极大伤亡。⑤这是沙普尔最后一次围攻尼西比斯，同时迦鲁斯也成功挫败了其他数次波斯进犯。⑥之后波斯军队主力也离开美索不达米亚战场，两大帝国的注意力都转向其他地方⑦，双方开始和谈。⑧

据《历史》记载，大约从 350 年开始，波斯东北部边境遭到两股强大游牧民族的进犯，它们是希奥尼泰人（Chionitae）与欧塞尼人（Euseni，另一部抄本中为 Cuseni）。⑨沙普尔在中北亚的征战持续

---

① Philostorgius, *Historia ecclesiastica*, III.25；M.H.Dodgeon & S.N.C.Lieu, *The Roman Eastern Frontier and the Persian Wars*（AD 226—363），pp.207—208.

② Philostorgius, III.25.

③⑦ A.Cameron & P.Garnsey, *The Cambridge Ancient History*, Vol.XIII, p.14.

④ P.M.Sykes, *A History of Persia*, p.447.

⑤ Ammianus Marcellinus, XXV.1.15.

⑥ Philostorgius, III.28；Zosimus, III.1.1.

⑧ Ammianus Marcellinus, XVI.9, XVII.5.

⑨ Ammianus Marcellinus, XVI.9.4. 其中希奥尼泰人大概就是中国历史上的匈奴人，也有人认为他们是十多年后攻入南俄草原的匈人（Huns）；欧塞尼人可能是中国历史上的乌孙或贵霜（Kushan，即月氏），这两个民族皆属吐火罗族或东伊朗民族（或称萨尔马提亚人）。这可能是古典著作中首次有关突厥族的记载。其他古典史料对此次游牧民族入侵也略有记载，称他们为"马萨格泰人"（Massagetae），这是当时欧洲人对东方游牧民族的统称。例如 Zonaras, XIII.7.13.

了大约八年①,他最终成功降服了入侵蛮族,部分希奥尼泰人与格兰人(Gelani)以盟友身份加入波斯军队。②这期间罗马内战持续了三年,代价惨重,最终君士坦提乌斯获胜③,之后一段时间君士坦提乌斯还必须留在西部处理战争善后事务,尤其是防备莱茵河与多瑙河地区的日耳曼人与萨尔马提亚人入侵。其间君士坦提乌斯利用波斯主力远在东部的良机,施展外交手段重新把亚美尼亚纳入罗马控制,并把一位罗马贵族的女儿嫁给阿尔萨西斯。④此间罗马与波斯的和谈一直在进行,君士坦提乌斯与沙普尔之间还不断有书信往来,但最终毫无结果。⑤

二、阿米达攻城战与波斯进攻的终结:
"马塞里努斯的战争"

《历史》中着墨最多的部分是作者亲历并扮演了重要角色的两场战役,即阿米达攻城战与尤里安东征,前者占了2卷⑥,后者占了3卷。⑦这两部分记述是后人了解4世纪波斯战争的最重要史料,特别是阿米达攻城战,现代人的相关知识基本上全部来自马塞里努斯。⑧因

---

① P.M.Sykes, *A History of Persia*, p.447.

② Ammianus Marcellinus, XVII.5.1.

③ Ammianus Marcellinus, XIV.1.1; A.Cameron & P.Garnsey, *The Cambridge Ancient History*, Vol.XIII, pp.17—22.

④ Ammianus Marcellinus, XX.11.3, XIV.11.4. 相关分析见 A.Cameron & P. Garnsey, *The Cambridge Ancient History*, Vol.XIII, p.423。

⑤ Ammianus Marcellinus, XVII.5, XVII.14.

⑥ Ammianus Marcellinus, XVIII, XIX.

⑦ Ammianus Marcellinus, XXIII, XXIV, XXV.

⑧ 其他古典史家如佐那拉斯(Zonaras)与佐西默斯(Zosimus)等对此也有记载,但非常简略。M.H.Dodgeon & S.N.C.Lieu, *The Roman Eastern Frontier and the Persian Wars*(*AD 226—363*), pp.213, 229—230.

此从史料角度看,359—360 年的波斯战争可称为"马塞里努斯的
战争"(Bellum Ammiani)。虽然有学者认为马塞里努斯对这些战
役的记载充满偏见和歪曲①,但多数学者认同《历史》的相关记载。
下面的分析将主要以这两部分内容为依据。

359 年,沙普尔重新集结大军,发动第二次针对罗马的战争。②
此次行动与以往的最大不同在于沙普尔身边有一位来自罗马的高
级参谋安托尼努斯(Antoninus)。对于安托尼努斯叛逃的事迹,利
巴尼乌斯曾提到③,马塞里努斯对此有更详细记载。④安托尼努斯
因为受到不公正对待与迫害,遂运用机谋携全家人逃亡波斯。安
托尼努斯对东方罗马军队的状况了如指掌⑤,他向沙普尔建议:此
次进攻应避免以往的逐城消耗战模式,波斯军队应依靠机动性迅
速穿过美索不达米亚北部的罗马堡垒防御系统,直接抵达幼发拉
底河,然后渡河攻入富庶的叙利亚。⑥如此波斯王可再现百年前同

---

① C.Kelly, *Ammianus Marcellinus：The Allusive Historian*, pp.49—52.
② Ammianus Marcellinus, XVIII.4.1.
③ Libanius, *Or*, XII.74.
④ Ammianus Marcellinus, XVIII.5. 马塞里努斯笔下的安托尼努斯大体上是位英
雄人物,被比做佐皮鲁斯(Zopyrus,以机谋攻取巴比伦的波斯英雄,其事迹希
罗多德有详细记载,见 Herodotus, III.150—160)、马哈尔巴(Maharbal,汉尼拔
麾下的杰出将领)和奥德修斯。Ammianus Marcellinus, XVIII.5.3, XVIII.
5.6—7.马塞里努斯还在另一处记述他的高贵举动。见 Ammianus Marcellinus,
XVIII.8.5—6。马塞里努斯如此描写一个将自己置于死地的叛逃者颇不寻常,
而且安托尼努斯的身世背景与马塞里努斯非常相似。马塞里努斯跟安托尼努
斯是同乡,两人都曾在东部近卫军中任职并接受教育,因此他们可能相识。
《历史》对此有所暗示。见 Ammianus Marcellinus, XVIII.5.1—2。一些学者认
为:马塞里努斯笔下的安托尼努斯是一个理想人物,可以说是作者的"另一个
自我"(alter ego)。C. Kelly, *Ammianus Marcellinus：The Allusive Historian*,
pp.75—76, 121—122.
⑤ Ammianus Marcellinus, XVIII.5.1—2.
⑥ Ammianus Marcellinus, XVIII.5.6—7, XVIII.6.3—4, XVIII.6.16—19, XVIII.
7.10—11. 相关分析见 P.M.Sykes, *A History of Persia*, p.450；A.Cameron & P.
Garnsey, *The Cambridge Ancient History*, Vol.XIII, p.39.

名伟大祖先的辉煌业绩。①沙普尔采纳了安托尼努斯的建议,为了有效实施机动奇袭战略,沙普尔从北方游牧盟友中大量征召骑兵。②同时为了出其不意,沙普尔一直假意与罗马和谈,最后一批罗马使者刚启程返国他就率大军随后出发。

关于波斯人此次进攻的目标,尚存在一些争议。有学者认为马塞里努斯不可能清楚波斯人的真正意图,波斯人的目标其实就是袭取阿米达。③但笔者认为,从军事与战术角度分析,这种说法缺乏根据。以本次战役中波斯人的兵力构成与行动模式看,马塞里努斯的说法最为合理。

对于波斯人的进攻,罗马人的准备极不充分。君士坦提乌斯皇帝与罗马东部野战军主力正在多瑙河边境,皇帝此时的注意力都集中在防御多瑙河对岸的日耳曼人与萨尔马提亚人以及阿利米努姆④(Ariminum)宗教会议上。⑤马塞里努斯的上司乌尔西奇努斯此时任东方骑兵统帅(magister equitum per Orientem),实际上主持对波斯防御作战。⑥但皇帝一直怀疑乌尔西奇努斯的忠心,先是指派一名不习战事的文官萨比尼安努斯(Sabinianus)担任东方

---

① 指沙普尔一世(241—272年在位)。241年与258年沙普尔一世两次率军洗劫叙利亚。258年波斯大军攻入安提奥克时,城中居民尚未察觉,正聚集在剧场中观看表演。波斯人这次进攻同样得到一个叛变罗马人米利亚德斯(Myriades)的帮助。M.H.Dodgeon & S.N.C.Lieu, *The Roman Eastern Frontier and the Persian Wars*(AD 226—363), pp.52—54.马塞里努斯对此事亦有记载,见 Ammianus Marcellinus, XXV.5.3。

② Ammianus Marcellinus, XVII.5.1.

③ C.Kelly, *Ammianus Marcellinus:The Allusive Historian*, pp.48—49.

④ 今利米尼(Rimini)。

⑤ A.Cameron & P.Garnsey, *The Cambridge Ancient History*, Vol.XIII, pp.35—37; D.S.Potter, *The Roman Empire at Bay AD 180—395*, p.487; A.H.M.Jones, *The Later Roman Empire 284—602*, Vol.I, pp.117—118.

⑥ Ammianus Marcellinus, XVI.10. 21.

总督，随后又以升任近卫步兵统帅（magister peditum praesentalis）
为名将乌尔西奇努斯召回宫廷。①乌尔西奇努斯在马塞里努斯陪
伴下前往多瑙河西部西尔米乌姆（Sirmium）的宫廷。当他们行至
色雷斯时，波斯进攻的消息传来，皇帝急令乌尔西奇努斯返回美索
不达米亚主持战局②，于是他们全速返回位于尼西比斯的司令部。
他们在路上发现底格里斯河对岸的波斯人正在集结重兵，敌军轻
骑部队已经渡河劫掠当地乡村，整个美索不达米亚北部一片恐慌，
居民要么逃离，要么避入设防城镇。③乌尔西奇努斯与马塞里努斯
力图摆脱敌人追击，最后历尽艰辛抵达设防重镇阿米达。④在这里
他们遇到来自波斯的罗马密探，得知波斯王已率大军出发。⑤

　　此时波斯科尔杜埃尼省⑥总督约维尼安努斯（Jovinianus）暗中
与罗马通好。乌尔西奇努斯为了获取波斯大军行动的具体情报，
派马塞里努斯前去科尔杜埃尼执行侦查任务。⑦之所以派马塞里
努斯去执行此次侦查任务，除了乌尔西奇努斯信任马塞里努斯之
外，据马修斯推测，可能是因为这位总督之前在安提奥克做人质时

① Ammianus Marcellinus，XVIII4.2—6，XVIII.5. 4—5，XVIII.6.1—4.
② Ammianus Marcellinus，XVIII.6.5—7；C.Kelly，*Ammianus Marcellinus：The
Allusive Historian*，p.31. 关于乌尔西奇努斯一行人的行动路线，学者们有不同
说法，莱森（J.Lessen）认为他们只走到西里西亚（Cilicia）就东返。见 J.Lessen，
"The Persian Invasion of 359：Presentation by suppression in Ammianus
Marcellinus' *Res Gestae* 18.4.1—18.6.7"，*The Late Roman World and its Historian*，
pp.41—42。
③ Ammianus Marcellinus，XVIII.6.8—11.
④ Ammianus Marcellinus，XVIII.6.12—17.
⑤ Ammianus Marcellinus，XVIII.6.18—19.
⑥ 马塞里努斯称其为"科尔杜埃纳"（Corduena）。如前文所述，根据 299 年和约
该省由波斯割让给罗马，但此时依然由波斯控制。可能是因为波斯夺回了该
省的一部分；也可能是波斯人根据和约保有该省较贫瘠地区。马塞里努斯后
来提到该省的一部分依然由罗马控制。见 Ammianus Marcellinus，XXV.7.8。
⑦ Ammianus Marcellinus，XVIII.6.20.

认识马塞里努斯,而且是马塞里努斯的同学。约维尼安努斯安排
向导带领马塞里努斯潜伏在高处岩石上观察,马塞里努斯目睹了
沙普尔大王率领波斯与亚洲蛮族大军渡过安扎巴河①的壮观场
面。②这些蛮族军队除来自前文提到的中北亚地区,还来自外高加
索与伊朗高原东南部锡斯坦一带。③

马塞里努斯等人意识到波斯人的进攻意图,火速返回阿米达
向乌尔西奇努斯报告。乌尔西奇努斯闻讯后随即布置应对措施,
转移民众并焚烧草原,以焦土战术迟滞波斯人的进军。④波斯大军
径直通过尼西比斯没有片刻停留⑤,之后因为罗马人焦土战术造
成的供应匮乏,波斯人在君士坦提纳(Constantina)⑥休整,等待运
送给养并侦察前方消息。⑦在得知幼发拉底河因河水上涨无法涉
渡后,安托尼努斯建议沙普尔改变进军计划。因为罗马的堡垒防
御体系主要集中在南线,北部地区的堡垒分布相对较稀疏,北部的
防御空隙给波斯军队的移动穿插提供了便利条件。由于罗马人预
计波斯人会走直线通过南线进攻,只疏散并烧毁了南部地区的乡

---

① Ammianus Marcellinus, XVIII.6.20; Ammianus Marcellinus, *The Later Roman Empire*, London: Penguin Books, 2004, p.453.

② Ammianus Marcellinus, XVIII.6.21—23.

③ Ammianus Marcellinus, XIX.2.3—11. 对于这段记述,史学界争议较大。马塞里努斯力图模仿希罗多德列举薛西斯率领下入侵欧洲的亚洲大军,描述了众多细节,很多内容不大可能是他亲眼所见。C.Kelly, *Ammianus Marcellinus: The Allusive Historian*, pp.78—88.

④ Ammianus Marcellinus, XVIII.7.3—6.

⑤ 12 世纪的拜占庭史家佐那拉斯对此有简略记载,与马塞里努斯的说法有所不同。佐那拉斯称波斯军围攻了尼西比斯,但一无所获,然后才改道北上。一般认为马塞里努斯的说法更合理。佐那拉斯的记载见 Zonaras, XIII. 9.29—31.

⑥ 原名安托尼努波利斯(Antoninupolis),君士坦丁时改名。Marcellinus, *Ammianus Marcellinus*, Vol.I, London: William Heinemann, 1982, p.454.

⑦ Ammianus Marcellinus, XVIII.7.8—9.

野,北部地区并未触动,因此北进亦便于波斯人解决给养问题。安托尼努斯认为波斯军队应该沿底格里斯河北上迂回抵达幼发拉底河上游,他知道两个地点河水很浅,军队可直接涉渡。沙普尔听从了该建议,于是波斯人全军北上。①

乌尔西奇努斯很快得知波斯人的动向,他决定带着马塞里努斯等随从尽快赶往幼发拉底河上游的萨摩萨塔或宙格马,在波斯军队到达之前毁掉那一带的两座桥梁。②但波斯骑兵的行动与渗透速度超乎罗马人想象,波斯西部统帅塔姆沙普尔(Tamsapor)③与安托尼努斯率领两万先头部队已到达阿米达附近。④乌尔西奇努斯一行队伍遭到波斯骑兵截击,乌尔西奇努斯因为深受安托尼努斯敬重,故而未受攻击安全逃离⑤;其他罗马人被波斯军冲散,马塞里努斯与少数同僚历经苦战逃回阿米达。⑥

阿米达即波斯人所称的狄亚巴克尔,现代称狄亚贝基尔⑦,当时为罗马扼守底格里斯河上游的一处战略要地。阿米达位于罗马、亚美尼亚与波斯三大势力交界处,这里也是底格里斯河与宁法乌斯(Nymphaeus)河交汇点,地势非常险要。君士坦提乌斯扩建加固了这里的城墙与塔楼,使之成为重要防御壁垒兼武器库。⑧阿

---

① Ammianus Marcellinus,XVIII.7.10—11.
② Ammianus Marcellinus,XVIII.8.1—2.
③ 有关他的身份见 Ammianus Marcellinus,XVI.4.3。
④ Ammianus Marcellinus,XVIII.8.3.
⑤ 据《历史》记载,安托尼努斯在波斯宫廷时曾高度赞扬乌尔西奇努斯的能力与品德。见 Ammianus Marcellinus,XVIII.6.3.
⑥ Ammianus Marcellinus,XVIII.8.4—14.
⑦ Marcellinus,*Ammianus Marcellinus*,Vol.I,p.444.
⑧ Ammianus Marcellinus,XVIII.9.1—3.据其他古典史料记载,阿米达曾于336年左右被波斯夺取,但随后又被罗马收复。该城的扩建加固大约在这之后。见 M.H.Dodgeon & S.N.C.Lieu,*The Roman Eastern Frontier and the Persian Wars*(*AD 226—363*),p.154.

米达平常有一个军团①与一支当地民兵驻防，开战后为了防备波斯人，又增调了6个军团，其中包括两支精锐的骑射手部队。②据估计，上述军队总数超过八千人，但实际上其中多为边防部队，真正善战的野战部队很少。其中有4个军团的士兵大多为新入伍者，缺乏作战经验。另有两个军团来自高卢③，这些西部士兵仅擅长近战，未受过远程武器训练，在守城战中作用不大。因此，城中真正有经验的守城作战部队不足半数。不过阿米达是重要武器仓库，贮存了大量机械远程武器与箭矢，能够长期坚守。

　　随后沙普尔大王率波斯与蛮族大军抵达，阿米达附近的两座堡垒雷曼（Reman）和布桑（Busan）不战而降。④波斯大军驻于阿米达城下，沙普尔计划利用恐吓手段诱劝守军投降。依照安托尼努斯的计划，波斯人不能在此久留，必须快速西进，因此如果劝降不成，沙普尔也不会攻城。⑤但一次意外事件彻底改变了战局，使得波斯王与安托尼努斯的奇袭计划终成泡影。沙普尔招降被拒后，希奥尼泰王格伦巴泰斯（Grumbates）率领部落亲贵试图再次劝降。这些草原骑士不知道罗马弩炮的威力，走到离城墙很近的地方，格

①　即第五"帕提亚"（V Parthica）军团。
②　Ammianus Marcellinus，XVIII.9.1—3. 这六个军团为第三十"乌尔皮亚"（XXX Ulpia）军团、第十"福弗尔腾斯"（X Fortenses）军团、"马格内恩提安"（Magnentiani）军团、"德肯提安"（Decentiani）军团、"超级猎手"（Superventores）军团与"首席猎手"（Praeventores）军团。
③　"马格内恩提安"军团与"德肯提安"军团由西部皇帝马格内恩提乌斯招募用于打内战。"马格内恩提安"意为"马格内恩提乌斯的"；"德肯提安"意为"德肯提乌斯（Decentius）的"，德肯提乌斯为马格内恩提乌斯任命的共治副帝。马格内恩提乌斯战败后这两个军团被君士坦提乌斯收编，但他们的忠诚度受到怀疑，故而被调往最遥远的东方。Marcellinus，*Ammianus Marcellinus*，Vol.I，p.464.
④　Ammianus Marcellinus，XVIII.10.
⑤　Ammianus Marcellinus，XVIII.6.3，XIX.1.3.

伦巴泰斯的爱子当即被重箭洞穿胸膛。①因为这一突发悲剧，蛮族统帅们经商议后要求务必摧毁阿米达以告慰王子的英灵。②沙普尔无力违背这些独立盟友的意愿，只得应允。于是阿米达遭到敌军猛攻③，开始时进攻主力是亚洲蛮族部队，波斯人只出动象军等提供火力支持。④

　　但游牧民族的弓箭是不可能跟罗马机械武器抗衡的，而且罗马守军居高临下，兼有城墙塔楼保护，即便在弓箭对射中也占尽优势。在围攻战初期，罗马人固然蒙受相当损失⑤，但波斯一方的伤亡更为惨重。⑥阿米达只是座小城，此时挤满了逃难的人群，城中总人数计有十二万⑦，如此围困之下的城市不免要经受瘟疫之苦。⑧随着时间推移，沙普尔意识到奇袭叙利亚的时机已永久丧失，因而开始逐步将波斯军队，尤其是最宝贵的工程兵部队投入攻城。波斯步兵将此前缴获的罗马弩炮投入攻城战⑨，并围绕城墙竖起掩护棚架，在靠近城墙处堆起土丘，同时着手修建带有铁皮防护的大型攻城塔。⑩波斯人还发动了一次奇袭，由一名罗马逃兵带路，一队波斯精锐弓箭手趁夜占领了城墙南侧一座塔楼，然后与城外波斯大军里应外合发动突袭。在突如其来的内外夹攻打击之下，罗马人一时不知所措，但他们很快采取应对措施，搬来一些轻

① Ammianus Marcellinus，XIX.1.
② Ammianus Marcellinus，XIX.2.1—2.
③ A.Cameron & P.Garnsey，*The Cambridge Ancient History*，Vol.XIII，p.423.
④ Ammianus Marcellinus，XIX.2.3—15.
⑤ Ammianus Marcellinus，XIX.2.9—15.
⑥ Ammianus Marcellinus，XIX.5.7—8.
⑦ Ammianus Marcellinus，XIX.2.14.
⑧ Ammianus Marcellinus，XIX.4.1.
⑨ Ammianus Marcellinus，XIX.2.8，XIX.5.1，XIX.7.2，XIX.7.5.
⑩ Ammianus Marcellinus，XIX.5.1.

型弩炮迅速将塔楼上的波斯射手全歼。①之后罗马守军也组织了一次成功夜袭,两个来自高卢的军团作为主力突袭波斯军营帐,杀死了众多波斯高级将领与显贵。②

夜袭事件之后,波斯人倾全力攻城。波斯军的精锐甲士尽出,在大型攻城塔与象军的火力支援下发动猛攻。③罗马守军拼死抵抗,罗马大型抛石机发射巨石摧毁了敌人攻城塔,随后罗马人又以火箭击退象群,将受损的攻城塔全部焚毁,波斯人在付出巨大伤亡后退走。④但波斯人的土丘越堆越高,对此罗马人却没有应对之法。⑤实际上,罗马人也明白城池的陷落只是时间问题,他们只是力图坚持更长的时间,以期挫败波斯人的整体进攻计划⑥,结果他们达到了目的。最终波斯人通过土丘涌入城内,罗马守军一直坚持抵抗,大部分人战死或被俘。⑦只有少数罗马将士借着夜色逃脱,马塞里努斯也在这批幸存者之列,他历经艰险逃往亚美尼亚,在那里与乌尔西奇努斯汇合,随队伍回到故乡安提奥克。⑧波斯人攻下阿米达后依照盟友的意愿,处死了一批被俘罗马军官,然后摧毁了阿米达。⑨

---

① Ammianus Marcellinus,XIX.5.4—7.
② Ammianus Marcellinus,XIX.6. 如前文所言,两个高卢军团在守城战中作用有限,但很擅长近战突袭。马塞里努斯特别赞赏他们的肉搏战能力,但也模仿恺撒的评论,称他们的勇气难以持久。见 Ammianus Marcellinus,XIX.5.2—3,XIX.6.5。
③ Ammianus Marcellinus,XIX.7.1—6.
④ Ammianus Marcellinus,XIX.7.7.
⑤ Ammianus Marcellinus,XIX.8.1.
⑥ Ammianus Marcellinus,XIX.2.4.
⑦ Ammianus Marcellinus,XIX.8.1—4.
⑧ Ammianus Marcellinus,XIX.8.5—12.
⑨ Ammianus Marcellinus,XIX.9.1.如果马塞里努斯被俘,身为重要将领,他必然会被处死。

　　阿米达被围困期间,乌尔西奇努斯试图率军袭击波斯人。虽然他此时的官职未变,但实际的职权已大部分被剥夺,能调动的兵力有限。①新任东方总督萨比尼安努斯兼任步兵统帅(magister militum)并主持东方军务,他坚决反对乌尔西奇努斯的作战计划,乌尔西奇努斯以少量兵力游击波斯人的建议也被驳回。据马塞里努斯的说法,萨比尼安努斯上任后只知享乐与发号施令,根本不关心前方战局,战争期间他一直躲在埃德萨不敢出兵救援或袭扰。②实际的情况可能是:当时罗马在美索不达米亚并没有多少机动部队,没有能力在平原上抗衡波斯大军。因此第二年波斯进攻时,罗马军队依然只能消极防守。

　　对罗马人而言,阿米达的陷落固然是惨痛损失,但是役罗马人无论在战略上还是在战术上都是胜利者。罗马人以少量没有野战能力的二三线部队成功牵制了波斯大军,使得波斯人最终一无所获。对波斯人而言,表面上的辉煌胜利难以掩盖战略战术上的重大挫折。阿米达之战,起因于一次偶发事件,最终彻底粉碎了沙普尔大王进军罗马腹地的最后努力。③波斯人在阿米达城下迟滞了七十三天,付出了三万人的惨重代价,已丧失了进攻的时机与能

---

① 皇帝君士坦提乌斯一直怀疑乌尔西奇努斯有异心。见 Ammianus Marcellinus, XVIII.6.6。

② Ammianus Marcellinus, XVIII.7.7, XIX.3.1—3. 萨比尼安努斯是个基督徒,加上他的阻挠使得马塞里努斯差点丧命,因此马塞里努斯对他相当反感。《历史》两次蔑称他常去祈祷的教堂(大约为纪念当地的基督教烈士而建)为"坟墓"。但现代学者一般不认同马塞里努斯的说法,E.A.汤普森(E.A.Thompson)和马修斯(J.F.Matthews)就认为马塞里努斯夸大了君士坦提乌斯对乌尔西奇努斯的怀疑和敌意。J.Lessen, "The Persian Invasion of 359: Presentation by suppression in Ammianus Marcellinus' *Res Gestae* 18.4.1—18.6.7", *The Late Roman World and its Historian*, pp.37—38.

③ D.S.Potter, *The Roman Empire at Bay AD 180—395*, p.468; A.Cameron & P. Garnsey, *The Cambridge Ancient History*, Vol.XIII, p.40.

力。随着冬季来临,阿米达战役后波斯人只得退兵。①马塞里努斯有幸参与了决定此次战争的几次最关键行动,这些经历给他的史著增添了许多光彩。

　　第二年(360 年),沙普尔再次率大军进攻。因为奇袭叙利亚已没有可能,此次进攻的模式与十多年前相仿,依然以攻城拔点为主,并没有多少游牧骑兵参战。波斯大军首先攻陷南线重镇辛加拉,俘虏了驻防该城的两个军团及一些骑兵部队。因为补给线路漫长,辛加拉对罗马人和波斯人而言都是难于防守的地方,波斯人遂将该城彻底摧毁。②随后波斯军队沿底格里斯河北上,围攻底格里斯河上游的另一座罗马设防城市贝扎布德(Bezabde)。这里有 3个军团驻守,但他们不敌波斯人的攻城机械,城市陷落。③之后波斯人围攻维尔塔(Virta)要塞④失利,沙普尔在贝扎布德留下驻军后离开。⑤对于此次波斯进攻,君士坦提乌斯反应迟钝,主要是因为他必须继续在多瑙河地区指挥军事行动,以配合尤里安在莱茵河地区的征战。⑥不过,此时欧洲战事已近尾声,君士坦提乌斯在东方集结军队准备反击,同时自己也前往东方。但在途中,君士坦提乌斯收到尤里安被拥立为皇帝的消息⑦,他断然拒绝了尤里安

---

① Ammianus Marcellinus,XIX.9.9.

② Ammianus Marcellinus,XX.6.

③ Ammianus Marcellinus,XX.7.1—8. 马塞里努斯记载了贝扎布德主教通敌的传闻,但基督徒的史料有不同的说法,提到当地基督教烈士的作为。见 M.H. Dodgeon & S.N.C.Lieu, *The Roman Eastern Frontier and the Persian Wars*(*AD 226—363*),pp.215—219。

④ 具体位置不详,大体位于今伊拉克北部提克里特(Tikrit)一带。

⑤ Ammianus Marcellinus,XX.7.9.

⑥ A.Cameron & P.Garnsey, *The Cambridge Ancient History*,Vol.XIII,p.423.

⑦ Ammianus Marcellinus,XX.8.

分享帝国的建议，准备以武力对付篡位者。①考虑到四分之三的帝国在自己手中，当前最迫切的任务是通过一次胜仗在军队中赢得支持，因此君士坦提乌斯决定先率军东进击败波斯，然后再进军欧洲消灭尤里安。②

君士坦提乌斯随后在东方的军事行动不免受到极大掣肘：不仅没有了来自西部的援军，还必须分兵防御来自西部的进攻。因而此次罗马军事行动的目标很有限，仅为收复贝扎布德。但罗马军队在美索不达米亚的军事行动并不顺利，皇帝指挥军队发动猛攻试图夺回贝扎布德，但未能成功，随着冬季来临，罗马军队只得撤退。③第二年（361年）君士坦提乌斯及其军队依然在美索不达米亚等待与波斯交战④，沙普尔却率领波斯军队撤退返国。⑤此间君士坦提乌斯的外交策略比较成功，亚美尼亚王阿尔萨西斯一直保持着对罗马的忠诚。⑥同样在此期间，尤里安在欧洲东部展开攻势，于同年夏天夺取了伊里利库姆（Illyricum），准备下一步进攻色雷斯以控制整个多瑙河地区。⑦君士坦提乌斯意识到局势严峻，随即集结大军西进，但他于11月病死于途中，留下遗嘱由尤里安继承整个帝国。⑧于是全面内战得以避免，自君士坦丁之后，罗马又出现了一位单独统治整个帝国的皇帝。

---

① Ammianus Marcellinus，XX.9.1—7；Libanius，*Or*，XII.71.

② Ammianus Marcellinus，XX.11.1—3；A.Cameron & P.Garnsey，*The Cambridge Ancient History*，Vol.XIII，p.41.

③ Ammianus Marcellinus，XX.11.1—19.

④ Ammianus Marcellinus，XXI.6.6—8，XXI.7.7，XXI.13.1.

⑤ Ammianus Marcellinus，XXI.13.1—8.

⑥ Ammianus Marcellinus，XX.11.1—3.

⑦ Ammianus Marcellinus，XXI.8—10；R. Browning，*The Emperor Julian*，pp.112—117.

⑧ Ammianus Marcellinus，XXI.15；Theophanes，*Chronographia*，A.M.5852.

三、战略评析

波斯进攻阶段持续时间长达二十五年,总体上波斯占有明显优势,取得了众多胜利。然而如果从战略与战术角度深入分析,罗马则更胜一筹。这场战争对波斯人而言是举国全面战争,但对罗马人而言仅为局部地区性战争。罗马成功地将这场战争始终控制于美索不达米亚地区这一局部范围之内,东方各富庶省份被隔绝于战争之外,未受到战争直接影响。

君士坦丁去世后,罗马帝国实际上处于分裂状态,统治东部的君士坦提乌斯大约只拥有帝国三分之一的资源,而且一直被各种内部纷争甚至全面内战所困扰。因而自始至终,君士坦提乌斯都未能投入全部军力对抗波斯帝国。君士坦提乌斯从继位之初就意识到自己实力的局限,决意在美索不达米亚实施堡垒防御,因此在该地区大规模兴建与修缮防御工事。①二十五年间,沙普尔六度倾举国之力以优势兵力入侵罗马控制的美索不达米亚地区,消耗了巨大人力物力,最后所得不过一座堡垒。②罗马总体处于守势,在战场上虽然不断失败,但损失都不算严重,而且最终完全达到战略目的。因此,罗马是实际的胜利者。虽然马塞里努斯出于个人的好恶,对君士坦提乌斯的军事成就少有提及,但现代学者普遍对君

---

① A.Cameron & P.Garnsey,*The Cambridge Ancient History*,Vol.XIII, p.12;M.H. Dodgeon & S.N.C.Lieu,*The Roman Eastern Frontier and the Persian Wars*(*AD 226—363*),pp.190—191,207—208.

② A.Cameron & P.Garnsey,*The Cambridge Ancient History*,Vol.XIII, p.43.

士坦提乌斯在东方的战略战术评价极高。①

罗马的胜利可视为戴克里先以来基于堡垒的纵深防御战略的胜利。美索不达米亚北部因为其独特条件,能够充分发挥纵深防御系统的优势而避免其劣势。首先,美索不达米亚北部并非罗马的传统统治区,罗马控制这里不过百年,在此地没有特别重要的经济利益。罗马经营这里主要是基于军事上的考虑,即尽可能把战线推向敌境。战争在这里展开,使得战场远离罗马本土,东方诸省可以不被战争波及,如此纵深防御战略的最大负面效果就被避免了。其次,美索不达米亚北部地理环境独特,这里大部分地区为无人居住的荒地,其间零散分布着少量城市,绝大部分民众居住在离城市不远的地方,后来罗马又在这里修建了一些设防殖民城市与堡垒。如此地理环境是实施纵深防御战略的最理想环境:一方面,荒凉无人的主体环境会给入侵之敌带来严重的后勤供应问题;另一方面,零星而密集的居民分布使得战争期间实行坚壁清野与疏散撤离非常高效便捷。当波斯人进攻时,罗马人一般把居民全数撤入城市或堡垒,毁掉野外所有物资及桥梁等设施。②这样的焦土战术进一步增加了波斯军队的进攻代价与后勤负担,也避免了罗马纵深防御战略的另一负面影响,使入侵者丧失了蹂躏敌境和以战养战的能力。如此形势下,少量坚固的设防城市配合布局合理的堡垒系统,只需少量兵力即可轻易牵制敌人的大军。

在战争最后阶段,沙普尔意识到罗马的优势,试图直接进攻叙利亚以打击罗马本部,但美索不达米亚防线经过罗马多年经营已

---

① P.Sabin & H.V.Wees & M.Whitby, *The Cambridge History of Greek and Roman Warfare*, Vol.II, Cambridge: Cambridge University Press, 2007, p.316.

② Ammianus Marcellinus, XVIII.7.3—5.

难以穿透,加之机缘巧合,沙普尔最终无功而返。辛加拉与贝扎布德的陷落是沙普尔大王进攻罗马事业的顶点,但波斯帝国也因此耗尽了最后的进攻实力。稍后罗马军队猛攻贝扎布德时,虽然波斯大军就在附近不远的地方,但他们不敢与罗马军队进行正面野战,这清楚地表明连续多年的征战已使波斯军队损耗严重。361年沙普尔停止进攻下令撤军,《历史》记载说这是因为占卜的结果不利。[1]这样的描述过于简单,实际原因可能是:沙普尔意识到如此消耗战即便获胜也得不偿失,再这样长期打下去固然能增加荣耀,但波斯的国力必然会严重受损,因此停止进攻是明智之举。[2]事实上,此后终其一生沙普尔再没有进攻过罗马。

在波斯进攻阶段期间,除阿米达围攻战之外,有关三次尼西比斯围攻战的史料最为丰富。从这些史料可以看出,基督教会在组织城镇防御方面发挥了关键性作用。第一次尼西比斯围攻战(338年)成就了当地主教雅各(Jacob)的传奇[3],众多古典史料,尤其是教会史著作,都对他创造的守城奇迹有记载。[4]因为史料的充分,我们可以借此对当时美索不达米亚地区的攻城战有较充分了解。[5]这些记载表明教会组织已深入当地的民政与军事系统,在帝国兵

---

① Ammianus Marcellinus,XXI.13.8.

② A.Cameron & P.Garnsey,*The Cambridge Ancient History*,Vol.XIII,pp.13,43,439.

③ A.Cameron & P.Garnsey,*The Cambridge Ancient History*,Vol.XIII,p.12.

④ M.H.Dodgeon & S.N.C.Lieu,*The Roman Eastern Frontier and the Persian Wars* (*AD 226—363*),pp.164—171.

⑤ 关于此次围攻过程,狄奥多里特(Theodoret)有详尽记载。见 Theodoret,*Historia Religiosa*,I.11—12;Theodoret,*Historia Ecclesiastica*,II.30.1—14。此外,哲罗姆(St. Jerome)等众多学者或史家对此都有记载。见 M.H.Dodgeon & S.N.C.Lieu,*The Roman Eastern Frontier and the Persian Wars*(*AD 226—363*),pp.164—171。

力不足的地方,军事防御活动对教会组织的依赖性更大。在此后的尼西比斯围攻战中,教会依然是城市防御的关键因素。对第三次尼西比斯围攻战(350 年),古典史料的记载最为详尽,其中最重要者为尤里安的叙述①,其次为狄奥法尼斯(Theophanes)②与佐那拉斯(Zonaras)③的记载,此外还有大量基督教颂歌。④从这些记载看,教会在组织城市防御方面发挥了决定性作用。可能是因为对基督教的蔑视,马塞里努斯在赞扬尼西比斯英勇抵抗波斯人时没有提到教会⑤,但《历史》对教会的此类作用还是有不少记载,例如360 年贝扎布德攻城战中当地主教就扮演了关键角色。⑥

---

① Julian，*Or*，I.27a—29a，62b—67a.

② Theophanes，*Chronographia*，A.M.5841.

③ Zonaras，XIII.7.1—14.

④ M.H.Dodgeon & S.N.C.Lieu，*The Roman Eastern Frontier and the Persian Wars* (*AD 226—363*)，pp.193—207.

⑤ Ammianus Marcellinus，XXV.9.7—11.

⑥ Ammianus Marcellinus，XX.7.9.

第九章

东方战争的第二阶段：罗马的反攻

尤里安东征波斯是罗马帝国历史上史料最丰富的一场战役。[1]
对此次远征有详细记载的除马塞里努斯外，还有佐西默斯
(Zosimus)和利巴尼乌斯。此外还有大量古代史家对此有部分或者简
略的叙述，如尤纳皮乌斯(Eunapius)、格雷戈里·纳奇安曾(Gregory
Nazianzenus)、苏格拉底(Socrates)、马拉拉斯(Malalas Ioannes)、马格
努斯(Magnus)、佐那拉斯与索佐门(Sozomen)等。[2]在所有这些史家
中，马塞里努斯因其详尽细腻的笔触，军人的专业眼光与亲历者的
翔实可靠而独占鳌头。《历史》一直是研究这场战争的首选史料，其
史料价值远胜过其他史著。借助马塞里努斯的记载，再加上其他古
典史料的补充，我们可以对此次战争有全面清晰的了解。

一、战争准备

关于尤里安东征的动机，马塞里努斯提到三点：第一，为了报

---

[1]　A.Cameron & P.Garnsey, *The Cambridge Ancient History*，Vol.XIII, p.439.

[2]　M.H.Dodgeon & S.N.C.Lieu, *The Roman Eastern Frontier and the Persian Wars*
(*AD 226—363*)，pp.234—235.

复波斯的进攻;第二,尤里安厌倦悠闲的生活;第三,尤里安希望给自己加上"帕提亚征服者"(Parthicus,即波斯征服者)的光荣称号。①利巴尼乌斯对尤里安发动远征的动机也多有述及,称此举主要是为了惩罚波斯的挑衅。②这些都是典型的古典式叙述,实际的情况当然不像马塞里努斯等人所说的那样简单。

事实上,当尤里安成为罗马帝国无可争议的唯一统治者之后,无论是波斯人还是罗马人都明白:罗马即将进攻波斯。由于内部分裂与纷争,此前二十五年间罗马一直对波斯采取守势,东部边疆地区长期遭波斯人蹂躏。现在帝国复归统一,其他边境地区也基本安宁,而且理论上波斯与罗马间的战争并未结束,如此背景下,任何一位合法继位的罗马皇帝都有责任将报复波斯作为首要任务。剩下的问题是罗马进攻的规模将有多大,罗马想达到怎样的战争目标,这主要取决于罗马的内外局势与皇帝的个人考量。尤里安在社会政治方面的考虑前面已经分析过,在军事方面,尤里安与所有前辈军人皇帝一样,必须在军队中树立起权威。对西部军队而言这不是问题,尤里安已通过阿尔根托拉图姆战役等众多辉煌胜利赢得了西部军队的拥戴;但东部军队则不然,他们长期效忠尤里安的敌人君士坦提乌斯,对新皇帝无疑有猜忌③,想要赢得士兵的忠诚,最有效的办法就是率领他们在战场上取胜,给予他们丰厚的战利品回报。④

---

① Ammianus Marcellinus,XXII.12.1—2.

② Libanius,*Or*,XVIII.205—211.

③ A.Cameron & P.Garnsey,*The Cambridge Ancient History*,Vol.XIII,p.62. 对于东部将士的疑虑,马塞里努斯亦有一些记载。例如 Ammianus Marcellinus,XXI.15.4—5。

④ R.Browning,*The Emperor Julian*,p.189.

　　然而对于此次进攻的具体目标,后人却所知有限。对尤里安而言,最基本的目标当然是击败波斯人,收复罗马失地,但更进一步的目标却没有相关史料说明。据《历史》记载,尤里安在出征演说中称波斯将会如迦太基一般被彻底摧毁①,这显然只是鼓舞士气的夸张说法。根据后来的势态发展及战局分析,尤里安大概想效法图拉真的业绩,摧毁波斯军队主力,攻占泰西封,扶植一名亲罗马的波斯国王。②对于扶植波斯国王这一目标,现代学者们皆无异议,因为马塞里努斯提供了最具说服力的记载:在进攻过程中,尤里安一直把霍尔米兹德(Hormizd)带在身边③,霍尔米兹德为波斯前任国王沙普尔被驱逐的哥哥,亦是一位极具魅力的传奇战士④,他显然是尤里安心目中最合适的波斯王人选。⑤

　　尤里安自登位之日起就决定在东方展开大规模军事行动,准备工作也立即着手进行。362 年 7 月 19 日,尤里安移驾至东方首府安提奥克,他在那里待了大约八个月,大部分时间用于各项战争准

---

① Ammianus Marcellinus, XXIII.5.20.

② T.D.Barnes, *Ammianus Marcellinus and the Representation of Historical Reality*, p.163; D.S.Potter, *The Roman Empire at Bay AD 180—395*, London & New York: Routledge, 2004, p.517.

③ 马塞里努斯对霍尔米兹德的行动记录很多。如 Ammianus Marcellinus, XXIV. 1.2, XXIV.1.8, XXIV.2.4, XXIV.2.11。

④ 佐西默斯、佐那拉斯甚至中古拜占庭的苏伊达斯(Suidas)辞书对霍尔米兹德的传奇故事都有记载。见 M.H.Dodgeon & S.N.C.Lieu, *The Roman Eastern Frontier and the Persian Wars*(*AD 226—363*), pp.147—149; D.Woods, "A Persian at Rome: Ammianus and Eunapius, Frag.68", *The Late Roman World and its Historian*, p.141。

⑤ LIbanius, *Ep*, 737; R.Browning, *The Emperor Julian*, p.192. 虽然霍尔米兹德是位极具魅力的领袖,但他统治早年(大约 324 年)即遭波斯贵族驱逐,遂逃往罗马。此时沙普尔在位已超过五十年,霍尔米兹德想必也已垂垂老矣,因此几乎没有波斯人愿意效忠霍尔米兹德。马塞里努斯对此亦有记述。见 Ammianus Marcellinus, XXIV.2.10—11。

备。①据马拉拉斯记载,同时罗马人还在幼发拉底河上游的萨摩萨塔大量建造船只,组建后勤舰队。②此次进攻还计划动用帝国之外的各方面力量,包括众多罗马盟友,其中最重要者为亚美尼亚王国和萨拉森人。③如此大规模的备战活动自然无法保密,波斯人也开始备战,同时展开外交活动。虽然《历史》中对此未有提及,但据其他史料记载,波斯使者于363年初抵达安提奥克,希望和谈,但遭尤里安拒绝。④

尤里安的进攻计划大体为巨大的钳形攻势:从美索不达米亚北部分两路进兵。其中侧翼部队约三万人,向东行军越过底格里斯河,在亚美尼亚军队配合下攻略米底地区。⑤这支部队的主要任务在于把尽可能多的波斯军队牵制到北方,减轻主力部队所面临的压力,然后这支部队将会向南行军与主力部队会合。⑥主力部队约六万五千人⑦,将在皇帝亲自率领下向南进攻波斯统治的美索

---

① Ammianus Marcellinus, XXII.9.15, XXIII.2.6. 相关分析见 R. Browning, *The Emperor Julian*, p.191。关于尤里安在安提奥克的活动的具体详细时间,尚存一些争议。见 J.den Boeft & D.den Hengst & H.C.Teitler, *The Historiographic Art of Ammianus Marcellinus*, pp.5—6。

② Malalas, XIII.

③ Ammianus Marcellinus, XXIII.2; Libanius, *Or*, XVIII.215; Sozomen, VI.1.2; R.Browning, *The Emperor Julian*, p.194.

④ Libanius, *Or*, XII.76—77, XVII.19.

⑤ Ammianus Marcellinus, XXIII.2.1—5, XXIII.3.4—5; Libanius, *Or*, XVIII. 215.相关分析见 R.Browning, *The Emperor Julian*, p.196。

⑥ Ammianus Marcellinus, XXIII.3. 5. 相关分析见 R.Browning, *The Emperor Julian*, p.196; A.Cameron & P.Garnsey, *The Cambridge Ancient History*, Vol.XIII, p.75。

⑦ A.H.M.Jones, *The Decline of the Ancient World*, p.61. 加上马塞里努斯记载,罗马的两支军队共计九万五千人。佐西默斯记载的进攻总兵力为八万三千人。两人的记载略有出入,可能主力部队的规模要小于六万五千人。见 P.Sabin & H.V.Wees & M.Whitby, *The Cambridge History of Greek and Roman Warfare*, Vol.II, p.286; A.H.M.Jones, *The Later Roman Empire 284—602*, Vol.I, p.684。不过,对于该数字,争议依然存在。这样的军力,对晚期罗马帝国而言可能过于庞大。见 A.Cameron & P.Garnsey, *The Cambridge Ancient History*, Vol.XIII, p.439。

不达米亚南部地区,然后越过底格里斯河直取泰西封。①主力部队有庞大的后勤部队作为支援,后勤部队的主体约为一千一百艘各类舰船②,它们将运载各种物资——包括重型工程机械——沿幼发拉底河而下与主力部队保持协同。③舰队抵达终点时,后勤部队的大部分人员将加入主力部队,参加最后阶段战斗。④

二、罗马的进军过程

363 年 3 月 5 日,尤里安离开安提奥克率领远征军出发。⑤3 月 12 日或 13 日,全部军队越过幼发拉底河,在巴特耐(Batnae)扎营⑥,随后于 18 日行军至卡莱。⑦卡莱为三条大路的交会点,其中两条通向波斯:一条向东,一条向南。从这里出发后,罗马人的战略意图便无法掩盖。为最大限度迷惑敌人,罗马侧翼部队先行向东出发,几天后尤里安的主力部队也拔营出发。⑧为给敌人造成错觉,主力部队开始也向东进发,似乎要跟随侧翼部队。夜间罗马大军突然转向,向南疾行,不久后罗马军队与幼发拉底河上的后勤支

---

① R.Browning, *The Emperor Julian*, p.197.
② Ammianus Marcellinus, XXIII.3.9；R.Browning, *The Emperor Julian*, p.198.
③ Ammianus Marcellinus, XXIII.3.7—9.
④ 马塞里努斯开始大概是负责后勤辎重的高级官员,当罗马的辎重舰队沿幼发拉底河而下与皇帝的主力汇合后,他参与了之后发生的战斗。Marcellinus, *Ammianus Marcellinus*, Vol.I, p.Xii.
⑤ Ammianus Marcellinus, XXIII.2.6.
⑥ Ammianus Marcellinus, XXIII.2.7；Zosimus, III.12.2；R.Browning, *The Emperor Julian*, p.195.
⑦ Ammianus Marcellinus, XXIII.3.1；Zosimus, III.12.2；Malalas, XIII.
⑧ Ammianus Marcellinus, XXIII.3.4—5；Zosimus, III.12.3—5；Sozomen, VI.1.2.

援舰队汇合。①

　　四天后,即 3 月 27 日,主力部队到达幼发拉底河畔的卡利尼库姆(Callinicum)。②罗马军队以船只建成浮桥,顺利渡过阿博拉(Abora)河③,抵达基尔克西乌姆(Circesium)。④4 月 6 日罗马军队经过废弃的城镇杜拉(Dura)⑤,即现代著名的考古遗址杜拉—欧罗普斯(Dura-Europus)。⑥之后罗马大军越过罗马与波斯边界。⑦罗马军队列成严整队形,顺着河岸前进,行军过程中一直与后勤舰队及负责侦察护卫的萨拉森同盟骑兵保持联系。⑧4 月 10 日,罗马军队遇到第一座抵抗的波斯城镇阿那塔(Anatha),次日守军投降,罗马军队将这座城镇付之一炬。⑨

　　现在罗马军队进入了美索不达米亚南部人口稠密的灌溉农业区⑩,波斯人在这里效法罗马人的纵深防御系统,修建了众多堡垒,加之河流纵横,因而行军变得非常困难。4 月 12 日,恶劣的天

① Ammianus Marcellinus, XXIII.3.9; Zosimus, III.13.2—3.

② Ammianus Marcellinus, XXIII.3.6—7; Zosimus, III.3.1; R. Browning, *The Emperor Julian*, p.197.

③ 阿博拉河即今卡布尔(Chabur)河。

④ Ammianus Marcellinus, XXIII.5.1; Zosimus, III.14.2.

⑤ Ammianus Marcellinus, XXIII.5.8—12, XXIV.1.5; Zosimus, III.14.2.

⑥ P.Sabin & H.V.Wees & M.Whitby, *The Cambridge History of Greek and Roman Warfare*, Vol.II, pp.158, 216.

⑦ Ammianus Marcellinus, XXIV.1.1; R.Browning, *The Emperor Julian*, p.199.

⑧ Ammianus Marcellinus, XXIV.1.2; Zosimus, III.14.1; R.Browning, *The Emperor Julian*, pp.197—199. 大体上从这部分起,马塞里努斯对战事的叙述开始使用第一人称,亦即他亲身参加了随后的很多战役。对于相关记述中人称变化的分析,见 R.Smith, "Ammianus' narrative of the Persian expedition of Julian", *The Late Roman World and its Historian*, pp.85—89。

⑨ Ammianus Marcellinus, XXIV.1.6—12; Zosimus, III.14.2—3; Libanius, *Or*, XVIII.218.

⑩ R.Browning, *The Emperor Julian*, p.200.

气以及敌人在水中设置的障碍使罗马人损失了几艘补给船。①为了不拖延时间，罗马人只攻占并摧毁了部分堡垒，对其余堡垒则绕道而行。②因为罗马军队的给养主要通过水路供应，把这些敌人堡垒留在后方暂时不会有太大影响。开始时罗马人攻占的城镇与堡垒都不大，只遇到敌人的小规模袭扰。4 月 22 日罗马军队到达奥佐迦达纳（Ozogardana），在此休整期间，罗马侦察部队遭到波斯人与萨拉森人袭击。③罗马人随后击退敌人袭扰继续行军，抵达马可普拉克塔（Macepracta）。连接幼发拉底河与底格里斯河的纳尔马尔夏大运河（Naarmalcha Canal，意为"国王运河"④）西端就位于这里⑤，罗马人架设浮桥，全军越过运河。⑥

4 月 27 日或 28 日，罗马人终于面对第一座巨大设防城市皮利萨波拉（Pirisabora，波斯语意为"无敌的沙普尔"）。⑦《历史》详细记录了这场攻城战⑧，双方战术上的优势与劣势皆在这场战斗中有充分展示，此战可视为罗马围攻波斯城市的典型。罗马军队在劝降无效后于次日清晨动用各类大型攻城器械发动进攻，首次攻击就在城墙上打开一个缺口。波斯守军退入卫城坚守，随后的战斗持续一天。在这类范围相对较小，主要使用轻武器的近距离围攻战中，波斯军队的反曲弓发挥了威力，罗马军队伤亡很大。第二

---

① Ammianus Marcellinus, XXIV.1.11.

② Ammianus Marcellinus, XXIV.2.1—2; Zosimus, III.15.2.

③ Ammianus Marcellinus, XXIV.2.3—5; Zosimus, III.15.3—6.

④ Ammianus Marcellinus, XXIV.2.7, XXIV.6.1.

⑤ Ammianus Marcellinus, XXIV.2.6.

⑥ Ammianus Marcellinus, XXIV.2.7—8; Zosimus, III.16—17.

⑦ R.Browning, *The Emperor Julian*, p.200.

⑧ Ammianus Marcellinus, XXIV.2.9—20. 其他相关古典记载见 Zosimus, III.17.3—18; Libanius, *Or*, XVIII.227—228。

天，罗马步兵以传统的龟甲阵型（tetudo）①进攻，还是被击退。第三天罗马工兵装配好了带有登城设备的高大活动攻城塔楼（Helepolis），当攻城塔楼移动到卫城附近时，波斯守军宣布投降。罗马人把守军与居民转移后焚毁了整座城市。②

次日罗马巡逻骑兵遭到苏雷纳（Surena）③率领的波斯军突袭，损失一面旗帜④，这虽是很小的失败，但对军队的士气有很大影响。⑤为了保持军队的忠诚及士气，尤里安许诺给士兵更多的赏赐。⑥之后罗马军队继续前进，波斯人为了阻止罗马进军，毁掉了沿途的灌溉工程，致使洪水泛滥，因此行军过程中必须要有舟桥部队配合。加之沿途不断有波斯弓箭手袭扰，罗马军队进展缓慢。⑦罗马人沿着运河行进，途中穿越众多大小河流⑧，还经过被废弃的犹太聚落与宫殿。⑨

大约在 5 月 8 日，罗马军队抵达另一座重要设防城市麦奥扎

---

① 晚期罗马帝国军队的龟甲阵跟早期帝国的龟甲阵未必相同，可能借鉴了日耳曼人的楔形阵（fulcum）。马塞里努斯的记载见 Ammianus Marcellinus, XVI. 12.20, XVI.12.44. 相关分析见 P.Sabin & H.V.Wees & M.Whitby, *The Cambridge History of Greek and Roman Warfare*，Vol.II, pp.365—366。

② Ammianus Marcellinus, XXIV.2.21—22.

③ 波斯最显赫的七大贵族之一。该族号源自一个强大的塞种（Sakae）王族，后来被纳入帕提亚统治集团，这个家族曾世袭为帕提亚王加冕的特权，在萨珊时期依然以锡斯坦为世袭领地。对于这个族号，马塞里努斯也有所介绍。见 Ammianus Marcellinus, XXIV.2.4, XXX.2.5. 相关分析见孙培良：《伊朗通史：萨珊朝伊朗》，第 32—33 页。

④ Ammianus Marcellinus, XXIV.3.1—2; Zosimus, III.19.1—2; Libanius, *Or*, XVIII.229.

⑤ R.Browning, *The Emperor Julian*，p.202.

⑥ Ammianus Marcellinus, XXIV.3.1—9.

⑦ Ammianus Marcellinus, XXIV.3.10—11; Zosimus, III.19.3—4; Libanius, *Or*, XVIII.222—226, 232—234. 相关分析见 R.Browning, *The Emperor Julian*，p.202。

⑧ Ammianus Marcellinus, XXIV.3.14.

⑨ Ammianus Marcellinus, XXIV.4.1; Zosimus, III.19.4.

马尔夏（Maiozamalcha，波斯语意为"王者之城"）。①此次罗马军队的攻城行动困难重重，不仅因为该城地势险峻、城墙坚固，还因为这里距离泰西封很近，附近集结着大批波斯军队，罗马人必须分兵抵御。②苏雷纳率领的波斯骑兵袭击罗马辎重部队，但被击退。③罗马军队冒着酷暑攻城，于第二天夜里通过挖掘地道攻入城内。④城内守军大部分被杀，罗马军队取得了大批战利品后将这座城市完全摧毁。⑤之后罗马军队击退了一支来自泰西封的波斯军队。⑥

　　罗马军队稍事修整后于 5 月中旬继续前进，占领了一处波斯皇家行宫⑦，还沿途攻占摧毁了一些坚固堡垒。⑧之后罗马军队在底格里斯河附近扎营，因为波斯军队的袭击日益频繁，规模也越来越大，罗马人按传统方式修建了防御完备的营寨。⑨几天后，罗马军队清除运河上的障碍，让尾随的舰队驶入底格里斯河，同时罗马分遣队向设防大城市科切（Coche）推进。⑩科切即昔日美

---

① Ammianus Marcellinus，XXIV.4.2.

② Ammianus Marcellinus，XXIV. 4. 3—5；R. Browning，*The Emperor Julian*，p.203.

③ Ammianus Marcellinus，XXIV.4.7—9.

④ Ammianus Marcellinus，XXIV.4.10—24.

⑤ Ammianus Marcellinus，XXIV.4.25—30；Zosimus，III.20.2—22；Libanius，*Or*，XVIII.235—242.

⑥ Ammianus Marcellinus，XXIV.4.2—31.

⑦ Ammianus Marcellinus，XXIV.5.1—2；Zosimus，III.23.1—2；Libanius，*Or*，XVII.20，XVIII.243.

⑧ Ammianus Marcellinus，XXIV.5.6—11；Zosimus，III.23.3. 马塞里努斯没有提到堡垒的名称，据佐西默斯记载其中最重要者为麦纳斯·萨巴瑟（Meinas Sabath）堡垒。

⑨ Ammianus Marcellinus，XXIV.5.12.

⑩ Ammianus Marcellinus，XXIV. 6. 1—3；Zosimus，III. 24. 2；Libanius，*Or*，XVIII.245—247；Malalas，XII.10—16.罗马人对此地的地理知识还停留在数百年前，这给罗马人的军事行动造成很大麻烦。见 A.Cameron & P.Garnsey，*The Cambridge Ancient History*，Vol.XIII，p.75。

索不达米亚著名城市塞琉西亚(Seleucia)，约公元前305年由塞琉古帝国的开国君主塞琉古一世(Seleucus I Nicator)作为都城兴建，并以自己名字命名。此城于165年被罗马军队摧毁，3世纪初由萨珊王朝开国君主阿尔达希尔重建，更名为韦·阿尔达希尔(Veh-Ardashir)①，之后城中一部分于283年被罗马皇帝卡鲁斯摧毁。②此时的科切位于塞琉西亚旧城以西，隔着底格里斯河与泰西封相望。③科切与泰西封皆为城墙高厚坚固且守卫严密的巨大城市。④两城之间过去有横跨底格里斯河的大桥相连，沙普尔大王在位早年又修建了另一座跨河大桥⑤，因此科切实为波斯首都的延续。

此时河对岸泰西封的城墙已经清晰可见，但大批波斯军队沿河布防，要渡河非常困难。⑥尤里安不顾众人反对命令士兵发动强攻，罗马先头部队驱散对岸的波斯人，随后罗马主力部队成功渡河。⑦苏雷纳很快把波斯大军集结起来，列阵迎战罗马人。这是此次进攻中首次，也是十五年间罗马与波斯间的首次大规模野战。波斯军队中的重甲骑兵与战象给罗马士兵，特别是来自欧洲的罗马士兵带来很大恐慌。⑧但罗马军队的纪律与训练最终占了上风，

---

① 孙培良：《伊朗通史：萨珊朝伊朗》，第7页。

② Ammianus Marcellinus, XXIV.6.3.

③ Procopius, *Wars*, II.28.4；M.H.Dodgeon & S.N.C.Lieu, *The Roman Eastern Frontier and the Persian Wars(AD 226—363)*, p.233.

④ Gregory Nazianzenu, *Orationes*, V.10.

⑤ M.H.Dodgeon & S.N.C.Lieu, *The Roman Eastern Frontier and the Persian Wars (AD 226—363)*, pp.289—290.

⑥ R.Browning, *The Emperor Julian*, pp.205—206.

⑦ Ammianus Marcellinus, XXIV.6.4—6；Zosimus, III.25.6；Libanius, *Or*, XVIII.248—255；Malalas, XIII.16—19；Marcellinus, *Ammianus Marcellinus*, Vol.II, pp.456—461.

⑧ Ammianus Marcellinus, XXIV.6.8.

波斯军溃败,大部分退入泰西封城中。①马塞里努斯参加了这次战斗,据《历史》记载此战波斯损失两千五百人,罗马损失七十人②,罗马人的真实损失可能远大于此数。其他古典史料称战后波斯王派使者求和,被尤里安拒绝。③

三、罗马的撤退及议和

对于随后罗马领导层的决策,马塞里努斯记载得颇为简略含糊,而且现存《历史》抄本中此处有残缺,因而现在已无法了解其全貌。④马塞里努斯称多数高级将领反对围攻泰西封,皇帝只得接受建议⑤;此外皇帝还有向波斯腹地深入进军的冒险计划,但该计划也被放弃。⑥事实上此时罗马军队已处于进退两难的困境。罗马军队一路攻城拔寨,已接近实力所能达到的极限。此时面对着防守完善且驻有大量守军的泰西封,周围可能还有更多的波斯军队在集结;最重要的是:沙普尔大王率领的波斯精锐主力部队依然位置不明,侧翼罗马军队也杳无音信。在如此险恶环境下,放弃攻城尽快撤退可能是唯一明智的选择。⑦对于尤里安为何率军一路攻城拔寨进军至难以攻克的泰西封城下,后世有种种猜测。一种最

---

① Ammianus Marcellinus,XXIV.6.8—16;Zosimus,III.25.5—7;Libanius,*Or*,XVII.21,XVIII.248—255;Sozomen,VI.1.7—8.

② Ammianus Marcellinus,XXIV.6.15.佐西默斯的说法跟马塞里努斯一致,称波斯损失两千五百人,罗马损失少于七十五人。见 Zosimus,III.25。

③ Libanius,*Or*,XVIII.257—259;Socrates,III.21.4—8.

④ R.Smith,"Ammianus' narrative of the Persian expedition of Julian",*The Late Roman World and its Historian*,pp.83—84.

⑤ Ammianus Marcellinus,XXIV.7.1.

⑥ Ammianus Marcellinus,XXIV.7.3.

⑦ R.Browning,*The Emperor Julian*,p.207.

有可能的说法是：尤里安与霍尔米兹德曾暗中与一些波斯贵族有联系，希望他们作为内应帮助夺取泰西封，但这些波斯贵族并未采取行动，因此罗马人只得撤退。①马塞里努斯对此有所暗示，《历史》记载尤里安下令将八十余名曾答应投降罗马但事后毁约的波斯将领烧死。②

　　波斯人在美索不达米亚南部防御罗马人进攻的战略大体上与罗马的纵深防御战略类似，但相对而言缺乏罗马纵深防御战略的系统性与完整性。美索不达米亚南部人口稠密，地势平坦，并不特别适合实施纵深防御，加之波斯人准备时间有限，亦不可能建立起完备的堡垒群防御系统。因而这场发生于波斯帝国经济中心地带的战役对波斯人而言代价巨大，在抵抗罗马入侵过程中，波斯的人员与财富损失不可估量。除罗马军队的劫掠与破坏之外，波斯军队为了阻止迟滞罗马人进军而毁坏了众多灌溉系统，此举给当地传统的灌溉农业带来长久而严重的损害。③沙普尔大王选择如此代价惨重的战争方式，主要是因为波斯军队在实力与技术方面处于下风，只能通过这种无奈的消耗迟滞战术削弱罗马军队。但另一方面，对波斯帝国而言，美索不达米亚南部虽然经济地位重要，政治地位却相对次要一些，通过牺牲经济地区以换取政治心脏地区安全，从王朝政治角度考虑是合理的。

　　事实证明，这样的选择虽然艰难，对波斯帝国这样的集权帝国而言却是明智的。罗马此次把帝国军队的大部分精华投入东征，其中包括来自莱茵河与多瑙河地区的强悍部队，其整体实力确非

① R.Browning, *The Emperor Julian*, pp.207—208.
② Ammianus Marcellinus, XXIV.5.4.
③ 例如 Ammianus Marcellinus, XXIV.6.2.

波斯军队所能匹敌。事实上在整个东征战役中,罗马军队从未在正面作战中失利,即便是在后来极度不利的环境下,罗马人也总能战胜对手。无论如何,波斯人的纵深防御战略与迟滞战术虽然效能低于罗马人,但还是发挥了预期作用,波斯人的基本战争目的已经达到:罗马军队的进攻实力终于在波斯都城的城墙之下达到极限,现在罗马人只得撤退。①

今天已经无法确知尤里安不愿沿原路撤退的真正原因。可能因为路线太长,耗时太久,加之途中还有大量波斯人控制的堡垒,《历史》还提到进军过程中尤里安下令摧毁身后的桥梁以鼓舞士气②,这些都增加了顺着原路行军的困难;同时罗马军队一路焚烧劫掠,所过之处几成荒地,因此走原路难以再获取给养;而且此时已是盛夏,军队在南部烈日之下行军也会异常艰辛。③总之,这些因素都增加了原路撤退的困难。尤里安则认为原路撤退不会带来荣耀,可能因为这样撤退显得胆怯;也可能因为罗马军队仍有强大实力,尤里安希望在北部较为开阔的地域与沙普尔打一场野战。④还有另一种后来广为流传的说法马塞里努斯没有明确提及,即尤里安受到投降波斯人的欺骗,以为走北路能获得丰富的给养供应,而且能捕捉到波斯大王的主力部队。⑤对于尤里安曾受到误导,

---

① 对波斯人的焦土防御和袭扰战略,马塞里努斯记载很多。如 Ammianus Marcellinus, XXIV.2.4—5, XXIV.3.1—2, XXIV.7.7, XXV.1.10, XXV.2.1. 相关分析见 V.L.Bullough, "The Roman Empire vs. Persia, 363—502: A Study of Successful Deterrence", *The Journal of Conflict Resolution*, 7(1963), pp.65—67。

② Ammianus Marcellinus, XXIII.5.5.

③ Ammianus Marcellinus, XXIV.8.2—3.

④ R.Browning, *The Emperor Julian*, p.208.

⑤ Gregory Nazianzenu, *Orationes*, V.11; Festus, *Brev*, XXVIII.9—10; Socrates, III.22.9; Malalas, XIII.20—21.相关分析见 Ammianus Marcellinus, *The Later Roman Empire*, pp.263—264。

《历史》只有隐约的暗示。①

6月5日的军事会议决定取道内陆撤退。②大约十天后召开了第二次高级将领会议，尤里安最后决定向亚美尼亚方向撤退，尽快行军至北方的科尔杜埃尼与罗马侧翼部队及亚美尼亚军队汇合。③行军的大体路线为沿着底格里斯河东岸地带，顺着扎格罗斯（Zagros）山脚向北。④因为舰队无法跟随主力部队行动，只得全部焚毁，舰船上的两万人员被编入步兵随行。⑤

尤里安此次征战的具体计划与目标尚是争议很大的课题。多数学者认为，仅依靠《历史》的记载难以获取清晰的信息，但由于其他相关史料的缺乏，目前无法得出进一步的结论。有一种观点认为：因为罗马军力有限，攻城器具不足，加之当年适于征战的季节即将结束，实际上尤里安只计划进军至泰西封城下，然后取道北路回国，甚至焚毁舰船等行为都在尤里安计划之内。⑥不过这类说法总体上说缺乏说服力。由于马塞里努斯的记述一般只偏重于具体战斗与行军过程，对统帅们的计划决策含糊其词，这样的争论目前不大可能有定论。《历史》如此记述，一般认为是因为以马塞里努

① Ammianus Marcellinus，XXIV.7.3，XXIV.7.5.
② Ammianus Marcellinus，XXIV.7.1—3；Zosimus，III.26.1；Libanius，*Or*，XVIII.261；Eunapius，*Frag*，XXII.3.
③ Ammianus Marcellinus，XXIV.8.2—5；Zosimus，III.26.3.
④ T.D.Barnes，*Ammianus Marcellinus and the Representation of Historical Reality*，p.165.
⑤ Ammianus Marcellinus，XXIV.7.3—5；Zosimus，III.26.2—3；Libanius，*Or*，XVII.21，XVIII.262—263；Sozomen，VI.1.9.
⑥ T.D.Barnes，*Ammianus Marcellinus and the Representation of Historical Reality*，pp.164—165.

斯的军阶无法了解最高层的军事决策①,也可能是因为写作时的政治环境不允许马塞里努斯说出太多真相。

6月16日,罗马军队拔营出发,前往北面杜罗斯(Douros)河。②行军途中,前方突然出现大片烟尘,似乎是一支军队。罗马人希望这是己方的侧翼部队,但他们也很可能是敌军,于是尤里安下令扎营等待。③第二天情况终于明朗,这正是沙普尔大王率领的波斯主力。④关于此前沙普尔及其主力部队的活动,现存史料中没有记录,《历史》在这里有一大段缺失⑤,一般认为这部分遗失内容中有相关记载。⑥据推测,此前沙普尔一直在北方监视罗马侧翼部队及亚美尼亚军队的行动,在确定米底不是罗马的主攻目标后,他率军南下攻击罗马皇帝率领的主力。⑦至于罗马侧翼部队的行动,我们同样不太清楚。利巴尼乌斯在一篇演讲词中批评侧翼部队的统帅普罗科皮乌斯(Procopius)与塞巴斯蒂安(Sebastianus)不和⑧,似乎他们的军事行动不顺利。但《历史》中无此内容,而且事后皇帝与其他高级将领皆不认为侧翼部队将领有何失职之举。由于沙普尔此间的行动亦晦暗不明,我们对此也不可能有更多的了解。

大约在次日,罗马军队与波斯军队在杜罗斯河岸首先爆发遭遇战,罗马人获胜。⑨之后罗马军队不断击退敌人袭扰,沿着底格

---

① C.Kelly,*Ammianus Marcellinus*:*The Allusive Historian*,pp.128—129.

② Ammianus Marcellinus,XXIV.8.3—5.

③ Ammianus Marcellinus,XXIV.8.6—7.

④ Ammianus Marcellinus,XXV.1.1—2.

⑤ Ammianus Marcellinus,XXIV.7.3.

⑥ Marcellinus,*Ammianus Marcellinus*,Vol.II,p.467.

⑦ R.Browning,*The Emperor Julian*,p.210.

⑧ Libanius,*Or*,I.132—134.

⑨ Ammianus Marcellinus,XXV.1.1—3;Zosimus,III.26.4—5;Libanius,*Or*,XVIII.264.

里斯河东岸前进。①随后罗马军队占领了胡库姆布拉（Hucumbra），这是罗马人经过的最后一处灌溉农业区，罗马人利用获得的粮食在这里休整了两天②，于 6 月 20 日继续前进。随后的行军异常艰苦，罗马军队要不断对波斯军队作战，虽然罗马军队总能击败敌人，但波斯军队利用其机动性不断袭扰罗马人，使得罗马军队的行军异常困难。③由于此前尤里安拒绝收买这一带的萨拉森人④，现在这些萨拉森人加入波斯一方袭击罗马人，他们的轻骑兵给罗马军队带来极大麻烦。⑤6 月 22 日，沙普尔的主力部队在马兰迦（Maranga）进攻罗马人，尤里安率罗马军队迎战。⑥这是此次东征中，亦是整个 4 世纪罗马帝国与波斯帝国间最激烈血腥的一场战斗。对于波斯人投入的部队，马塞里努斯有详细记述，他们明显比此前遭遇的波斯军队更为精锐⑦，其主力当为波斯的近卫部队。战斗的结果是罗马人获胜⑧，双方的损失可能都很大。

　　战后双方休战三天⑨，罗马军队留在马兰迦休整。因为波斯人的焦土战术，罗马军队的给养开始短缺。⑩6 月 26 日清晨罗马军队再次出发⑪，这天的一次突发事件结束了尤里安的帝王生涯：当

---

① Ammianus Marcellinus，XXV.1.5—6；Zosimus，III.27.4.

② Marcellinus，*Ammianus Marcellinus*，Vol.II，pp.476—477.

③ Ammianus Marcellinus，XXV.1.10；Zosimus，III.26.4；Zonalas，XVIII.13.13—14.利巴尼乌斯对此的说法有所不同。见 Libanius，*Or*，XVIII.264。

④ Ammianus Marcellinus，XXV.6.10.

⑤ Ammianus Marcellinus，XXV.1.3—4.

⑥ R.Browning，*The Emperor Julian*，p.211.

⑦ Ammianus Marcellinus，XXV.1.10—15.

⑧ Ammianus Marcellinus，XXV.1.11—19；Zosimus，III.28.2.

⑨ Ammianus Marcellinus，XXV.2.1.

⑩ Ammianus Marcellinus，XXV.2.1—4.

⑪ Ammianus Marcellinus，XXV.3.1.

得知左翼辎重部队遭到波斯骑兵与象队袭击时,尤里安没有披甲就前去救援,结果波斯军虽被击退,尤里安也在混战中受了致命伤,当晚便死于军帐。①

尤里安死后次日,高级将领们紧急开会讨论由谁来继任帝位。因为君士坦丁家族已经绝嗣,新皇帝只能从高级将领中推选。②最终的皇帝人选是近卫军统帅约维安,于是约维安在士兵的拥立中登基。③约维安率领疲惫饥饿的罗马军队继续缓慢前进,途中不断与敌人作战,罗马军队损失很大。④7 月 6 日,罗马军队发动袭击,占领了底格里斯河对岸一处据点。罗马工兵随后在河上架好浮桥,虽然湍急的水流连续两天阻止了罗马军队渡河,但罗马人撤回罗马控制的美索不达米亚省只是时间问题。⑤

沙普尔抓住机会,派人提出和谈,约维安急于回国确立并巩固

---

① Ammianus Marcellinus,XXV.3;Zosimus,III.28.4—29;Libanius,*Or*,XVIII. 268—274.

② Ammianus Marcellinus,XXV.5.1.

③ Ammianus Marcellinus,XXV.5.2—7;Zosimus,III.30.1;Eunapius,*Frag*,23;Gregory Nazianzenu,*Orationes*,V. 15;Socrates,III. 22. 1—5;Sozomen,VI.3.1—6;Malalas,XIII.7—17;Themistius,*Or*,V.65b—66c. 相关分析见A.Cameron & P.Garnsey,*The Cambridge Ancient History*,Vol.XIII, p.78。对于约维安当选的过程,古代作家的说法并不一致。他们的记载大体能以宗教划分:异教作家认为约维安不孚众望,当选是出于侥幸;基督教作家则认为约维安被将士们一致推举为帝。现代学者普遍认为马塞里努斯的记载虽不免受宗教情绪的影响,夸大了约维安此前的默默无闻,但依然最为详实可靠。P.Heather,"Ammianus on Jovian:History and literature",*The Late Roman World and its Historian*,pp.93—96.

④ Ammianus Marcellinus,XXV. 6. 9—11. Marcellinus,*Ammianus Marcellinus*,Vol.II,pp.522—529.

⑤ Ammianus Marcellinus,XXV.6.11—17;Zosimus,III.30.4—5.相关分析见A.Cameron & P.Garnsey,*The Cambridge Ancient History*,Vol.XIII,pp.78—79.

自己的地位，因而答应了波斯的全部条件①：

1. 罗马放弃米底五省。

2. 罗马放弃三座城市，它们是尼西比斯、辛加拉与莫罗鲁姆堡（Castra Maurorum）。但城中的居民归罗马，必须在波斯人接管以前撤离。②

3. 罗马放弃十五座堡垒。

4. 罗马放弃对亚美尼亚的保护。

和约签订之后罗马人继续北进③，在提尔萨法塔（Thilsaphata）跟普罗科皮乌斯与塞巴斯蒂安率领的侧翼部队会合。④

这样，沙普尔大王奋斗了二十七年，在屡屡进攻无果之后，终于抓住此次机会，通过意外方式不仅成功挫败了罗马人的进攻，还从罗马帝国手中夺回了被自己祖父割让的土地。沙普尔的巨大成就还不止于此，他达成了历代萨珊君主一直奋斗的战略目标，其成

---

① Ammianus Marcellinus, XXV.7.5—14；Zosimus, III.31.1—2；Libanius, *Or*, XXIV.9；Socrates, III.23.7—8；Sozomen, XIII.14.4. 相关分析见 A.H.M.Jones, *The Later Roman Empire 284—602*, Vol.I, p.138；A.Cameron & P.Garnsey, *The Cambridge Ancient History*, Vol.XIII, p.79；P.Heather, "Ammianus on Jovian: History and literature", *The Late Roman World and its Historian*, pp.96—99。异教史家对约维安的议和大多持批评态度，认为此举违背了尤里安的方针，实为投降。例如 Zosimus, III.32.1—6。基督教史学家则持相反观点，认为此时尤里安的战争其实已经失败。例如 Socrates, III.22；Gregory Nazianzenus, *Or*, V.15. 身为异教史家，马塞里努斯自然不免谴责约维安的软弱，但还是忠实记录了罗马军队的困境，使读者得以了解当时的真实情况。例如 Ammianus Marcellinus, XXV.7.4—7, XXV.8.1；P.Heather, "Ammianus on Jovian: History and literature", *The Late Roman World and its Historian*, pp.97—98。

② 波斯人此举主要是防止日后这些城市反叛，因为当地居民过去抵抗波斯进攻时极为顽强。据马塞里努斯等人记载，和约内容在尼西比斯民众中引起公愤与骚乱。见 Ammianus Marcellinus, XXV.8.13—15, XXV.9.1—3；Zosimus, III.33.1—34；Eunapius, *Frag*, 29。

③ Ammianus Marcellinus, XXV.8.4—12.

④ Ammianus Marcellinus, XXV.8.16.

功远远超过了所有前辈。尼西比斯等地是罗马在美索不达米亚北部最重要的战略据点及交通枢纽,丧失这些地方使得罗马在当地的战略防御体系遭到严重破坏。波斯帝国从此获得美索不达米亚北部战略要地的控制权,使得罗马此后更难威胁波斯的心脏地带,波斯对罗马的战略地位由此大大改善。对罗马人而言,这是萨珊波斯建国以来罗马在领土上的最大让步,罗马在美索不达米亚的防御体系此后向北大幅退缩,从塞维鲁到戴克里先一百多年间罗马在东方逐步取得的战略优势大部分丧失。长达二十七年的波斯战争以波斯的胜利告终。

四、尤里安东征剖析

波斯战争虽以罗马失利告终,但对罗马国内局势的影响不大。罗马军队伤亡甚众,不过实力尚存,损失的领土也远离帝国心腹地带,最重要的是与此后三十年间发生于罗马帝国的灾难相比,波斯战争的损失微不足道。波斯虽是战争的胜利者,但在战争中蒙受的损失远大于罗马,因而元气大伤,此后一段时间也无力再对罗马构成实质性的军事威胁。结果此次波斯战争确定的东方边界维持了约三个世纪,7世纪初一度被波斯王斯洛埃斯二世(Chosroes II)的入侵所破坏,但之后又恢复,直至阿拉伯人兴起后才被彻底摧毁。①

发生于363年的尤里安东征是晚期罗马帝国历史上规模最大的对外征战。这场征伐不是孤立事件,它是3世纪以来罗马帝国

---

① P.Sabin & H.V.Wees & M.Whitby, *The Cambridge History of Greek and Roman Warfare*, Vol.II, p.418.

的社会经济、外部环境、军事战略、意识形态等诸多因素共同演进的结果。这场战役史料最为丰富,也最为复杂,它牵涉面很广,包括罗马的内部军政与政权组织,罗马在东方对外政策的历史与现状,以及当时政治、经济、军事、外交等诸多因素。外交与军事不仅涉及波斯,还涉及境内外的蛮族(比如日耳曼人与萨拉森人),涉及亚美尼亚与高加索黑海诸国,甚至涉及遥远的中亚地区及亚欧大草原上的众多游牧民族。

这场战役的独特之处还在于其发动者的个人气质。尤里安是罗马历史上最后一位异教皇帝,他深深沉浸于古典文明,在古典文学、哲学等方面的造诣堪称一流。尤里安力图对古典文明有所继承与超越,即位后利用种种手段改造并振兴古典文明,试图恢复昔日罗马帝国黄金时代的荣耀。尤里安发动的东征战役与 3 世纪以来的东方战役有很大区别。之前的战争主要是基于战略战术与地缘政治,以及巩固统治地位等方面的考虑。但尤里安与那些单纯的军人皇帝不同,他是个深具古典气质的哲学皇帝,类似于图拉真与马尔库斯·奥勒留。他发动战争的动机也与这些杰出古典皇帝相似,除较为现实的打算外,还有追求个人荣耀,效仿亚历山大大帝伟业等方面的考虑。

就战争发动者的意愿而言,这次远征是西方历史上最后一次大规模的古典式征伐。这种征伐主要以追求个人荣耀为目的,其精神根植于古典文化传统,而其起源则更为古老,早在文明诞生之前就已十分盛行。人类进入文明时代之后,文字与其他艺术的最早功用之一就是记录这类首领与英雄的业绩。在上古时代,交通与通信能力皆很有限,距离成为行使有效统治与管理的首要障碍。对统治者而言,要在相对广大的范围内维持稳定统治,通过定期的征讨树立权威,向臣民们展示自己的权力大概是技术上唯一可行的手段。作战的胜利不仅给统治者带来良好的周边环境,同时也对国内的反对势力起到震慑作用。当这种征伐不断施行时,其影响会逐渐渗入社会习俗,随后扩展到文化,发展为对战场上威望与荣耀的追求,进而成为根深蒂固的文化传统。这一现象存在于所有上古文明,在世界古代史中层出不穷、难以计数。

根据考古发现,我们可以将这种传统追溯到人类文明发展的最早区域,即古代近东地区,这一地区所兴起的所有早期文明都留下了有关君主对外征战的丰富史料。苏美尔时代著名的鹫碑表现了拉迦什(Lagash)国王安那吐姆(Eanna-tum)对外征战的胜利①,可视为早期两河地区征伐文化的典型。记录阿卡德帝国开国君主萨尔贡(Sargon)的文献中有大量对外征战的内容:"我征服了拥有青铜剃斧的强大有力的山区,我登上了高处的山脉,我穿越了低处的山脉。"②可见这一时期进行对外征服就已成为统治者炫耀强大王权的重要措施。这种炫耀对外征服的做法在新亚述的文献中比比皆是,亚述王辛那赫里布(Sennacherib)对自己征服耶路撒冷就有这样的叙述:"在紧接着的行军中,我包围了贝丝—达贡,约帕,巴奈—巴尔卡,阿祖鲁,这些属于西德加的城市没有立即弯腰匍匐在我脚下;我征服了它们并将它们的动乱驱散。"③

古埃及法老对外征服的记录更为丰富,从纳尔迈(Nemer)到拉美西斯二世(Ramesses II),几乎所有法老即位后都会进行对外

---

① R.Chadwick, *First Civilization: Ancient Mesopotamia and Ancient Egypt*, London: Equinox Publishing LTD, 2005, p.44.

② J. B. Pritchard, *Ancient Near Eastern Texts Relating to the Old Testament*, Princeton: Princeton University Press, 1955, p.119.

③ J.B.Pritchard, *Ancient Near Eastern Texts Relating to the Old Testament*, p.287.

征战。纳尔迈调色板是法老对外征服最早的记录，"纳尔迈带着代表上埃及的白色王冠、用力击打敌人的形象，成为前基督教文明时期埃及法老展现其力量的标准形象"。①至埃及帝国时代（新王国时期），每位法老登基之后都会率军出征，即便不征服新领土，也会在臣服于埃及的领土上行军，接受这些地区的效忠。法老拉美西斯二世即位仅五年就出征叙利亚巴勒斯坦地区，结果遭劲敌赫梯帝国重创②，之后埃及鲜有法老出征近东地区的记录。但为了维护法老的尊严，继任的法老或是转移出征目标，征伐处于埃及势力范围之内的努比亚或利比亚地区；或是在文献中记录虚假的出征业绩，以维护法老的尊严。不论从形式上还是从实质上看，通过征战树立威望与权势这一观念在古埃及文化中的地位可谓根深蒂固。

进入古典时代，以征伐树立权威的文化继续发展。随着古典时代王权的衰落与个人意识的成长，这种文化发展成为在战场上追寻个人荣耀的英雄主义。《荷马史诗》中的英雄阿喀琉斯（Achilles）投身特洛伊远征去追寻永恒的荣耀，即便这种荣耀是以自己的死亡为代价，他也毫不退缩。③古典时代固然也是理性与反省质疑的时代，但这种对战场荣耀的追求已深入古典文化的血液，成为所有古典人类的集体无意识。亚历山大既是亚里士多德的学生，亦是《荷马史诗》的热心读者，他通过征伐创建了空前绝后的伟业，但也英年早逝，他的一生可以说是《荷马史诗》的最佳注脚。

---

① D.B.Redford, *The Oxford Encyclopedia of Ancient Egypt*, Volume 2, Oxford: Oxford University Press, 2001, p.494.

② J.H. Breasted, *Ancient Records of Egypt*, Volume 3, London: Histories & Mysteries of Man LTD, 1988, p.143.

③ Homer, *Iliad Books*, IX.413.

至罗马帝国时代,已经发展出维持与管理国家的众多手段,治理庞大帝国也需要更多的务实考量,加之理性思想趋于成熟,这种荣耀观很大程度上已受到抑制。但它依然根植于统治者潜意识的深处难以磨灭,成为古典罗马军事文化中的最重要因素之一。①卡西乌斯·狄奥的记载中充斥着对此类征伐的谴责,比如塞维鲁王朝诸帝在东方用兵纯粹只为追求荣耀②,似乎一个理智平和之人一旦手握权力就会成为荣耀的俘虏。著名的哲学家皇帝马尔库斯·奥勒留可谓古典时代最具理智的统治者,他在边疆政策上的节制政策受到古典作家的一致赞颂③,然而即便是睿智如马尔库斯·奥勒留亦无法完全抵抗战场荣耀的诱惑。据《诸皇帝本纪》(Historia Augusta)记载,马尔库斯·奥勒留一直计划在北方创建新省份,因而在多瑙河边境开启战端。④另据卡西乌斯·狄奥的说法,当马尔库斯·奥勒留最终病逝于前线军营时,战争已近尾声,胜利在望⑤,马科曼尼人(Marcomanni,属日耳曼人)与夸迪人(Quadi,属日耳曼人)即将臣服,雅泽格斯人(Iazyges,属萨尔马提亚人)愿意为罗马骑兵效力,他们的领土被并入罗马帝国。⑥

马尔库斯·奥勒留可以说是人类历史上最接近"哲学王"标准的帝王,他是尤里安最为仰慕的帝王,亦是尤里安的楷模。⑦在尤里安的整个统治期间,他都自视为马尔库斯·奥勒留的继承者,一

---

① J.Keegan, *A History of Warfare*, pp.276—277.

② Dio, *Dio's Roman History*, Vol.IX, pp.162—165.

③ B.Isaac, *The Limits of Empire*, p.382.

④ B.Isaac, *The Limits of Empire*, p.390.

⑤ Dio, *Dio's Roman History*, Vol.IX, pp.60—61.

⑥ Dio, *Dio's Roman History*, Vol.IX, pp.34—37.

⑦ R.Browning, *The Emperor Julian*, p.130.

位新的哲学家皇帝。①在尤里安看来，自己进行的战争比马尔库斯·奥勒留的战争更艰巨，除了在尘世维护与扩展帝国的权威与荣耀之外，他还要在精神世界捍卫与改造自己所钟爱的古典文化。另一方面，尤里安还被新柏拉图哲学"灵魂转世"说的拥护者视为亚历山大的化身②，无论他自己是否真的相信此类说法，这都会增强他通过征伐创立不朽伟业的使命感。③马塞里努斯也多次强调尤里安的内心"总是被这些伟业所驱使"(semper ad ulteriora cupiditas)。④

3世纪开始，罗马帝国日益衰落，种种长期积累起来的矛盾引发了3世纪危机。但罗马帝国依然具有雄厚实力，历经半个世纪的调整与组合，于混乱与动荡之后又重建统一。由于东部地区的恢复能力强于西部，3世纪以来政治经济与军事中心逐渐东移，罗马帝国因此投入更多精力经营东部边疆。结果虽然3世纪以来东部边境承受的军事压力空前严重，罗马依然在东方有所推进。3世纪末至4世纪初，经过戴克里先与君士坦丁诸帝的整合，帝国实力大体恢复，战略战术的一系列改革与调整使得罗马人在军事上更有效率。但帝国内部面临的严重问题却不是军事手段能够解决的，这主要是因为日渐衰落的古典文明越来越难以凝聚帝国，要维持帝国的统一与安定变得更加困难。

当一个庞大的多民族帝国丧失凝聚力之后，分裂的倾向会日益明显。到了罗马帝国晚期，罗马帝国已经很难说是罗马人的帝

---

① R.Browning, *The Emperor Julian*, p.190.马塞里努斯对此亦有提及。见 Ammianus Marcellinus, XVI.1.4。

② Socrates, III.21.7—8.相关分析见 R.Browning, *The Emperor Julian*, p.190。

③ Ammianus Marcellinus, XXII.12.3—4.

④ Ammianus Marcellinus, XXIV.7.3.

国,罗马军队也早已不再是罗马人的军队。很大程度上是少部分军人精英竭尽全力维持着帝国的统一,他们的眼光大多集中于军事与技术层面,无暇顾及其他。卡西乌斯·狄奥记载的一段卡拉卡拉(Caracalla)皇帝对士兵的演讲生动描述了这些军人皇帝对军队的依赖:在演讲中,卡拉卡拉称自己是"士兵的一员",宁可与士兵同生共死,还许诺给士兵们"所有的财宝"。①统治者极端倚重军队,军队则视国家为自己的奴仆与供养者。当武力越来越成为维系国家统一的主要因素时,任何一个眼光超越军营的统治者都会对这一趋势忧心忡忡。此时基督教会成为帝国境内除军队之外组织最好的团体,其他的各类新旧宗教大多是一盘散沙,因而基督教成为唯一能够凝聚帝国的新兴精神力量。事实上君士坦丁除了与基督教会合作,没有其他选择。作为帝国倚重的新兴意识形态,基督教与其他传统宗教不同,它很难与帝国统治机器很好地融合;而且教会的很多功能与政府的功能重叠,长远来看最终会与政府争夺社会资源。比如根据当时的基督教伦理,教徒出任公职即便不是罪行,也是一种不光彩的行为。②君士坦丁及其继承者皆卷入教派冲突,他们以皇权控制教会的企图大体上并不成功,这也是后来复兴古典者反对基督教的原因之一。

基督教与其他传统宗教难以和平共存,与古典精神也难以相容,因而基督教势力的急剧扩张势必引起古典文化崇尚者的全力反抗,尤里安皇帝的举措就是这股恢复古典潮流的集中体现。对深深沉浸于古典精神的尤里安而言,对波斯的进攻至关重要。战

---

① Dio, *Dio's Roman History*, Vol.IX, pp.282—285.

② A.H.M.Jones, *The Decline of the Ancient World*, p.369; B.Russell, *A History of Western Philosophy*, p.329.

争的胜利可以成就其古典英雄的伟业，也可以帮助他获得复兴古典世界的精神与物质资源。但东征的失利，加之尤里安的统治过于短暂，复兴古典的努力遭受沉重打击，此后再也没有什么势力能够有效阻止基督教的胜利。普罗科皮乌斯与尤金尼乌斯（Eugenius）的绝望努力毫无效果，反而促使基督教对异教更加敌视与警惕。但基督教的胜利并不是帝国的胜利，帝国接受基督教很大程度上是为了利用其组织与精神资源以增强帝国的凝聚力；而对基督教会而言，帝国只是自己借以发育的蛹体，当羽翼丰满之后帝国的存在会成为障碍。这一过程在西部尤其明显，因此当4世纪末基督教取得最终胜利之后，西罗马帝国完全衰落。

从这个意义上说，尤里安的东征也可以视为他复兴古典世界事业的一部分，甚至可以说是最重要，最被给予厚望，投入的精力及资源最多的部分。尽管4世纪时古典文化尚具有强大影响力，但此时古典世界的衰落与基督教的最后胜利已不可逆转，尤里安的最后一次古典式征伐也最终以失败收场。对于尤里安这种带有古典悲剧色彩的使命感与宿命论，马塞里努斯有极为准确的把握，他的种种记述与安排皆力图将尤里安描绘成一位新的阿喀琉斯。[1]尤里安就任副帝可谓他事业的开端，在加冕仪式上，当众人热情欢呼之时，唯有尤里安低声吟唱着荷马的诗句"他屈从于黑暗的死亡与至高的命运"（ἔλλαβε πορφύρεος θάνατος καὶ μοῖρα κραταιή）。[2]在尤

---

① T.D. Barnes, *Ammianus Marcellinus and the Representation of Historical Reality*, pp.143—147.对于神意对尤里安悲剧命运的警示，马塞里努斯有众多记述。例如 Ammianus Marcellinus, XXII.13.1, XXIII.1.6—7, XXIII.2.8, XXIII.5.4, XXIII.5.8—12, XXIV.6.17, XXV.2.3—8。

② Ammianus Marcellinus, XV.8.17.荷马的诗句见 Homer, *Iliad*, V.83。这里的"黑暗的死亡"有双关含义，"黑暗"（πορφύρεος）一词本意为"紫色"，尤里安就任副帝的最重要仪式就是紫袍加身。

里安事业的终结之处,马塞里努斯模仿《斐多篇》精心撰写的尤里安与哲学家马克西姆斯(Maximus)等人的临终对话为这场悲剧的终章写下了浓重的一笔。尤里安事业的失败,宣告了基督教的最后胜利及古典世界的终结宿命。①尤里安死后不过三十年,基督教就取得了全面胜利,古典意识形态全面衰落,信仰与理性的时代降临欧洲。因为宗教与体制等方面问题,皇帝日益远离民众与军队。②

如果我们比较一下这之后的罗马战争史,以规模而言,可能只有两百多年后(591年)东罗马皇帝莫里斯(Maurice)的东征勉强可与尤里安东征相比。从结果上看,莫里斯的征伐远比尤里安成功③,但这场远征丝毫不具有古典色彩,完全是基于理性的思考以及精明的算计与交易。作为军队的最高统帅,莫里斯在个人气质上与尤里安截然相反:他是虔诚的基督徒,生活刻板自律,对天国的关注更甚于对尘世的关注。在同时代人眼中,莫里斯是个冷漠傲慢,极不受欢迎的统治者④,他以严苛的法律与条令管理士兵,削减士兵的薪俸,完全得不到士兵们的拥戴,统治期间一直被各种兵变困扰。⑤这样的统治者或统帅在古典时代绝不可能取得成功,

---

① Ammianus Marcellinus,XXV.3.8—23.

② P.Sabin & H.V.Wees & M.Whitby,*The Cambridge History of Greek and Roman Warfare*,Vol.II,pp.383—386.

③ A.H.M.Jones,*The Later Roman Empire 284—602*,Vol.I,p.311;P.M.Sykes,*A History of Persia*,pp.313—315,519—520.

④ A.Cameron & B.Ward-Perkins & M.Whitby,*The Cambridge Ancient History*,Vol.XIV,Cambridge University Press,2000,p.100.有关莫里斯皇帝的个性,吉本在《罗马帝国衰亡史》第4卷第45章与第46章中有极好的分析。

⑤ P.Sabin & H.V.Wees & M.Whitby,*The Cambridge History of Greek and Roman Warfare*,Vol.II,pp.400—401;A.H.M.Jones,*The Decline of the Ancient World*,p.119.

更不可能成为英雄。然而莫里斯的时代已是古典时代的尾声，此时的罗马军队不再由古典时代追随英雄统帅创建伟业的士兵组成。在这信仰与理性的时代，莫里斯这个充满信仰与理性气质的人才能够在东西战场上都取得巨大成就。[①]这一时期古典文化依然没有消亡，仍然有最后一批残存的古典作家在从事写作，但毫无疑问，这个信仰与理性的时代已经与尤里安与马塞里努斯生活的时代少有精神上的共同点。

因而从一定意义上说，后世人文学者对尤里安的看法并无大错，尤里安确是一位古典悲剧式人物，363 年的东征是尤里安与历史宿命抗争的最后的亦是最决定性的行动，这场失败的征伐可被视为是古典时代的谢幕之战。对于这场最后的古典式远征及其核心人物尤里安的历史文化角色，马塞里努斯有着敏锐的洞察。《历史》对尤里安军事生涯的展示以维吉尔式的史诗段落为开端[②]，最后以古典英雄式的葬礼作为结束。[③]在向心目中的古典英雄告别之际，马塞里努斯也同时结束了自己的古代史记述，之后的"当代史"(propior memoria)则属于另一时代的历史。[④]

---

① A.H.M.Jones, *The Decline of the Ancient World*, p.119；A.H.M.Jones, *The Later Roman Empire 284—602*, Vol.I, pp.360, 678.

② Ammianus Marcellinus, XV.9.1.维吉尔的原话见 Virgil, *Aeneid*, VII.44。

③ Ammianus Marcellinus, XXV.10.4.

④ Ammianus Marcellinus, XXVI.1.1.相关分析见 R.Smith, "Ammianus' narrative of the Persian expedition of Julian", *The Late Roman World and its Historian*, p.80。

附　录

东方战争结束至马塞里努斯去世的罗马简史

约维安统治时间很短，364 年 1 月他突然死于前往君士坦丁堡途中①，继任皇帝为来自多瑙河军队的将军瓦伦提尼安（Valentinian）。②尤里安死后，帝国各条边境都出现危机，《历史》对此有详尽记录，比如阿拉曼尼人再次越境侵袭，成为西部地区的永久危害③；同时波斯对于罗马的巨大让步并不满足，违约进军亚美尼亚，力图将该国置于自己完全控制之下。④为了专心处理帝国西部事务，瓦伦提尼安任命弟弟瓦伦斯（Valens）为东部皇帝。⑤瓦伦提尼安是罗马帝国历史上最后一位强势军人皇帝，他降低入伍标准，尽可能在短时间内恢复帝国军事实力。⑥瓦伦提尼安及其部将在莱茵—多瑙河地区、不列颠以及非洲击败入侵蛮族，修建堡垒巩固

---

① Ammianus Marcellinus，XXV.10.12—13.
② Ammianus Marcellinus，XXVI.1.相关分析见 A.H.M.Jones，*The Later Roman Empire 284—602*，Vol.I，pp.138—139。
③ Ammianus Marcellinus，XXVII.1.1.
④ Ammianus Marcellinus，XXVII.12.1.
⑤ Ammianus Marcellinus，XXVI.4；A.Cameron & P.Garnsey，*The Cambridge Ancient History*，Vol.XIII，pp.80—81.
⑥ 罗马士兵身高要求本来约为 1.78 米，此时降至约 1.71 米。A.Cameron & P.Garnsey，*The Cambridge Ancient History*，Vol.XIII，p.222；A.H.M.Jones，*The Later Roman Empire 284—602*，Vol.I，pp.148—149。

边防,帝国西部得以恢复平静。①瓦伦斯则在东方应付普罗科皮乌斯②的叛乱,并极力维护多瑙河与东方边境。③瓦伦提尼安于375年死于中风④,其长子格拉提安(Gratian)继承了帝国西部大部分领土,幼子瓦伦提尼安二世(Valentinian II)则统治意大利。⑤

4世纪后期,哥特人(Goths)受匈人与阿兰人(Alani)⑥势力压迫向西南迁移⑦,376年,西哥特人(Visigoths)⑧请求罗马帝国允许他们越过多瑙河南迁定居于色雷斯省,作为交换,他们会效忠皇帝并为帝国军队提供兵源⑨,瓦伦斯答应了该请求。⑩但随后的事态发展完全超出了罗马政府控制,大批东哥特人(Ostrogoths)⑪也暗中越过

---

① Ammianus Marcellinus,XXVII. 8,XXVII. 10,XVIII. 2. 1—5,XXVIII. 3,XXVII.5.8—15,XXVIII.6.26,XXVIII.5.15,XXIX.4.5,XXIX.5.4—56.其他同时代古典作家对此亦有记载。例如 Symmachus,*Or*,II.10—13,II.18,II.20,II.28,II.31.对于《历史》中有关瓦伦提尼安业绩的记载,目前也存在一些争议。见 J. Drinkwater,"Ammianus,Valentinian and the Rhine Germans",*The Late Roman World and its Historian*,pp.113—122.瓦伦提尼安最重要的部将为老狄奥多西,即后来狄奥多西皇帝的父亲。相关分析见 A.H.M.Jones,*The Later Roman Empire 284—602*,Vol.I,p.140;A.Cameron & P.Garnsey,*The Cambridge Ancient History*,Vol.XIII,pp.83—89。

② Ammianus Marcellinus,XXVI.5—10.尤里安东征时普罗科皮乌斯是罗马侧翼部队最高统帅之一,他称帝受到部分敌视基督教的尤里安旧部支持。

③ D.S.Potter,*The Roman Empire at Bay AD 180—395*,pp.522—525.

④ Ammianus Marcellinus,XXX.6.

⑤ Ammianus Marcellinus,XXX.10;A. H. M. Jones,*The Later Roman Empire 284—602*,Vol.I,pp.140—141.

⑥ 属萨尔马提亚人,即中国史书中的阿兰或阿兰聊,来自中亚北部草原。

⑦ Ammianus Marcellinus,XXXI. 3. 相关分析见 A. Cameron & P. Garnsey,*The Cambridge Ancient History*,Vol.XIII,p.95.

⑧ 马塞里努斯称之为"特鲁因吉人"(Theruingi)。这是罗马人对哥特人最通行的称呼,最早出现于 3 世纪末,或称"特尔文吉人"(Tervingi)。M.Kulikowski,*Rome's Gothic Wars*,Cambridge:Cambridge University Press,2007,p.31.

⑨ Ammianus Marcellinus,XXXI.4.1—2.

⑩ Ammianus Marcellinus,XXXI.4.3—4.相关分析见 A.H.M.Jones,*The Later Roman Empire 284—602*,Vol.I,p.152。

⑪ 马塞里努斯称之为"格琉图恩吉人"(Greuthungi)。

多瑙河,加之政府官员管理混乱,罗马人与哥特人之间矛盾不断①,哥特人终于公开进攻罗马人。②哥特军队击败当地罗马驻军,在色雷斯大肆劫掠,同时更多哥特人以及部分匈人与阿兰人也越过多瑙河加入这支蛮族大军③,进入罗马境内的蛮族达到 20 万人。④ 378 年 8 月 9 日在亚得里亚堡以北,瓦伦斯不等格拉提安的西部援军抵达就独自率军进攻哥特联军⑤,结果罗马军队全军覆没,皇帝本人也死于战场。⑥亚得里亚堡战役的后果极为严重,帝国东部野战部队主力基本在此役被歼灭⑦,继位的东部皇帝狄奥多西(Theodosius I)不得不允许哥特人以独立的"同盟者"(foederati)身份为罗马军队效力。⑧

　　据《历史》记载,同时期罗马与波斯因为亚美尼亚问题也关系紧张⑨,双方经过几场没有决定性的冲突后分别于 369 年与 376

---

① Ammianus Marcellinus, XXXI.4.11.

② Ammianus Marcellinus, XXXI.5.相关分析见 A.H.M.Jones, *The Later Roman Empire 284—602*, Vol.I, p.153; A.Cameron & P.Garnsey, *The Cambridge Ancient History*, Vol.XIII, pp.95—98.

③ Ammianus Marcellinus, XXXI.8.3—4, XXXI.16.3; A.Cameron & P.Garnsey, *The Cambridge Ancient History*, Vol.XIII, p.99.

④ 这个数字来自尤纳皮乌斯(Eunapius)的记载。见 A.H.M.Jones, *The Later Roman Empire 284—602*, Vol.I, p.195; A.H.M.Jones, *The Decline of the Ancient World*, p.67.不过这个数字一向有很大争议。见 A.Cameron & P.Garnsey, *The Cambridge Ancient History*, Vol.XIII, p.98.

⑤ Ammianus Marcellinus, XXXI.12.7.

⑥ Ammianus Marcellinus, XXXI.12.相关分析见 A.H.M.Jones, *The Later Roman Empire 284—602*, Vol.I, pp.153—154; A.Cameron & P.Garnsey, *The Cambridge Ancient History*, Vol.XIII, pp.99—101。

⑦ 马塞里努斯称仅有三分之一的罗马军队幸存。见 Ammianus Marcellinus, XXXI.13.18.对此说法学者们也有争议。见 C.Kelly, *Ammianus Marcellinus: The Allusive Historian*, p.13.

⑧ A.H.M.Jones, *The Later Roman Empire 284—602*, Vol.I, pp.156—157, 199—200; A.Ferrill, *The Fall of the Roman Empire*, pp.68—69; A.Cameron & P.Garnsey, *The Cambridge Ancient History*, Vol.XIII, pp.101—103.

⑨ Ammianus Marcellinus, XXX.1—2; A.Cameron & P.Garnsey, *The Cambridge Ancient History*, Vol.XIII, pp.89—94.

年恢复和平。①379 年沙普尔大王的死亡使得波斯未采取有效行动阻止亚美尼亚独立。②386 年，为了消除彼此间争端，罗马与波斯达成妥协，瓜分了亚美尼亚。亚美尼亚东部大部分地区归波斯，其余西部地区由罗马控制。③

383 年，将军马克西姆斯（Maximus）在西部被拥立为帝，格拉提安被杀。④马克西姆斯起初获得东部承认⑤，但他企图消灭瓦伦提尼安二世，终于与东部公开敌对。狄奥多西于 388 年击败并处死了马克西姆斯，恢复了瓦伦提尼安二世在西部的统治。⑥

约维安、瓦伦提尼安与瓦伦斯皆为基督徒，他们废除了尤里安限制基督教的法令，但尽力避免卷入教派冲突⑦，对异教非常宽容，有时他们还亲自主持一些异教仪式。⑧马塞里努斯对此颇为赞赏。⑨然而从格拉提安开始，帝国的宗教政策日益严厉⑩，很多罗马传统宗教活动遭禁止。⑪之后的狄奥多西更是极力限制异教，

---

① Ammianus Marcellinus，XXVII.12.4，XXXI.7.1.

② A.Cameron & P.Garnsey，*The Cambridge Ancient History*，Vol.XIII，p.426.

③ A.H.M.Jones，*The Later Roman Empire 284—602*，Vol.I，p.158；P.M.Sykes，*A History of Persia*，p. 463；A. Cameron & P. Garnsey，*The Cambridge Ancient History*，Vol.XIII，pp.106，442.

④ A.Cameron & P.Garnsey，*The Cambridge Ancient History*，Vol.XIII，pp.104—105.

⑤ A.H.M.Jones，*The Decline of the Ancient World*，p.68.

⑥ A.H.M.Jones，*The Later Roman Empire 284—602*，Vol.I，pp.158—159；A.Cameron & P.Garnsey，*The Cambridge Ancient History*，Vol.XIII，pp.105—107.

⑦ A.H.M.Jones，*The Decline of the Ancient World*，p.64；A.Cameron & P.Garnsey，*The Cambridge Ancient History*，Vol.XIII，pp.80，81，149—150.

⑧ 马塞里努斯对此有所记载。例如 Ammianus Marcellinus，XXV.6.1，XXV.10.14。相关分析见 D. S. Potter，*The Roman Empire at Bay AD 180—395*，pp.553—554，556；P.Heather，"Ammianus on Jovian：History and literature"，*The Late Roman World and its Historian*，pp.99—101。

⑨ Ammianus Marcellinus，XXX.9.5.

⑩ A.H.M.Jones，*The Decline of the Ancient World*，p.69.

⑪ A.H.M.Jones，*The Later Roman Empire 284—602*，Vol.I，p.163；A.H.M.Jones，*The Decline of the Ancient World*，p.70；D.S.Potter，*The Roman Empire at Bay AD 180—395*，p.560.

迫害异端①,下令关闭所有异教圣庙并禁止一切异教崇拜仪式。②

392 年法兰克人统帅阿尔博迦斯特(Arbogast)暗杀了瓦伦提尼安二世,扶植异教学者尤金尼乌斯为皇帝。③狄奥多西拒绝承认篡位者,以武力征讨阿尔博迦斯特与尤金尼乌斯。394 年 9 月,东部军队与西部军队在距亚得里亚海北端沿岸不远的弗里吉杜斯(Frigidus)河畔激战。战斗持续两天,双方皆损失惨重,狄奥多西的东部军队依靠来自多瑙河地区的哥特"同盟者"之助才得以跟西部军队抗衡。④最终东部军队获胜,尤金尼乌斯被俘杀,阿尔博迦斯特自杀⑤,狄奥多西成为帝国实际上的唯一统治者。⑥尤金尼乌斯在位时在宗教上采取宽容政策,恢复了一些异教宗教活动⑦,随着尤金尼乌斯的败亡,异教复兴的希望完全破灭。

弗里吉杜斯河战役的深远意义往往被低估。从文化角度看,这场战役基本上终结了异教古典文化在政治层面的存在,此后的罗马皇帝皆为虔诚的基督徒。另一方面,从军事角度看,晚期罗马帝国的衰落以三场决定性战役为标志,它们分别是 363 年的尤里安东征、378 年的亚得里亚堡战役及 394 年的弗里吉杜斯河战役。罗马军队在这三场战役中皆为失败者:尤里安东征极大削弱了罗马的野战军力;亚得里亚堡战役使得帝国东部野战精锐毁于一旦;

---

① A.H.M.Jones, *The Decline of the Ancient World*, p.70; D.S.Potter, *The Roman Empire at Bay AD 180—395*, pp.556—557.

② A.H.M.Jones, *The Decline of the Ancient World*, p.71.

③ A.H.M.Jones, *The Later Roman Empire 284—602*, Vol.I, p.159; A.Cameron & P.Garnsey, *The Cambridge Ancient History*, Vol.XIII, pp.108—109.

④ A.Ferrill, *The Fall of the Roman Empire*, pp.71—75.

⑤ A.Cameron & P.Garnsey, *The Cambridge Ancient History*, Vol.XIII, p.109.

⑥ A.H.M.Jones, *The Later Roman Empire 284—602*, Vol.I, pp.159—160.

⑦ A.H.M. Jones, *The Later Roman Empire 284—602*, Vol.I, p.168; Zosimus, VII.22.24; A.H.M. Jones, *The Decline of the Ancient World*, p.325.

而弗里吉杜斯河会战使得帝国西部的野战军力基本丧失。据维吉提乌斯(Vegetius)记载，此时的罗马军队，尤其是罗马步兵，已成为毫无战斗力的乌合之众。[1]这之后的罗马帝国，尤其是帝国分裂后的西罗马帝国事实上已不再是一个军事强国，其灭亡只是时间问题。[2]晚期帝国的重要史料《百官志》(Notitia Dignitatum)大约成书于此时。从该书记载上看，帝国大约一半的野战部队编制已经在内战中丧失，残存的野战部队也实力剧减，大部分野战部队士兵可能是从边防部队中抽调来的，而很多省份的边防部队则不复存在。[3]

因此可以说，马塞里努斯去世之时，亦即弗里吉杜斯河战役结束前后，古典异教文明与西罗马帝国的衰亡命运已经注定。

---

[1] Vegetius, I.20, I.28; A.Ferrill, *The Fall of the Roman Empire*, pp.128—129.

[2] P.Sabin & H.V.Wees & M.Whitby, *The Cambridge History of Greek and Roman Warfare*, Vol.II, pp.420—423.

[3] A.H.M.Jones, *The Later Roman Empire 284—602*, Vol.I, pp.194—199; A.H.M.Jones, *The Decline of the Ancient World*, p.81.

第三部分

东 方 蛮 族

纵观整个欧亚大陆文明史,南方农耕文明地带一直处于北方草原世界的阴影之下。从今北京向西越过太行山就是欧亚大草原的东部起点,大草原由东向西延伸至今维也纳城郊。欧亚草原东西绵延约一万公里,中间并无难以逾越的天然屏障,因此在漫长的历史时期里,欧亚草原是亚欧游牧民族迁徙的走廊。游牧民族的迁徙模式较为固定,要么由北向南向相对富裕舒适的农耕地区移动,甚至建立征服王朝;要么由东向西向水草相对丰美的游牧地区移动。自游牧文明肇始以来,历经两千年的漫长岁月,属于印欧语系和乌拉尔语系的游牧民族要么南下农耕定居,要么进入大草原的西端后融入欧洲文明。此后大草原上的游牧居民基本上都属于阿尔泰语系民族,其分布大致为蒙古族居东,突厥族居西。

在前文东方战争的记述中,已经可以看出内亚①草原民族的巨大影响。350—359 年,罗马与波斯休战了长达九年时间,原因在于波斯帝国的内亚边疆遭到游牧民族的大规模进犯。在战争第二阶段,当波斯帝国再度入侵罗马帝国时,这些游牧族群已成为波斯的盟友,其国王亲率大军参与了波斯的进攻。在阿米达围攻战中,马塞里努斯与这些草原民族有过长时间的交战经历,对于他们的战争方式与独特习俗予以了详细的记述,这可谓珍贵的第一手资料。这些游牧民族来自东方,他们漫长的迁徙线路以及与周边文明世界的交往历史可以回溯到东亚,他们在同时期中国历史中可能发挥过重要作用,产生过巨大影响。有一些欧美和日本学者

---

① 这里所说的内亚(Inner Asia)在历史地理学中称"内欧亚"(Inner Eurasia)或"中欧亚"(Central Eurasia),是一片不靠海的广大内陆平原。

认为这批先后攻击过波斯和罗马两大帝国的族群与曾震撼东亚大陆、深度参与中国历史进程的匈奴人有关。

匈人与匈奴人之间的关系是数百年来争论不休的问题。匈人的匈奴起源说在国内学术界已几成定论,但目前在国际学术界却少有人认同。本部分试图从原始文献入手,通过分析古典史料对匈人的最早记载,揭示匈人与匈奴间的重大差异以及匈奴起源说面临的问题。同时也试图在古典史料中寻找其他可能与匈奴人有关的线索,勾画出匈奴人西迁后的历史活动。

第十章

匈人起源问题之由来与现状

4 世纪后期,顿河以东草原上出现了一支野蛮凶悍的民族——"匈人"(Huns,拉丁语为 Huni 或 Hunni,希腊语为Οὖνοι或Οὖννοι)。这之后匈人活跃于欧洲历史舞台约八十年,他们凭借强大武力称雄于南俄草原与多瑙河平原,推动亚欧草原西部与温带欧洲森林地区诸蛮族的民族大迁移(Die Völkerwanderung),间接促成了西罗马帝国的灭亡以及之后欧洲的民族格局。①

匈人属于何种民族? 他们来自何方? 古代欧洲史料中对此基本没有记载,因此一千多年间匈人的确切来历无人知晓。近代以来,一些欧洲学者接触到中国史料,他们开始把匈人和中国历史上的匈奴(Hsiung-nu 或 Xiongnu)联系起来,认为前者可能源于后者。第一个系统阐述此观点的人是 18 世纪法国东方学家老德奎尼(Joseph de Guignes)。在《匈人通史》(*Histoire générale des Huns*)一书中,德奎尼称匈奴人战败后西迁至康居,之后继续西行越过顿河,成为欧洲历史上的匈人。②德奎尼之说臆测成分很多,但新颖

---

① P.Heather, "The Huns and the End of the Roman Empire in Western Europe", *The English Historical Review*, 110(1995), pp.4—41.

② 林幹选编:《匈奴史论文集(1919—1966)》,蒙古语言文学历史研究所历史研究室 1977 年版,第 475—476 页。

独到,颇有吸引力,因而产生了广泛影响。吉本的巨著《罗马帝国衰亡史》中谈及匈人起源就采用此说。[1]当时正是欧洲民族国家兴起、民族主义思想繁盛的时期,这类具有传奇色彩的民族起源理论正逢其时,特别受欢迎。以今天标准看,这些理论并非建立在严谨的史料分析与考证基础之上,多是基于想象。[2]

德奎尼假说出现之后,赞成者与反对者皆有。赞成者意识到德奎尼的说法缺乏证据,于是试图在古代史料中寻找支持。其中最成功者为德国汉学家夏特(Friedrich Hirth),在发表于 1900 年的论著《伏尔加河的匈人与匈奴》(*Wolga-Hunnen und Hiung-nu*)中,夏特运用中西史料,补充完善了德奎尼假说,构建了匈奴人西迁的大致路线与过程。[3]夏特根据中国史籍中的线索推测:匈奴人于 4 世纪中期西行至伏尔加河流域[4],随后于 4 世纪末向西攻入欧洲。

---

[1] 《罗马帝国衰亡史》第 2 卷第 26 章。见 E.Gibbon，*The Decline and Fall of the Roman Empire*，Vol.II，London：Routledge Thoemmes press，1997，pp.338—350。

[2] 比如德奎尼还认为中国人及其文明源自古埃及;再比如有学者认为波兰与立陶宛贵族为古代传奇游牧民族萨尔玛提亚人的后裔,波兰人与立陶宛人亦欣然接受该说法以增进爱国热情与民族自豪感,结果"萨尔玛提亚主义"(Sarmatyzm)一词在这些民族中几乎等同于"爱国主义";此外,匈牙利人在千余年间一直把自己的祖先前溯至威震欧洲的匈人("匈牙利"这称谓即来自匈人),该传说被众多匈牙利思想家(比如著名诗人裴多菲)用作民族独立运动的精神武器。事实上这些说法大多并无历史依据,现在看来亦不正确。上述关于波兰人与匈牙利人起源的错误说法也被吉本所采用(《罗马帝国衰亡史》第 6 卷第 67 章)。吉本在《罗马帝国衰亡史》第 1 卷第 13 章注释中还提到一种更离奇说法:3 世纪末有一位来自东方的游牧首领马姆戈(Mamgo)帮助亚美尼亚人抗击波斯入侵。经史学家圣马丁(St. Martin)的浪漫演绎,这位马姆戈成为中国汉朝的王子,在国家亡于曹魏后率众西迁,辗转来到亚美尼亚。如此荒诞的说法,今天依然还有人当作历史。例如[美]T.N.杜派:《世界军事历史全书》,中国友谊出版公司 1998 年版。吉本的注释见 E.Gibbon，*The Decline and Fall of the Roman Empire*，Vol.I，London：Routledge Thoemmes Press，1997，p.841。

[3] 林幹选编:《匈奴史论文集(1919—1966)》,第 475—476 页。

[4] 古典时代以塔纳伊斯河(Tanais,即顿河)为亚欧分界。相关地理概念可参阅斯特拉波的《地理学》。Strabo，*The Geography*，XI.1，1—2。

荷兰汉学家德格鲁特(J.J.M. de Groot)在 1921 年出版的《纪元前的匈人》(*Die Hunnen der vorchristlichen Zeit*)一书中发掘了更多史料,进一步详细阐述了该理论,使得匈奴起源说更趋完善。①

　　20 世纪初是德奎尼假说最兴盛的时期,当时的很多重要学者都接受了匈奴起源说。著名古典学者伯里(J. B. Bury)开始对匈奴起源说持怀疑态度,后来勉强接受了该说法,并在《晚期罗马帝国史》(*History of the Later Roman Empire*)中采用此说。但伯里同时也强调目前填补匈奴与匈人之间历史空隙的工作是"基于想象的翅膀而非确凿的事实"。②另一位亚欧游牧民族史学者帕克(E.H.Par-ker)在其著作《鞑靼千年史》(*A Thousand Years of the Tartars*)中也认可德奎尼假说。③美国学者麦高文(W.M.McGovern)的《中亚古国史》(*The Early Empires of Central Asia*)完全把匈奴与匈人当作一个民族来叙述。④

　　不过,对于匈人的匈奴起源说,反对意见一直存在。20 世纪开始,考古学、民族学、语言学等科学方法逐步被引入匈人史研究,反对者的观点开始建立在严谨科学的基础之上。至 20 世纪下半叶,反对派的观点在国际学术界占了上风,欧美几位最重要的匈人史研究者,如英国学者 E.A.汤普森(E.A.Thompson)、德国学者阿尔泰姆(Franz Altheim)等皆否认匈人与匈奴之间存在联系,认为根据已知史料尚无法确定匈人来源。最重要的匈人史学者为美籍奥地利人门琴黑尔芬(Otto J.Maenchen-Helfen)。他融合众多门类

---

① 林幹选编:《匈奴史论文集(1919—1966)》,第 476 页。
② E.A.Thompson,*The Huns*,Oxford:Blackwell Publishers,p.1.
③ E.H.Paker,*A Thousand Years of the Tartars*,London & New York:Routledge,pp.63—64.
④ [美]W.M.麦高文:《中亚古国史》,中华书局 2004 年版,第 193—194 页。

学科知识，包括文献学、考古学、语言学、民族学、古人类学等，通过大量分析研究，在 1945 年发表的论文《匈人与匈奴》(*Huns and Hsiung-Nu*)中证明匈人与匈奴之间存在众多差异，匈奴起源说缺乏必要依据。[1]门琴黑尔芬有关匈人的研究成果集中于 1973 年出版的《匈人的世界》(*The World of Huns*)[2]一书中，该书的材料详尽完备，分析精确严谨，从经济、社会、宗教、民俗、艺术、军事等诸多方面对匈人进行了全面深入研究。[3]由于门琴黑尔芬去世过早，《匈人的世界》实际上并未完成[4]，书中有大量分析研究但无总体结论。[5]大体上门琴黑尔芬认为匈人为第一支抵达欧洲的突厥民族，其文化生活中的诸多因素与东亚相关，但是匈人与匈奴是两个不同民族。[6]

《匈人的世界》在匈人史研究领域具有划时代意义，影响非常深远，在此之后欧美学者对于匈人起源基本持不确定态度。汤普森的看法最具代表性，他声称：对于匈人起源，我们现代人的知识"并不比 4 世纪的罗马人更多"。汤普森还建议谈及匈人历史，最好不要再涉及匈奴。[7]此观点已被多数现代史学家接受。新版《剑桥古代史》(*The Cambridge Ancient History*)讲到匈人起源时只简单称匈人大概属于芬兰—乌戈尔族(Finno-Ugrian)或者突厥族(Tur-

---

[1] O.J.Maenchen-Helfen, "Huns and Hsiung-Nu", *Byzantion* 17, pp.222—243.

[2] O.J.Maenchen-Helfen, *The World of the Huns*, Berkley & Los Angeles: University of California Press, 1973.

[3] O.J.Maenchen-Helfen, *The World of the Huns*, Berkley & Los Angeles: University of California Press, 1973, pp.xv—xvi.

[4] 门琴黑尔芬去世于 1969 年，四年后该书才出版。

[5] E.A.Thompson, *The Huns*, pp.248—249.

[6] O.J.Maenchen-Helfen, *The World of the Huns*, pp.441—443.

[7] E.A.Thompson, *The Huns*, p.3.

kic)①,来源无法确知,并未提及匈奴②;新版《剑桥早期内陆亚洲史》(*The Cambridge History of Early Inner Asia*)同样认为匈人起源不能确定,并重复汤普森的论断,声称"对匈人起源,现代学者所知并不超过阿米亚努斯"③;再比如新版《罗马帝国的衰落》(*The Fall of the Roman Empire*)也认为匈人的来源"依然是个谜"。④

我国学者对于匈人及其与匈奴关系的研究始于 19 世纪末。元史学者洪钧在出使俄国阅览西方史籍时,首次接触到匈人历史及其源于匈奴之说,后来他把相关内容写进《元史译文证补》中。⑤此后研究该问题的重要学者有章炳麟、梁启超、丁谦、齐思和等。⑥由于我国学者在掌握分析中国史料方面具有天然优势,他们从史料方面做了很多有价值的修正补充工作。出于不难理解的原因,我国学者对匈人的匈奴起源说持一边倒的支持态度。至 20 世纪后期匈奴起源说在国际史学界已少有人认同时,我国学者依然坚持此说,对欧美学者的反对观点持严厉批评态度,斥之为"种族偏见"。⑦同时在我国史学界,匈奴起源说大体已成定论。几乎所有

---

① 前者属乌拉尔语系,后者属阿尔泰语系。

② A.Cameron & P.Garnsey, *The Cambridge Ancient History*, Vol.XIII, Cambridge: Cambridge University Press, 1998, pp.499—500.

③ D.Sinor, *The Cambridge History of Early Inner Asia*, Cambridge: Cambridge University Press, 1990, p.179. 汤普森的原话见 E.A.Thompson, *The Huns*, p.26。

④ P.Heather, *The Fall of the Roman Empire*, Oxford: Pan Books, 2005, p.148.本书的著者希瑟(Peter Heather)为晚期罗马帝国民族史最重要的学者之一,有不少专门涉及匈人的著述。也是新版《匈人》(*The Huns*)一书的修订者,他为该书撰写的编后记本身也是优秀论文。E.A.Thompson, *The Huns*, pp.238—264。

⑤ 齐思和:《匈奴西迁及其在欧洲的活动》,原载《历史研究》1977 年第 3 期。林幹选编:《匈奴史论文集(1919—1979)》,中华书局 1983 年版,第 145 页。

⑥ 林幹选编:《匈奴史论文集(1919—1979)》,第 5—7 页。

⑦ 齐思和:《匈奴西迁及其在欧洲的活动》。林幹选编:《匈奴史论文集(1919—1979)》,第 143—145 页。

媒体与出版物,包括绝大多数正规史学著作、史学论文、历史教材以及各类词典等,谈及匈人时都直接称之为"匈奴"。[1]另外在翻译国外史著与国外史料时,一般都将"匈人"直接译为"匈奴"。[2]

　　笔者认为在匈人起源问题上,把欧美学者的反对意见简单归结为"种族偏见"有失公允;在整个古典史学界未有一致意见时就混淆匈人与匈奴两者概念,这样做会引起概念上的混乱,也曲解了众多外国著者的原意。早期匈奴起源说的反对意见可能带有种族主义因素,但 20 世纪以来的欧美主要反对派学者皆为严谨认真的史学家。比如门琴黑尔芬精通古希腊语、拉丁语、波斯语、俄语和汉语,能够有效利用中国、欧洲以及中亚波斯的史料与考古成果[3];为全方位体验游牧民族生活,他曾专门去蒙古与当地牧民一同生活。[4]匈奴起源说之难以成立,主要是因为缺乏确凿的考古证据;而且匈人与匈奴人的活动在史料层面难以有效衔接;此外在语言学、民族学等方面存在众多相反证据。

　　在匈人研究领域,有一个现象值得注意:20 世纪初期,我国学者与西方学者各有千秋,前者在利用中国史料方面有优势,后者在

---

[1]　比如使用最普遍的高等教育出版社《世界古代史》教材,有关匈人的内容始于第 450 页,一律称"匈奴"。另一种普遍使用的中国人民大学出版社《世界古代史》,有关匈人的内容见第 430 页,也是称"匈奴"。再比如人民出版社的《世界史·上古史》教材也同样如此,见第 405 页。

[2]　比如最常用的商务版《世界通史资料选辑·中古部分》,见第 10 页。值得注意的是一些并不同意匈奴起源说的外国学者论著在翻译成中文时,"Huns"也被翻译成"匈奴"。门琴黑尔芬部分有关匈人的论述就这样被译为中文,用于描述"匈奴人"在欧洲的活动。比如内蒙古人民出版社的《中国北方民族史新论》,第 136 页。

[3]　O.J.Maenchen-Helfen, *The World of the Huns*, p.XV.

[4]　E.A.Thompson, *The Huns*, p.247；O.J.Maenchen-Helfen, *The World of the Huns*, p.XXIII.

研究古典史料与考古等方面有优势。到了 20 世纪中期，我国学者在匈奴史方面的优势已不复存在，而在匈人史等方面的劣势依然如故，甚至有所扩大，该趋势一直持续至今。匈人史既为古典史分支，适合研究匈人史的无疑应该是古典专业学者，但目前涉猎匈人史的国内学者基本没有古典专业背景，这不能不说是反常现象。我国研究匈人史的学者大多不懂古典语言，古典历史知识相对欠缺，因环境所限在接触史料方面也有困难，这些因素极大影响了他们的研究质量，使得他们在论述中经常出现问题和错误。比如在匈人历史方面，国内所有专著中的叙述都是以国外史著中相关内容摘抄整理而成。这些史著本身已非一手史料，部分内容有所变形；加之很多学者由于种种局限，对外文著作的理解也有误差，因而即便是转述内容也难以融会贯通。在此基础上进行论述和分析，问题和错误在所难免。下面对这类问题和错误做简要分类说明：

其一，有的学者缺乏必要的古典史知识，难以有效驾驭手中的外国史著。比如陈序经在《匈奴史稿》中述及匈人史时"黑海"与"修克星"（Euxine）并用而未加任何说明①，显然这部分内容来自不同外文史著，但作者不知道这两词实为同一概念；再比如林幹的《匈奴通史》中叙述匈人史时"巴诺尼亚"（Pannonia）与"盘耨年"（Pannonien）并用②，大概也是出于同样原因。

其二，有的学者对古典史著与古典史料了解不多，在引用时出现失误。比如齐思和先生描述卡塔隆尼亚平原战役③时称：战斗

---

① 陈序经：《匈奴史稿》，中国人民大学出版社 2007 年版，第 538 页。
② 林幹：《匈奴通史》，人民出版社 1986 年版，第 256—261 页。
③ 又称"莫里亚库斯地（Locus Mauriacus）战役"。发生于 451 年，阿提拉大败，匈人对西欧的威胁从此消除。A.H.M.Jones, *The Later Roman Empire 284—602*, Vol.I, Baltimore: The John Hopkins University Press, 1986, p.194.

始于"晚九时",终于"翌日早晨"。①实际上古典文献中记载得很清楚:是役始于早九时,晚上结束。②

另一些引用错误的形成更复杂一些。这里试举一例:陈序经在《匈奴史稿》中提到"阿提拉进攻波斯"之役,原文如下:

> 传说阿提拉曾征伐波斯。经过沙漠与沼泽即密俄提斯湖,继又深入山地,经十五天而到米太。他们与波斯人剧战,据说飞箭往来遮住了阳光。最后匈奴人撤退,损失很大。此后阿提拉遂将注意力放在西方。③

陈这段叙述的主要内容来自某西方史著,最可能为吉本的《罗马帝国衰亡史》④,但陈对原文的理解可能有误。为便于说明古典史料变形过程,这里试列举吉本这段叙述的史料来源:

据普利斯库斯记载,匈人约在 415—420 年之间进攻过波斯,但遭波斯军重创,损失惨重,只得退回。⑤战斗中波斯人射出的箭

---

① 林幹选编:《匈奴史论文集(1919—1979)》,第 139 页。

② 对该战役的描述基本都来自约丹尼斯(Jordanes)的《哥特史》(*Getica*),约丹尼斯还提到当夜没有朗月,一片漆黑,因此夜间不可能有战斗。见 Jordanes, *Getica*, XXXVIII—XL。其他分析见 E.A.Thompson, *The Huns*, p.154; H.Kennedy, *Mongols*, *Huns and Vikings Nomads at War*, London: Cassell & Co, 2002, pp.51—52; R.A.Gabriel, *Empires at War II*, London: Greenwood Press, 2005, pp.603—604。

③ 陈序经:《匈奴史稿》,第 538 页。这里的"密俄提斯湖"即麦奥提克(Maeotic)沼泽,相关分析见下文。

④ 《罗马帝国衰亡史》第 3 卷第 34 章。这段叙述比较著名,被很多著作引用。见 E.Gibbon, *The Decline and Fall of the Roman Empire*, Vol. III, London: Routledge Thoemmes Press, 1997, pp.311—312。

⑤ 载于普里斯库斯(Priscus)的《拜占庭史》残篇。参见 E.A.Thompson, *The Huns*, p.35。

布满天空。①这显然是吉本记述的主要来源,匈人的具体进军路线以及"像云一样的箭"等皆来自这段记载。但这时阿提拉的父辈②尚未登上历史舞台,阿提拉自不可能在其中扮演什么角色。此次进攻的匈人统帅为巴西克(Basich)和库尔西克(Kursich),与阿提拉无任何关系。③

另有其他三条可能与4世纪匈人进攻波斯有关的史料:

1. 据普利斯库斯记载,阿提拉在统治的最后几年曾有意向波斯复仇。④

2. 同样据普利斯库斯记载,阿提拉死后约十年,一支游牧部落萨拉古里人(Saraguri)⑤征服了黑海以北匈人诸部落,之后于466年左右越过高加索与亚美尼亚,洗劫了波斯境内一些地区。⑥

---

① 这段记述可能让人难以接受,但如果熟悉古典历史,对此应该不会太意外。古典史家对波斯弓手的技巧和威力印象极深,对此多有记述,比如普罗科皮乌斯(Procopius)曾在战场上亲历波斯人可怕的"箭云"。见 Procopius, *Wars*, I.14.35, I.18.32, VIII.14.11。这些记载已获得考古学方面证明。据推测,波斯人的开弓法非常独特,与罗马人(地中海式)及匈人(蒙古式)皆不相同。这种开弓法较为繁复,需众多辅助装备(比如数个金属指套和固定链),但能提供更大拉力和势能。详细分析参见 A.D.H.Bivar, "Cavalry Equipment and Tactics on the Euphrates Frontier", *Dumbarton Oaks Papers*, 26(1972), pp.284—286。
② 指阿提拉的两个叔叔卢阿(Rua)和奥克塔(Octar)。
③ 对于这段记载所反映的历史,尤其是匈人此次进攻波斯的确切时间,史学界分歧很大。一般认为汤普森的说法较为合理,本书亦采用此说。另有一种同样合理的说法来自门琴黑尔芬,他认为此次进攻波斯实为 395 年匈人越过高加索山区大规模入侵罗马东部及波斯的一次分战役。此时阿提拉尚未出世,当然不可能参与行动。详细分析见 O.J.Maenchen-Helfen, *The World of the Huns*, pp.52—59。此次匈人入侵的古典史料汇编见 G.Greatrex & S.N.C.Lieu, *The Roman Eastern Frontier and the Persian Wars(AD 363—630)*, London & New York: Routledge, 2002, pp.17—19。
④ E.A.Thompson, *The Huns*, pp.126—127.
⑤ 可能是匈人的一支,也可能是来自东方的突厥部落。
⑥ G.Greatrex & S.N.C.Lieu, *The Roman Eastern Frontier and the Persian Wars(AD 363—630)*, p.58; O.J.Maenchen-Helfen, *The World of the Huns*, p.436.

3. 据拜占庭教会史家扎卡里亚(Zachariah of Mitylene)记载，大约在 484 年，有一批来自里海地区的"匈人"进攻波斯，被波斯王卡瓦德(Kavadh)击退。①当年为阿提拉死后第三十一年，此时匈人势力已微不足道。一般认为这些"匈人"并非真正的匈人，而是哈扎尔(Khazar)人。②

相信看过上述史料，就不难明白陈序经书中那段内容的由来。吉本在叙述阿提拉时代匈人历史时插入这段回顾，但未写明时间，实际上他也不可能知道确切时间。但从上下文看，吉本显然知道此事发生在阿提拉之前，因此吉本的叙述没有问题。但陈未能明白吉本原意，把此事归到阿提拉身上。陈序经这一错误非常典型，它表明我国一些学者在掌握与理解古典史著与古典史料方面有很多不足，结果不免犯张冠李戴的错误。究其原因，恐怕还是因为对古典史料与古典文献学缺乏必要了解。

其三，有的学者对古典文献与古典历史缺乏深入理解和把握，在分析和发挥中出现错误。比如齐思和先生的论文《匈奴西迁及其在欧洲的活动》讲述匈人进入欧洲时有如下叙述：

> 当时著名的罗马历史家阿密阿那斯③的《历史》中记载着匈人进攻阿兰人的过程。他说：匈人从顿河以东向阿兰人展开进攻，阿兰人对匈人予以坚强的抵抗，两军大战于顿河上。阿

---

① G.Greatrex & S.N.C.Lieu, *The Roman Eastern Frontier and the Persian Wars*（AD 363—630）, pp.62—63.
② P.M.Sykes, *A History of Persia*, London：Macmillan and CO, 1915, pp.477—478. 当时拜占庭史家一般将东方游牧民族统称为"匈人"。哈扎尔人属突厥族，中国史籍中称"可萨"，为中世纪重要民族。
③ 即阿米亚努斯·马塞里努斯。

兰人以战车为主力，敌不过勇猛突驰的匈人骑兵，结果大败。①

此叙述主要内容是基于想象，并无根据，因为阿米亚努斯的《历史》中并未提到顿河大战。事实上，《历史》明确称匈人降服阿兰（Alani）诸部落"或是通过武力，或是通过盟约"（armis aut pactis）②，即通过渐进渗透的方式。大体上这一征服过程相当模糊，从随后匈人击败哥特人的战争模式看，匈人与阿兰人之间也不可能有决定性的"顿河大战"。③本段文字最严重的问题在于："阿兰人以战车为主力"是绝对不可能的。《历史》中没有任何阿兰人使用战车的记载，倒是多次强调阿兰人是优秀骑兵，称阿兰人从孩提时代起就训练骑马。《历史》确实提到过阿兰人的马车，但明确称那是生活用车，不能用于作战。④其实如果对古代军事史有所了解，这类错误本可以避免。最迟在公元前9—前8世纪，亚欧草原西部的游牧民族就以骑兵淘汰了战车⑤，一千

---

① 林幹选编：《匈奴史论文集（1919—1979）》，第 133 页。

② Ammianus Marcellinus, XXXI.3.

③ "顿河大战"之说大约来自吉本（《罗马帝国衰亡史》第 2 卷第 26 章）。吉本对此也只是推测，但后来被史学家们否定，20 世纪以来的史学家无人支持此说。吉本的说法见 E.Gibbon, *The Decline and Fall of the Roman Empire*, Vol.II, p.351. 匈人击败阿兰人的分析见 E.A.Thompson, *The Huns*, p.27, p.63.

④ Ammianus Marcellinus, XXXI.2.20.

⑤ N.Di. Cosmo, *Ancient China and its Enemies：the Rise of Nomadic Power in East Asian History*, Cambridge & New York：Cambridge University Press, 2002, pp.32—42；[法]勒内·格鲁塞：《草原帝国》，商务印书馆 1998 年版，第 26 页。其他欧洲地区淘汰战车略晚：在古风时代后期，希腊人也不再使用战车作战。其他欧洲地区，如意大利、伊比利亚等地，战车也大体在这一时期退出历史舞台。欧洲最后使用战车的民族是不列颠的凯尔特人，他们因为与欧洲大陆比较隔绝，在公元前后依然用战车抗击入侵的罗马人，相关记载见恺撒的《高卢战记》第 4—5 卷、塔西佗的《阿格利科拉》（*Agricola*）第 12—36 节以及卡西乌斯·狄奥的《罗马史》第 60 卷。相关分析见 M.Jane, *Handbook to Life in Prehistoric Europe*, New York：Fact On File, 2006, pp.88, 111, 307—308.

多年后称雄草原的阿兰人自然不可能以战车为主力。

其四,有的学者对古典历史的研究方法与研究成果缺乏全面深入的把握,结果在分析中出现误差。仍以《匈奴西迁及其在欧洲的活动》为例,文中有如下叙述:

> 匈王阿提拉在述说他的先世时,自豪地说,他可以将他的先世追溯到一千多年前的著名匈奴领袖们。他列举的名字和中国史书中记载大致吻合。这显然是根据他们的部落传说,绝非出于臆造;也进一步证明,匈人是匈奴的后代。①

引文中一些不严谨之处不予多论,最关键的内容,即"匈奴领袖"的名字"和中国史书中记载大致吻合"之说是不能成立的。从文中注释看,齐文这段叙述引自伯里的《晚期罗马帝国史》②,伯里的记述则来自夏特的论文。③夏特之说带有极大的似是而非的成分,故而伯里也未将其写入正文,只在引文中当作一种观点加以介绍。④齐文断定这些传说"绝非出于臆造"有失客观。如果深入分析,那些所谓的"部落传说",现在已能大体确定是"臆造"。

首先需要说明古典史料中并无关于阿提拉祖先的记载,所谓"阿提拉先世"的内容,最早出现于 15 世纪末匈牙利史著——图罗兹的约翰（Johannes de Thurocz）所著——《匈牙利编年史》

---

① 林幹选编:《匈奴史论文集(1919—1979)》,第 135 页。
② J.B.Bury, *History of the Later Roman Empire*, London: Macmillan and CO. Limited, 1923, p.273.
③ 夏特的论文《阿提拉世系》("Die Ahnentafel Attilas"),1900 年发表于《圣彼得堡科学院通报》。
④ 伯里本人的保留态度见前文。

（*Chronica Hungarorum*）。当时匈牙利人以匈人后裔自居，因而书中有少量篇幅谈到匈人。书中涉及匈人的内容采集自民间传说，内容非常含混。由于约翰的时代距离匈人时代已逾千年，匈牙利人与匈人间的传承关系也早已被现代学者否定，因此现在看来这部分记载并无历史价值。书中提到阿提拉称自己父亲名叫本德古斯（Bendegus）或本德古克（Bendeguck）[1]，夏特认为该名称可能就是中国史籍中的匈奴单于冒顿。如果说此读音尚可勉强对应的话，其他读音对应则是牵强附会，近乎荒唐。比如"米克"（Mike）这一明显带有基督教色彩的名字按照读音被对应为老上（Lau-schang）单于。[2]事实上，中国史籍中的"老上单于"是意译而非音译，这位单于的真正名字为稽粥（Ki-jok）[3]，因为即位时年事已高而号"老上"。由上述分析可知，如此读音对比臆想成分居多，并无实际意义。现代学者经过深入研究《匈牙利编年史》已得出结论：这些所谓"阿提拉祖先"的原型实为 10—13 世纪的匈牙利人领袖，他们的名字在数百年间经改头换面融入民间传说，成为匈牙利人心目中英雄国王的祖先。[4]自然，这些领袖不可能与千年之前的匈奴领袖有任何关系。实际上夏特此说在欧美学术界早已无人

---

[1] 古典史料中有三处提到阿提拉的父亲，拼法略有不同，现在一般称为"穆恩祖克"（Mundzuc），可见古典史料中阿提拉之父的名字更接近冒顿（音"墨犊"）。当时有关匈人的古典史料尚不为人知，《匈牙利编年史》的作者显然也对这些较为可靠的匈人史料一无所知。有关"穆恩祖克"这个名字的讨论见 O.J. Maenchen-Helfen, *The World of the Huns*, pp.409—411。

[2] 米克这一名称源自《圣经》中的天使米迦勒（Michael），见《但以理书》、《犹大书》及《启示录》。

[3] 稽粥的汉语读音为"鸡育"，一般认为这个名称与 13 世纪的蒙古大可汗贵由的名字来源相同。

[4] 参看德国学者利盖提（Von Ludwig Ligeti）的论文《阿提拉的家谱与匈人单于名称》["Die Ahnentafel Attilas und Die Hunnischen Tan-hu-namen", *Asia Major*, 2(1925), pp.290—301]。

支持。

以上列举的问题和错误都属于影响很大的重要学术专著和学术论文,某些错误内容还反复被其他著作与论文甚至历史教材引用①,这不免给国内外匈奴史与匈人史研究带来负面影响。类似的错误还不少,本书不再一一列举。笔者以为出现这类错误,根本的原因在于研究匈人史的国内学者对欧洲古典历史缺乏全面的学习和了解,而且由于语言与环境等方面的局限,不能有效研究国外相关论著与史料。国内学者想要在这方面的国际学术界占一席之地,就必须加强古典历史与古典文献学习,或者需要中国史学者与古典史学者通力合作。

---

① 有名的学术专著如朱学渊:《中国北方诸族的源流》,华东师范大学出版社 2010 年版,第 109 页。其他例如《关于北匈奴西迁的考古学新探索》,见《内蒙古社会科学(汉文版)》,2004 年 1 月,第 25 卷第 1 期。再比如商务印书馆 1994 年版《世界民族史话》讲述"匈奴"在欧洲的历史时基本上原封不动复述了国内论文与专著的各类错误。此外一些学位论文也引用了某些明显错误的内容,例如上海社会科学院出版社 2003 年版《镀中乾坤:青铜镀与草原文明》第 66 页。引用这些内容最多的历史教材为高等教育出版社《世界史·古代史 下卷》第 9 页。此外,一些国外史著也引用国内相关论文。例如著名的《剑桥中国史》第 1 卷中有关匈奴的部分(余英时执笔)也引用齐思和的《匈奴西迁及其在欧洲的活动》等。见[英]崔瑞德、鲁惟一:《剑桥中国秦汉史》,中国社会科学出版社 2007 年版,第 385 页。但该书其他部分在涉及匈奴时持国际通行观点,例如第 61、362 页。

第十一章

《历史》对匈人的文献记载考析

　　本章将翻译和分析马塞里努斯著作中有关匈人的记载,借此说明早期匈人的特性及其与匈奴的差异。之所以选择马塞里努斯的著作,是因为他的记载是有关匈人起源的最早、最重要甚至可以说是唯一的记载。还有其他很多有关匈人的历史记载,比如普里斯库斯(Priscus)史著残篇中有作者出使阿提拉宫廷的亲身经历,内容更真实生动。但阿提拉时代的匈人已经与八十年前的匈人有天壤之别。由于匈人刚进入欧洲时极端落后,在扩张过程中不可避免地吸收了大量异族文化习俗与社会组织方式。普里斯库斯对匈人服饰、娱乐、组织、建筑等的记载虽翔实丰富,但较早期匈人的生活已面目全非。另一方面,在所有记载匈人活动的古典史家中,马塞里努斯的历史见识与求真精神皆首屈一指,远胜他人。[1]因此,要了解匈人起源,马塞里努斯史著的价值无疑是最大的。

　　马塞里努斯对匈人的记载主要集中于第 31 卷第 2 章。这部分内容国内已有翻译。其中最重要者为齐思和先生的译文[2],这

---

[1]　E.A.Thompson,*The Huns*,pp.11—14.

[2]　《中世纪初期的西欧》,商务印书馆 1962 年版,第 28—34 页。其中"Huns"也都译为"匈奴"。

部分译文译自英文或法文,内容不完整,部分内容跟作者原意有偏差。另有一些译文与原文含义差别很大。①因此笔者将这一章由拉丁文全文译出,为保持内容连贯,同时也便于比较分析,与匈人关系密切的阿兰人部分也一并译出。在马塞里努斯对各民族的记录分析中,匈人部分最为独特。因为这部分内容皆来自当代人叙述与作者亲身观察,未借鉴前人记载。②有关这些记载的真实性,至今仍存争议③,主要是因为对当时史家而言,匈人是全新民族。马塞里努斯记载匈人时,罗马人知道该民族存在不过十五年。另一个原因在于马塞里努斯与匈人接触不多,所获得的多为二手资料,更有学者认为马塞里努斯从未见过匈人。④不过,对于这些记载的可靠性我们也不应低估。马塞里努斯治史态度非常真诚,在记述匈人时坦承资料有限,"我们的古代历史记载中很少提到这个民族"⑤,因而所言内容的可信度相对较低;而对于其他某些民族,比如后面要谈到的阿兰人,"经历长时间的各种探寻和了解,最终我们已经对这个民族的内部实情有所了解"⑥,因此相关记载自然更可靠。另一方面,罗马人对匈人也并非完全陌生。在晚期罗马帝国,任何人都能轻易雇用匈人战士。378 年的亚得里亚堡会战中就有匈人参战⑦;马塞里努斯也提到战后劫掠色雷斯及围攻君

---

① 例如[法]勒内·格鲁塞《草原帝国》,商务印书馆 1998 年版,第 108—109 页。

② Ammianus Marcellinus, *The Later Roman Empire*, London: Penguin Books, 2004, p.474. 马塞里努斯喜欢引经据典,在叙述各民族特性时尤其如此,但在述及匈人时完全未提到别人的说法。

③ 最重要的反对意见来自门琴黑尔芬。O.J.Maenchen-Helfen, *The World of the Huns*, pp.9—15.

④ E.A.Thompson, *The Huns*, p.10.

⑤ Ammianus Marcellinus, XXXI.2.1.

⑥ Ammianus Marcellinus, XXXI.2.12.

⑦ E.A.Thompson, *The Huns*, pp.29—30.

士坦丁堡的蛮族队伍中有不少匈人[1]；此后罗马军队中也一直不乏匈人雇佣兵。[2]因此马塞里努斯还是极有可能与匈人有过直接交往。[3]他关于匈人的记载被罗斯托夫采夫赞誉为"现实主义杰作"[4]，其基本内容的真实性已获得现代学者的充分肯定。[5]

近代以来，史学家曾试图在马塞里努斯之前的古典记载中寻找匈人活动的线索，他们也确实在早期史料中发现了某些可能是匈人的民族。[6]但现代史学家经过审慎分析，认为这些所谓的匈人记载皆不足取。[7]因而他们再三强调："对匈人起源，现代学者所知并不超过阿米亚努斯。"换言之，对于匈人起源，学者们探索了一千六百年后又回到原点，至今尚无法超越第一位记载者。马塞里努斯作为匈人起源最权威记录者的地位依然不可动摇。

在相关篇章里，马塞里努斯记载的第一段讲述匈人来源：

我们要追溯悲剧的源头，也就是彻底的毁灭以及众多失

---

① Ammianus Marcellinus, XXXI.8.3—4, XXXI.16.3.

② P.Heather, "The Huns and the End of the Roman Empire in Western Europe", p.9.

③ 门琴黑尔芬认为马塞里努斯见过一些匈人商人。见 O.J.Maenchen-Helfen, *The World of the Huns*, p.361。

④ E.A.Thompson, *The Huns*, p.11；O.J.Maenchen-Helfen, *The World of the Huns*, p.9.

⑤ A.Cameron & P.Garnsey, *The Cambridge Ancient History*, Vol.XIII, p.500；E.A. Thompson, *The Huns*, p.24.

⑥ 比如亚美尼亚古代史家阿迦桑格罗斯（Agathangelos）所著的《亚美尼亚人史》（*History of the Armenians*）中提到亚美尼亚王特尔达特［Trdat，即古典史著中著名的英雄国王提里达特斯三世（Tiridates III），在位时间为 283—330 年］曾"驱逐了匈人军队"。见 Agathangelos, I.123。

⑦ O.J.Maenchen-Helfen, *The World of the Huns*, pp.444—455.

败的起因,是马尔斯的雷霆之怒以吞噬一切的永恒烈焰将其唤醒。这就是匈族,这个居住在麦奥提克(Maeotic)沼泽地以外冰冻海洋之滨的民族,其野蛮超乎想象。①

关于匈人进入欧洲前究竟居于何地,古典史料中记载颇多,也存在不少争议。最终的结论是:马塞里努斯的记载依然是最准确的,现代人对此的认知并未超过这位古典学者。②亚速海古称"麦奥提克湖",这里的"麦奥提克沼泽"即指亚速海边上环绕刻赤海峡的沼泽地带,已知匈人最早的栖息地位于高加索山脉以北,顿河与伏尔加河之间偏南地区。照普里斯库斯的说法,具体地点为今库班(Kuban)河流域。③该地区虽然适于放牧,但地形起伏较大,南部山地众多,这使得匈人具有某些与大草原游牧民族不同的特征。"冰冻海洋"所指为何无法确定,可能暗示匈人之前居于更北方。后面会说明匈人在某些方面确实带有极北民族特征,与典型的草原游牧民族有所不同。④

第二至第三段描述匈人外貌:

匈人孩子刚一出生,他们的面颊就被刀深深刻划,这样当

---

① Ammianus Marcellinus,XXXI.2.1.

② E.A.Thompson,*The Huns*,pp.19—24.

③ E.A.Thompson,*The Huns*,p.47.

④ 很多古典学者认为匈人来自极北严寒地区。比如菲罗斯托尔吉乌斯(Philostorgius)认为希罗多德所记载的内乌利人(Neuri)就是后来的匈人。据称内乌利人居住于最北端的利派昂山脉(Rhipaean Mountains),在希腊神话中那里是北风之神(Boreas)的故乡。其他类似的记载还见于奥罗西乌斯(Orosius)与尤那皮乌斯(Euapius of Sardes)的史著。O.J.Maenchen-Helfen,*The World of the Huns*,pp.2—9.

他们长大时,脸上的刀疤纹路会阻止胡须生长。因此成年后的匈人相貌丑陋,没有胡须,形同阉人。所有匈人都有着紧凑强壮的四肢,肥短的脖子,而且身材畸形,样子可怕。如果见到他们,你会觉得他们像长着双腿的野兽,或者是排列于桥梁上那些粗制滥造的雕像。

　　匈人相貌凶残,外形粗陋可怕。①

　　关于这两段记载争议颇多,较一致的看法是:抛开种族偏见不谈,马塞里努斯笔下的匈人具有明显的蒙古种族特征。自然,这些描述中不免有作者的误解。比如关于匈人自幼割面以阻止胡须生长的记载,一般认为这是亚欧游牧民族中很普遍的劐面习俗②,其他古典记载中有阿提拉葬礼上匈人劐面的内容。③马塞里努斯可能对匈人毛发稀少感到惊奇,想借此加以解释。这些记载与其他古典学者,如普里斯库斯,哲罗姆(St. Jerome),约丹尼斯(Jordanes)等人说法基本一致。④其他古典记载,如佐西默斯(Zosimus)认为匈人即早期古典史著中提到的"扁鼻人"⑤,普里斯库斯称阿提拉鼻子扁平⑥,也有助于说明匈人的种族特征。这些记载与现代考古发现基本吻合。匈人墓葬的考古分析也证明匈人为混种,特别

① Ammianus Marcellinus, XXXI.2.2—3.

② 即在丧葬中以刀割面表示悲痛。最早的记载见希罗多德对斯基泰人习俗的描述,中国史料的相关记载也很多,最早为《东观汉记》载:"耿秉为征西将军,镇抚单于以下,及薨,赐朱棺玉衣。南单于举国发哀,劐面流血。"

③ E.A.Thompson, The Huns, p.164. 古典史中对匈人这一习俗的记载较多,相关分析见 O.J.Maenchen-Helfen, "The Date of Ammianus Marcellinus' Last Books", The American Journal of Philology, 76(1955), pp.389—390。

④ O.J.Maenchen-Helfen, The World of the Huns, pp.361—363.

⑤ E.A.Thompson, The Huns, p.21.

⑥ E.A.Thompson, The Huns, p.119.

是进入欧洲后与欧洲人大量混血。但在抵达欧洲之前,匈人的蒙古人种特征应该比较明显。[1]

此外,某些对匈人奇异外貌与自残习俗的记载可能是事实,并非出于种族偏见。例如约丹尼斯称匈人的头颅圆而变形[2],高卢诗人西多尼(Sidonius Apollinaris)称匈人在儿童时期以布缠头,使头颅变形。[3]目前这些说法已获得考古证明,一些匈人贵族妇女的颅骨确实因幼时刻意缠裹而严重变形。[4]这种奇特的头颅变形(cranial deformation)风俗主要存在于一些原始亚洲居民及古代美洲民族中[5],在亚欧大陆进入文明时代之后,保存此类自残习俗的民族较少见。该原始习俗如果能在亚洲保存下来,最有可能存在于极北与山地等相对隔绝地区。

这里简要说明一下中国历史上匈奴人的民族属性。尽管尚存争议,目前史学界支持者最多的观点是匈奴人属突厥族,该说法与中国史籍的记载最为吻合。[6]另外关于匈奴的种族同样争议颇大,支持者最多之说为:匈奴为种族混杂的民族,其主体为高加索种。

---

[1] O.J.Maenchen-Helfen, *The World of the Huns*, pp.364—367;[日]内田吟风:《北方民族史与蒙古史译文集》,云南人民出版社 2003 年版,第 202—203 页。

[2] O.J.Maenchen-Helfen, *The World of the Huns*, p.363.

[3] R.A.Gabriel, *Empires at War II*, p.597;O.J.Maenchen-Helfen, *The World of the Huns*, p.363.

[4] H.Kennedy, *Mongols*, *Huns and Vikings Nomads at War*, p.26;E.A.Thompson, *The Huns*, p.259.

[5] 如中国的史前赛诺尔人。参见裴文中:《中国史前时期之研究》,商务印书馆 1948 年版。再比如北美普韦布洛人和中美洲玛雅人。见 L. V. Foster, *Handbook to Life in Ancient Maya World*, Oxford:Oxford University Press, 2002, p.337;G.V.Bonin, "Cranial Deformity in the Pueblo Area", *American Anthropologist*, New Series, 39(1937), pp.720—721。

[6] 《周书》卷 50《突厥传》记载"突厥为匈奴之别种"。《北史》卷 98《高车传》记载"高车(突厥族)之祖先为匈奴之甥"。

此说法与史书记载以及目前为止的考古发现最为吻合。①

第三段主要关于匈人的饮食：

> 匈人生活需求极低：他们不需要火，也无需可口食物，他们食用野草根和半生不熟的肉类。至于肉类来自何种牲畜，他们概不计较。为了加热，他们会把肉放在自己大腿与马背之间焐一小段时间。②

这段记载表明，匈人的饮食习俗即便在游牧民族中也非常原始落后。其中争议最大的是匈人不知用火且食用生肉的说法，一般认为这不是事实。③门琴黑尔芬已对此做了令人信服的解释：很多游牧民族到了近代还有将生肉置于马鞍内侧的习俗，为的是防止马匹被马鞍刮伤，同时也便于取食。④其实马塞里努斯原文并未说匈人不知用火，而是说他们"不需要火"，用火的技巧匈人应该是掌握的。关于匈人的"吃生肉"习俗，与马塞里努斯同时代的哲罗姆亦有类似记述⑤，应该不是空穴来风。这之后有关匈人的史料

---

① 详细的分析可参看国内学者的相关论著。比如林幹：《匈奴通史》，第149—155页。再比如余太山：《塞种史研究》，中国社会科学出版社1992年版，第256—260页。大体上中国史籍中所描述的匈奴人相貌都具有部分白种特征。国外学者的分析也很多。如 O. J. Maenchen-Helfen, *The World of the Huns*, pp.367—369；G. Hambly, *Central Asia*, New York：Delacorte Press, 1966, p.38. 其他综合分析见 N.Di. Cosmo, *Ancient China and its Enemies：the Rise of Nomadic Power in East Asian History*, pp.163—167。

② Ammianus Marcellinus, XXXI.2.3.

③ E.A.Thompson, *The Huns*, p.10.

④ O.J. Maenchen-Helfen, *The World of the Huns*, pp.14—15；O.J. Maenchen-Helfen, "The Date of Ammianus Marcellinus' Last Books", p.397.

⑤ Ammianus Marcellinus, *The Later Roman Empire*, p.474.

中就不再有这类记载,因此这里所说的可能是一种被迅速遗弃的原始饮食习俗。笔者认为如果考虑到匈人可能来自极北区域,这段记载就不难理解了,匈人以生肉为食之说可能是对某种生食习俗的夸大记载。直至近代,极北地区居民都有食用生肉的习俗。他们并非不知举火,只是以此方式为身体补充维生素 C。因环境所限,这些居民无法获取新鲜蔬菜水果,肉类成为维生素 C 的主要来源。[1]但维生素 C 在高温下会分解,因此只能以生食方式加以补充。[2]该段马塞里努斯称匈人还食用"野草根",此习俗也存在于一些北方民族中[3],同样与补充维生素 C 有关。自然对任何民族来说,食用生肉与野草都不是愉快体验,因为这会给消化系统及免疫系统带来很大负担。因此在获得其他维生素 C 补充方法后,他们皆会放弃该习俗。[4]很可能匈人在与其他文明民族接触后就不再食用生肉,所以其他的古典史料中也就不再有此类记载。

第四至第七段以及第十段主要涉及匈人的生活习俗,包括住房、衣着、对马匹的依赖等:

> 他们从不盖房子,而且避之如同我们躲避坟墓。在匈人之中,你甚至找不到一间哪怕是芦苇编成的陋室。他们漫游于森林和群山,从出生之日起他们就惯于忍受饥渴与严寒。即便身在其他民族之中,他们也不会待在房屋里,除非是迫不

---

[1]　参见 K. So. Joseph,"Human Biological Adaptation to Arctic and Subarctic Zones",*Annual Review of Anthropology*,Vol.9,1980,pp.63—82。

[2]　维生素 C 最集中部分的首先是肝脏,其次为脂肪等,这也是过去北方民族最习惯取食的部分。

[3]　O.J.Maenchen-Helfen,*The World of the Huns*,pp.14—15.

[4]　目前所有极北地区居民都已不再食用生肉。

得已。因为他们认为身处别人屋顶之下很不安全。

匈人以亚麻衣服或缝在一起的森林鼠皮蔽体，无论在私人场合还是在公开场合，他们都只穿一种衣服。他们偶尔也会穿上我们的束腰外衣，不过这些衣物都很破旧，而且他们不懂得换洗。直到衣服被磨损撕扯成布条，他们才会把它们脱下。

他们戴着弯皮帽，以羊皮遮盖他们多毛的双腿。他们穿的鞋子没有硬底，这使得他们在地面上行走不便。因此，匈人完全不适于徒步作战，但说来令人难以置信，他们几乎完全生活在马背上。他们骑乘的马匹非常丑陋，但不可否认其忍耐力超群。匈人骑马姿势奇特，有如女人①，他们就骑在这些马匹上从事日常活动。这个民族的人能够整日整夜待在马背上，他们在马背上做买卖，在马背上吃喝，还会弯下身子伏在他们矮马的脖颈上沉沉入睡，进入梦乡。

即便是遇到重大事情需要认真商议时，他们也待在马背上保持这种姿势。

匈人从不耕作，他们甚至不愿触碰犁耙。实际上所有匈人皆居无定所，四处漫游。他们没有固定村落，不举炉火，不识法度，其生活方式如同流放犯人，与定居民族迥异。匈人主要的安身之处是他们的马车，他们在马车里出生，在马车里把孩子养大。如果你问一个匈人他是哪里人，他肯定无法回答。可能的情形是：他的母亲在某地受孕，而在另一处很远的地方

---

① 可能指双腿都在马背一侧的姿势。相关讨论见 O.J.Maenchen-Helfen, *The World of the Huns*, p.203。

生下他,然后又在其他更遥远的地方将他抚养成人。①

这些段落的奇特之处在于无一字提到匈人如何放牧。从这些记载来看,匈人为相对较原始的草原游牧民族,他们接受游牧文化的时间可能并不长,至少在匈人刚进入古典历史舞台时远比其他游牧民族落后。依照当时古典作家的说法,"即便在野蛮人眼里,他们也是野蛮人"。②据这些记载推测,此前匈人与定居民族不会有多少接触。最明显的证据就是他们对房屋的恐惧,与定居民族有过交往的原始民族不可能对房屋有这种畏惧心理。第五段提到的匈人穿戴,部分为匈人自制(如"缝在一起的森林鼠皮"),其他则可能来自南方定居民族(如"亚麻衣服"和"束腰外衣")。但这些推测也存在争议,比如门琴黑尔芬认为羊毛和亚麻织物也可能为匈人自制。③第六段称匈人"在马背上做买卖",说明匈人与其他民族已开始有贸易往来,但这类贸易活动的规模不会很大。

这几段有关匈人的记载与中国史籍中对匈奴人的记载差别极大。匈奴人在公元前 3 世纪之前就有一定农业基础④,而匈人"从不耕作,他们甚至不愿触碰犁耙"。⑤匈奴与中原文明地区交往频繁⑥,除中原外,匈奴人还与中亚甚至西亚的众多文明地区有密切

---

① Ammianus Marcellinus,XXXI.2.4—7,XXXI.2.10.

② O.J.Maenchen-Helfen,*The World of the Huns*,p.376.

③ O.J.Maenchen-Helfen,*The World of the Huns*,pp.171—172.

④ 林幹选编《匈奴史论文集(1919—1979)》,第 287—289 页。

⑤ 门琴黑尔芬认为早期匈人和阿兰人之间可能存在一定农业活动,他们主要种植生长期很短的耐寒农作物,如粟类。不过这种农业即便存在,也微不足道。O.J.Maenchen-Helfen,*The World of the Huns*,pp.174—176.

⑥ 林幹选编《匈奴史论文集(1919—1979)》,第 294—297 页。

交往。①蒙古诺颜乌拉(Noin Ula)山匈奴古墓群中还出土了多种产于欧洲的织物。②因此，匈奴人在离开东亚时已是相当文明的民族，其文明程度在游牧民族中首屈一指。③中国史籍对匈奴的最后记载之一是匈奴人在中亚建立的悦般国④，其中特别强调该国居民远比周边民族开化，称他们"清洁于胡。俗剪发齐眉，以醍醐涂之，昱昱然光泽，日三澡漱，然后饮食"。⑤此外中国史籍还提到悦般国与草原霸主柔然间的长期战争，战争起因是匈奴人认为柔然人过于野蛮肮脏。⑥这些记载未必属实，但匈奴人因为与文明世界长期交流而变得较为文明是无可否认的。

第八与第九段介绍匈人的军备与战术：

匈人有时会主动挑衅发动战争⑦，他们的作战阵形为楔形，作战时发出各种凶猛的吼叫。为了行动便捷，他们轻装上阵，因而总能出敌不意。在战场上他们会故意遽然分散，然后从各个方向列队进击，他们凭借此战术克敌制胜，给敌人造成惨重损失。由于他们移动极为迅速，他们攻入壁垒与洗劫城堡时，敌人往往尚未察觉。

---

① 林幹选编：《匈奴史论文集(1919—1979)》，第 297 页。

② 其中 6 号墓葬中有很多希腊织物。林幹选编：《匈奴史论文集(1919—1979)》，第 395—399 页。

③ [英]崔瑞德、鲁惟一：《剑桥中国秦汉史》，第 441 页。

④ 具体位置大约在今准噶尔西部。

⑤ 《魏书》卷 102《西域传》悦般国条。

⑥ 原文为："与蠕蠕(即柔然)结好，其王尝将数千人入蠕蠕国，欲与大檀(柔然可汗)相见。入其界百余里，见其部人不浣衣，不绊发，不洗手，妇人舌舐器物，王谓其从臣曰：'汝曹诳我入此狗国中！'乃驰还。大檀遣骑追之不及，自是相仇雠，数相征讨。"

⑦ 也可译为"有时匈人会因为受到挑衅而开战"。

因此可以确定地说：匈人是一切战士中的最凶猛者。与敌人相隔一段距离时，匈人会向敌人放箭。他们用的箭头与我们的不同，由削尖的骨头制成，他们连接箭头与箭杆的技术非常高超。冲过这段距离之后，匈人会以刀剑与敌人近身肉搏，他们作战勇猛，全然不顾虑自身安危。当敌人全力格挡他们剑刺时，他们会趁机用编结的绳索（或罩网）[①]捆住敌人，使敌人丧失骑马或行走能力，动弹不得。[②]

很多我国学者在提到匈人战术时，除列举其作战方式与中国历史上匈奴战术的相同点外，还喜欢强调欧洲人对此种战术完全陌生，因而"望风而逃"。[③]这些看法实为误解，前述所谓"阿兰人以战车为主力"大概也是基于此类误解。其实不止匈人与匈奴人，所有游牧民族的作战方式均大同小异。相对而言，古代中国人对骑兵机动战术的接触与记载很晚，因为游牧文明传播到东亚地区相对较晚。[④]最早对游牧骑射战术的详细记载——包括套索（lasso）的使用——为希罗多德对斯基泰人及萨迦提安人（Σαγαρτιοι）[⑤]等游牧民族战术的描述。[⑥]古典欧洲人对骑射战术并不陌生，早在公

---

① 即套索（lasso），几乎所有游牧民族都把这种牧马用具用于作战。

② Ammianus Marcellinus, XXXI.2.8—9.

③ 林幹选编：《匈奴史论文集（1919—1979）》，第 144 页。

④ 《左传》两次（时间分别为隐公十年即公元前 714 年，与昭公元年即公元前 541 年）提到中原国家对北方民族作战时为"彼徒我车"，也就是说当时北方民族尚不知骑兵战术。而这一时期正是亚述人组建骑射军队（约公元前 650 年）的时期，也是米底王库阿克萨列斯（Κυαξαρης）模仿斯基泰人创建骑兵部队（约公元前 625 年）的时期。换言之，此时正是西亚与中亚的"胡服骑射"时期。

⑤ 属伊朗语民族，据称与波斯人非常相似。

⑥ 斯基泰人的战术见 Herodotus, IV.120—132。萨迦提安人使用套索见 Herodotus, III.93, VII.85。有关匈人套索的材质，马塞里努斯的记载可能有误，应该是以皮条制作。见 R.A.Gabriel, *Empires at War II*, p.596。

元前 5 世纪,希腊军队中就有骑射手(ἱπποτοξόται)①;在马塞里努斯时代,罗马野战部队(Comitatenses)中的骑兵比例已达四分之一以上②,其中多数为骑射手(Sagittarii),作战与训练方式皆模仿游牧民族。③综合分析古典记载可知:匈人的战术优势主要并不在于骑射战术,而在于其战士及马匹的英勇顽强与吃苦耐劳④,此外还在于他们的作战技能。⑤从匈人进入欧洲直至匈人灭亡,罗马军队中一直有匈人雇佣兵,欧洲人对匈人的战术不可能陌生。⑥

---

① 修昔底德多次提到参与伯罗奔尼撒战争的骑射手,其中包括雅典军队中的骑射手。Thucydides, II.13.8, V.84.1.

② 晚期帝国重要史料《百官志》中所记载的步兵作战部队为骑兵作战部队的两倍,即骑兵编制占三分之一。因为骑兵部队的人数一般小于步兵部队人数,所以四分之一是较合理说法。P.Sabin & H.V.Wees & M.Whitby, *The Cambridge History of Greek and Roman Warfare*, Vol.II, Cambridge: Cambridge University Press, 2007, p.293.

③ 马塞里努斯本人精通骑射,经常指挥骑射部队作战,相关记载较多。例如 Ammianus Marcellinus, XVI.12.2, XVI.12.7, XXIII.2.7。相关分析见 A.Ferrill, *The Fall of the Roman Empire*, New York: Thames and Hudson, 1986, p.79。马塞里努斯还提到罗马骑兵利用围猎方式进行战术训练。见 Ammianus Marcellinus, XXIV.5.2。这种训练方式一般为游牧民族独有。利用此方法训练骑兵的最著名者为蒙古人,他们的大规模骑兵围猎训练"捏儿格"(nerge)非常又名,中古史料对此多有记述,其中最著名者为波斯的志费尼(Juvayni)。相关分析见 H.Kennedy, *Mongols, Huns and Vikings Nomads at War*, pp.118—121; W. Barthold, *Turkestan down to the Mongol invasion*, London: E.J.W.Gibb Memorial Trust, 1977, p.386; P.Sabin & H.V.Wees & M.Whitby, *The Cambridge History of Greek and Roman Warfare*, Vol.II, p.373.

④ 这方面维吉提乌斯与普里斯库斯等古典作家多有记述。O.J.Maenchen-Helfen, *The World of the Huns*, p.204; H.Kennedy, *Mongols, Huns and Vikings Nomads at War*, pp.29—36; R.A.Gabriel, *Empires at War II*, pp.594—595.

⑤ 罗马皇帝莫里斯所著的《战略论》(Στρατηγικόν)称:一个作战小队的八名罗马骑射手中,一般只有两到三人完全合格,能够像匈人或阿瓦尔人(Avars)雇佣兵那样作战。游牧民族从小练习骑射,他们的作战技能定居民族很难模仿。A.D. H.Bivar, "Cavalry Equipment and Tactics on the Euphrates Frontier", pp.289—290.

⑥ 最早雇用匈人士兵的罗马皇帝为格拉提安,时间为 378 年,即亚得里亚堡会战后不久。P.Heather, "The Huns and the End of the Roman Empire in Western Europe", p.9.

　　第九段称匈人的箭头为骨制，这反映出匈人技术非常落后。①
该段还提到匈人近战中使用铁剑（ferrum），这些武器不大可能为
匈人自制。其他古典记载称匈人铁制武器稀少，这已得到考古证
实。②考古证据还显示早期匈人装备骨制鳞片甲③，这也可作为马
塞里努斯记载的有力佐证。之后的史料记载与考古发现显示：匈
人很快就放弃了自身的原始兵器甲胄，大量采用罗马与哥特武
备。④与匈人相比，中国历史上的匈奴人铁器文化相当发达，他们
对冶铁技术的掌握甚至可能早于中原民族。早在公元前3世纪，
匈奴人就具备了批量制造金属武器的能力，能制造大量铁箭镞和
其他兵器用于战争及狩猎，这同样为众多考古发现所证实。⑤

　　从马塞里努斯在这里的记载来看，匈人在战术上与包括匈奴在
内的其他游牧民族有一定区别。多数游牧民族都采用所谓"斯基泰
战术"（Scythian Tactics），即与敌人保持距离，以大量弓箭消耗敌人。⑥

---

① 有关匈人弓箭的详细讨论见 O.J.Maenchen-Helfen，*The World of the Huns*，
pp.221—232。

② E.A.Thompson，*The Huns*，p.59. 关于匈人使用的剑存在很大争议，门琴黑尔
芬对匈人剑的技术以及来源有很多研究，可惜相关著述尚未完成他便去世了。
残存的部分手稿内容见 O.J.Maenchen-Helfen，*The World of the Huns*，
pp.233—238。门琴黑尔芬认为匈人有一定的金属冶炼与金属加工技术，但他
也承认匈人的金属技术非常原始粗陋。O.J.Maenchen-Helfen，*The World of
the Huns*，pp.322—323. 此外，估计门琴黑尔芬原计划用相当篇幅讨论匈人的
玉具剑。玉剑具文化源自中国，因此玉具剑是匈奴起源说的最有力物证之一。
但后来众多考古发现证明玉剑具之流传到西方草原早于匈人的到来，因而玉
具剑不能作为匈人与中国曾有过直接交往的确凿证据。

③ R.A.Gabriel，*Empires at War II*，p.596.

④ R.A.Gabriel，*Empires at War II*，pp.595—596.

⑤ 林幹选编：《匈奴史论文集（1919—1979）》，第 278—282 页。

⑥ 更大范围的斯基泰战术则是诱敌深入，待敌人受损疲惫之后消灭敌人，最早的
相关记述见希罗多德（Herodotus，IV.120—132）。《史记》对游牧民族战术亦
有类似描述，例如称匈奴人"利则进，不利则退，不羞遁走"。见《史记》卷 110
《匈奴列传》。

匈人的攻击战术则较为直接:先射箭,冲过箭程后即短兵相接。因而匈人比其他游牧民族更偏重于骑兵正面冲击。①马塞里努斯的这些记载与其他古典记载大体一致。此外,马塞里努斯也未提到匈人采用游牧民族惯用的"佯退诱敌"战术。②匈人战术何以相对简单独特,原因不详。可能是因为早期匈人并非纯粹游牧民族,加之人口稀少物资匮乏,又缺乏有效组织,所以未能发展出大规模骑射战术;也可能是因为早期匈人的主要敌手是其他游牧民族,这种直接的近距冲击战术相对更有效。

马塞里努斯对匈人马匹的描述与后来古典作家的说法基本一致。据其他古典史料所言,匈人的马匹固然如马塞里努斯所言能吃苦耐劳,但并非优秀战马,因此匈人很快就引进罗马战马。③另有古典史家称匈人在降服阿兰人之前为纯狩猎民族④,物资相当匮乏。这可以解释第四段所言"从出生之日起他们就惯于忍受饥渴与严寒"。匈人的这种"非典型游牧特性"也有助于说明其后匈人战术发展的独特性:跟其他纯粹游牧民族不同,匈人在进入多瑙河平原后就部分放弃了游牧生活⑤,他们不再是纯粹的骑兵民族,转而模仿罗马人与周边日耳曼民族发展出自己的步兵战术。⑥此

---

① 这种战术使用弓箭的机会并不多。5世纪的《战略论》提到罗马人模仿匈人的战术训练,冲锋过程中一般只能发射一两支箭。J.Penrose, *Rome and Her Enemies: An Empire Created and Destroyed by War*, Oxford: Osprey Publishing, 2005, p.246.

② O.J.Maenchen-Helfen, *The World of the Huns*, p.203.

③ E.A.Thompson, *The Huns*, pp.58—59.

④ E.A.Thompson, *The Huns*, pp.47—48.

⑤ E.A.Thompson, *The Huns*, pp.195—196.

⑥ E.A.Thompson, *The Huns*, p.261. 其他详细论述见 A.Ferrill, *The Fall of the Roman Empire*, pp.142—144; R.P.Lindner, "Nomadism, Horses and Huns", *Past and Present*, 92(1981), pp.3—19; J.Penrose, *Rome and Her Enemies: An Empire Created and Destroyed by War*, pp.286—288。

时,马塞里努斯笔下早期匈人的亚洲游牧民族特征,如软底皮靴与尖皮帽等,想必早已消失。匈人可以说是历史上最快放弃骑射战术的游牧民族。

第七段与第十一段简述匈人的社会及民族特性:

> 匈人们不对任何君主效忠,但接受分散首领的统治。在这些首领的统驭之下。他们摧毁所遇到的一切。

> 即便是在休战时期,他们也反复无常,毫无信用。只要一有机会,他们就会全力以赴投入行动。他们没有是非观念,就像那些用于献祭的无知牲畜。他们的意识晦暗不明,令人难以捉摸。他们行事从不为宗教与迷信所困扰,而是受对黄金的无穷贪欲的支配。他们善变易怒,即便是对于自己的盟友,他们也会无缘无故加以背弃,随后又会不假思索与其和好如初,如此情绪反复有时会在一天之内发生数次。①

上述马塞里努斯笔下匈人的不知礼仪与贪婪寡义跟司马迁笔下匈奴人的"苟利所在,不知礼义"颇为相似。此类记载皆是基于定居民族对游牧民族的共同视角,很大程度是继承了前辈史家对"野蛮"民族特性的贬义描述。②从这些记述看,匈人在社会组织和观念意识方面还相当原始,跟定居文明民族以及其他游牧民族差距巨大,在很多方面甚至难以与这些民族沟通。匈人社会结构松散,大约以部落为单位,一般没有权威超越部落的君长③,主要可

---

① Ammianus Marcellinus,XXXI.2.7,XXXI.2.11.

② E.A.Thompson,*The Huns*,p.10.

③ E.A.Thompson,*The Huns*,pp.53—55.部落首领在古典记载中一般被称为弗拉尔科斯(φύλαρχος),意为团体首领。

能是因为落后与匮乏。①

　　第十一段着重讲匈人"反复无常，毫无信用"，这可能是因为马塞里努斯等古典作家难以理解匈人那种原始松散的社会结构。匈人无统一领袖，各部落往往自行其是②，局外人如果把匈人看做单一整体，就不免认为他们"反复无常，毫无信用"，"受对黄金的无穷贪欲的支配"。匈人这种奇特性格让古典作家惊奇不已，任何人只要有钱，都可以雇用匈人为自己效力，哪怕是用于对其同胞作战。比如据马塞里努斯记载，东哥特王维提米利斯（Vithimiris）曾雇用一些匈人抵抗匈人主力进犯。③在古典史家眼中，匈人这一特性直到匈人灭亡都少有改变④，这大概是因为匈人社会从未真正统一。即便在阿提拉统治的短暂鼎盛时期，匈人世界也并未实现完全统一。据普里斯库斯记载，阿提拉在死前第四年还忙于征服黑海东部的匈人部落阿卡茨里人（Acatziri）⑤，而且阿卡茨里人也并非唯一独立于阿提拉统治的匈人部落。⑥即便是阿提拉这种不完整的统一，很大程度上也是依靠统治者的个人能力来维持⑦，因此阿提拉死后匈人帝国随即土崩瓦解。

　　由上述分析可知，匈人的社会政治组织从未发展到成熟阶段。这跟中国史籍中匈奴人的社会政治组织可谓有天壤之别。匈奴人

---

① E.A.Thompson, *The Huns*, pp.49—50.

② E.A.Thompson, *The Huns*, pp.54—55.

③ Ammianus Marcellinus, XXXI.3.3.

④ E.A.Thompson, *The Huns*, p.175.

⑤ E.A.Thompson, *The Huns*, pp.104—107.

⑥ 据约丹尼斯记载，阿卡茨里人周边还分布着其他独立于阿提拉的匈人部落。对于这些部落的分析见 O. J. Maenchen-Helfen, *The World of the Huns*, pp.429—438.

⑦ E.A.Thompson, *The Huns*, pp.177—185.

很早就从南方农耕文明国家与周边游牧民族中借鉴社会政治制度,加以吸纳改造。到公元前 2 世纪匈奴全盛时期,匈奴人不仅完全实现了统一,而且其社会政治组织及各类制度已相当完备。单于之下有王、谷蠡王、大将、都尉、当户等官职,形成严密的等级管理体系[1],而且匈奴人还有了较为完备的制度与法律体系。[2]相比之下,据普里斯库斯描述,匈人即便在其最后阶段,社会组织程度亦远远逊色。

马塞里努斯有关匈人社会组织的记载是现代学者争议最大的部分,汤普森与门琴黑尔芬对此的看法差别很大。汤普森认为这些记载总体准确可信;门琴黑尔芬则认为早期匈人社会组织没有马塞里努斯笔下那么原始分散,匈人很早就有过统一组织,约丹尼斯称早期匈人在君主巴拉米尔(Balamir,或译为巴兰勃)统一率领下西进可能有所根据。[3]目前多数学者更倾向于汤普森,认为巴拉米尔实为虚构人物。[4]据古典民族史学者希瑟考证,巴拉米尔的原

---

[1] 《史记》记载:"置左右贤王,左右谷蠡王,左右大将,左右大都尉,左右大当户,左右骨都侯。匈奴谓贤曰'屠耆',故常以太子为左屠耆王。自如左右贤王以下至当户,大者万骑,小者数千,凡二十四长,立号曰'万骑'。诸大臣皆世官。呼衍氏,兰氏,其后有须卜氏,此三姓其贵种也。诸左方王将居东方,直上谷以往者,东接秽貉、朝鲜;右方王将居西方,直上郡以西,接月氏、氐、羌;而单于之庭直代、云中,各有分地,逐水草移徙。而左右贤王、左右谷蠡王最为大,左右骨都侯辅政。诸二十四长亦各自置千长、百长、什长、裨小王、相、封都尉、当户、且渠之属。"见《史记》卷 110《匈奴列传》。相关分析见 N.Di. Cosmo, *Ancient China and its Enemies: the Rise of Nomadic Power in East Asian History*, pp.172—175;林幹选编:《匈奴史论文集(1919—1979)》,第 310—321 页。

[2] 武沐:《匈奴史研究》,人民出版社 2005 年版,第 87—152 页。

[3] O.J.Maenchen-Helfen, *The World of the Huns*, pp.12—13;E.A.Thompson, *The Huns*, pp.254—255.

[4] E.A.Thompson, *The Huns*, p.63;A.Cameron & P.Garnsey, *The Cambridge Ancient History*, Vol.XIII, p.500.

型其实是5世纪摧毁匈人霸权的东哥特王法拉米尔(Valamer)。①
匈牙利著名学者哈玛塔(Harmatta)曾激烈反对汤普森的观点,后
来也承认早期匈人非常落后,开化之后唯有全盘模仿其他民族的
社会组织方式,以致匈人社会"毫无自身特色可言"。②匈人在同周
边日耳曼民族交往后,不只是文化与社会组织,甚至连贵族姓名都
模仿日耳曼人③,可见早期匈人所拥有的文明因素极稀少。匈人
组织的原始性和分散性有助于解释匈人向欧洲腹地的扩张何以如
此缓慢:匈人主体越过顿河后花了至少四十年时间才进抵多瑙河
平原。④一个在军事上拥有较大优势的游牧民族,如果有良好统一
的内部组织,绝不可能采用这种缓慢渗透的扩张模式。尽管存在
上述种种争议,但有一点是公认的,即在社会组织方面,欧洲历史
上的匈人与中国历史上的匈奴之间差异巨大,两者鲜有共同点。⑤

马塞里努斯将匈人与阿兰人合在一章介绍,显然是考虑到两
个民族间的密切联系,以及两者的共同点和差异。⑥事实上阿兰人

① P.Heather, "Cassiodorus and the Rise of the Amals: Genealogy and the Goths
under Hun Domination", *The Journal of Roman Studies*, 79(1989), p.192; A.
Cameron & P.Garnsey, *The Cambridge Ancient History*, Vol.XIII, p.506.

② O.J.Maenchen-Helfen, *The World of the Huns*, pp.12—13; E.A.Thompson, *The
Huns*, pp.254—255.

③ P.Heather, *The Fall of the Roman Empire*, p.148. 比如"阿提拉"这一最著名的
匈人名称就来自哥特语(属日耳曼语族)。相关词源学分析见 O.J.Maenchen-
Helfen, *The World of the Huns*, pp.386—387。

④ P.Heather, "The Huns and the End of the Roman Empire in Western Europe",
pp.10—11, 18; A.Cameron & P.Garnsey, *The Cambridge Ancient History*, Vol.
XIII, pp.502—506.

⑤ P.Heather, *The Fall of the Roman Empire*, p.149.

⑥ 事实上马塞里努斯在其史著的第一部分早已提到过阿兰人。见 Ammianus
Marcellinus, XXIII.5.16。

是远比匈人重要的民族,这个民族在亚欧草原历史中一直扮演重要角色,其影响远达中国。①直到今天,阿兰人后裔依然是高加索地区的重要民族。②因此,对于这个民族的早期记载我们也应当予以重视。

　　阿兰人居住在靠近亚马逊人领地的另一片地域,其领土向东伸展。他们分布广泛,远至亚洲,形成一些庞大且人口众多的部落。据我所知的信息,阿兰人的势力甚至延伸到恒河流域。这条大河把印度人的土地分开,最后流入南方的大海。

　　阿兰人的居住地横跨世界两大部分③,该民族群所包含的不同族群这里不再赘述。各种阿兰人分散居住于非常广大的地域,他们像游牧民族一样在无边的原野上游荡。尽管如此,他们还是具有很大同一性,他们的各类习俗,野蛮的生活方式,以及他们的武器装备等都是一样的,因而他们共同拥有"阿兰人"这一名号。

　　阿兰人没有固定居住的房屋,也绝不会去扶犁耕作。他们以肉类为主食,还饮用大量乳汁。他们分散居住于广阔无边的荒野,以马车为家,他们的马车式样独特,带有树皮制成

---

①　13世纪蒙古势力扩张至南俄草原后大量招募阿速人(即阿兰人,因生息于亚速海一带而得名)充任精锐部队。在忽必烈灭亡南宋的战争中,阿速军队曾发挥重要作用。后来阿速近军队参与了元帝国的众多战争与政治活动,比如1323年元英宗就是被阿速近卫军谋杀。此外,阿速人也是中国境内最早信仰天主教的民族。见《元史》卷29、132等;[法]勒内·格鲁塞:《草原帝国》,第387—388页。在欧洲历史上阿兰人同样扮演过重要角色,为参与晚期帝国民族大迁徙的重要民族之一。见 D. Sinor, *The Cambridge History of Early Inner Asia*, pp.113—117。

②　阿兰人的后裔即今高加索地区的奥塞梯(Ossetia)人。

③　指欧洲和亚洲。

的弧形车篷。当阿兰人新到一片牧地时,他们先把马车排列成环形,然后在这马车构成的"城"中间举行狂野庆祝仪式。如果该地区的牧草告罄,他们会把"城"移向其他地方。这些马车实为阿兰人的永久居所:男人们在车中与女人交合;孩子们在车中出生,然后在车中长大。不管阿兰人走到哪里,他们都视马车为自己的天然家园。

阿兰人的放牧方法是把牲畜分成牧群,他们在牧群后驱赶牲畜。他们对马匹特别重视,花很多精力照料马匹。阿兰人的土地总是牧草丰美,其间还有很多地方生息着众多野兽。因而不管他们走到哪里都不缺食物与饲料,湿润的土地以及土地上众多河流为他们提供了一切。

阿兰人中的不适合战斗者,无论其年龄与性别,都待在马车附近承担较轻义务。而那些年轻人则接受各种复杂的作战训练,从孩提时代起就练习骑马。所有年轻阿兰人皆为优秀的马上战士,他们看不起步行作战。阿兰人与波斯人①颇为相似,他们有着同样的斯基泰族源,也都非常骁勇善战。

他们使用轻巧的武器装备,因而在战场上行动迅捷。在生活方式与开化程度方面,阿兰人比匈人要略好一些。阿兰人一路劫掠与狩猎,范围遍及麦奥提克湖与辛梅里安博斯普鲁斯海峡②,他们也以同样方式洗劫过亚美尼亚与米底地区。

阿兰人喜爱冒险和战争,一如平和安静的人喜爱安逸舒适。他们以战死沙场为荣,对那些有幸寿终正寝者则大加恶

---

① 这里指曾经统治波斯的帕提亚人。
② 今刻赤海峡。

词嘲讽,视之为懦夫和低等人。①对阿兰人而言,最值得夸耀的事便是杀人,至于被杀者是谁他们倒不在意。他们还会把被杀者的头颅割下,剥下头皮②作为战利品用于装饰战马。

在阿兰人之中看不到神庙或神龛,也没有一间哪怕是最简陋的草顶小屋。但他们还是有类似于其他蛮族的宗教仪式:把一柄无鞘的剑插于地上,把它当作战神加以虔诚膜拜。在阿兰人游牧的一切地域,战神都是最高保护神。

阿兰人的占卜方式非常奇特:他们挑选特定时间收集一些很直的柳枝,然后将它们分散排列,同时口念咒语③,如此这般他们就能清楚预知未来。

阿兰人不知奴隶制为何物,他们皆出身贵族,而且他们只选择那些公认久经沙场的战士为首领。④

匈人与阿兰人最重要的共同点在于都相对原始。例如他们都以篷车为居所⑤,不使用帐篷,连最简陋的房屋都不会建造。这些特征与其他游牧民族差别很大,说明匈人与阿兰人都是相对落后的游牧民族。相比之下,中国历史上的匈奴人对帐篷的使用要早得多⑥,后

---

① 这段话与第 23 卷第 6 章介绍帕提亚人的话完全一样,这可能是因为马塞里努斯知道这两个民族同源。
② 根据行文无法判断是头皮还是整个身体的皮,一般认为是头皮。
③ 较为详细的此类记载见希罗多德的《历史》,恺撒的《高卢战记》和塔西佗的《日耳曼尼亚志》。
④ Ammianus Marcellinus, XXXI.2.16—25.文中的"首领"(iudex)本意为"裁判官"。
⑤ 有关匈人与阿兰人马车的详细分析见 O.J.Maenchen-Helfen, *The World of the Huns*, pp.214—221。
⑥ 《史记》卷 110《匈奴列传》记载匈奴人"匈奴父子乃同穹庐而卧","单于乃坐穹庐外见杨信"等;《后汉书》卷 90《乌桓传》记载与匈奴人生活方式类似的乌桓人"以穹庐为舍,东开向日"。

来匈奴人还建造了规模宏大结构复杂的城镇。①匈人固然在与其他民族接触后学会了使用帐篷②，后来还懂得建造简单房屋③，但直至灭亡，匈人在居住方面的文明程度远未达到匈奴人西迁之前的水平。④

马塞里努斯也明言两族间的差异，"在生活方式与开化程度方面，阿兰人比匈人要略好一些"。比如阿兰人已有成形的宗教信仰与崇拜仪式，而匈人"从不为宗教与迷信所困扰"。马塞里努斯详细记载了阿兰人的游牧活动；但对匈人，则两次强调其"游"而无一字说其"牧"，只在第三段涉及匈人饮食时暗示匈人有各种牲畜。这大概不是记载的疏忽，可能是因为匈人最早游牧的地域的水草不如阿兰人地区的丰美，匈人的牲畜在数量质量上较逊色；也可能是因为与阿兰人相比，匈人畜牧业很落后，或者匈人生活的游牧色彩相对薄弱。

还有一些与种族特性相关的记载容易被忽略：马塞里努斯称阿兰人主食为肉类和乳汁，而匈人主食只有肉类。这些记载包含的信息想必马塞里努斯也没有意识到。如此的饮食习俗差异说明多数阿兰人有乳糖耐受（lactose tolerance）遗传特性⑤，而多数匈人

---

① 参见林幹：《匈奴城镇和庙宇遗迹（1962 年 10 月）》；周连宽：《苏联西伯利亚所发现的中国式宫殿遗址（1927 年 8 月）》。林幹选编：《匈奴史论文集（1919—1979）》，第 375—429 页。

② 普里斯库斯记载了他出使过程中目睹匈人使用帐篷的情形。见 E. A. Thompson, *The Huns*, p.117。

③ 普里斯库斯详细记载了匈人的房屋及技术，但未说具体建造者是匈人还是匈人的俘虏或奴隶。见 E.A.Thompson, *The Huns*, pp.122—124。

④ 关于匈人的建筑水平同样争论颇多，门琴黑尔芬认为早期匈人能建造简单房屋。不过早期匈人的建筑水平远远落后于西迁之前的匈奴人则是公认的事实。O.J.Maenchen-Helfen, *The World of the Huns*, pp.178—180。

⑤ 即消化系统终生具有分解消化乳糖的能力。具有该遗传特性的族群主要是西北欧种族，多数种族的人在断奶之后便丧失该能力，不能大量饮用牛奶。不同人类族群的乳糖耐受能力参见 G.Flatz, "Genetics of lactose digestion in humans", *Adv. Hum. Genet*, 16(1987), pp.1—77。

则没有。即便后来匈人懂得制作乳制品,也主要食用乳酪与乳酒之类的非乳糖制品。①此记载为阿兰人属印欧种族的重要证据之一,也与马塞里努斯对阿兰人相貌的描述吻合:

> 大体上所有阿兰人都身材高大,相貌漂亮。他们的头发为金色,色泽有些偏暗;他们的目光颇为凶蛮,让人害怕。②

马塞里努斯对于阿兰人种族特性的记载已为考古发现所证实。③而匈人的主体显然不是印欧民族。从这个角度看,匈人为斯拉夫人一支的说法是站不住脚的,匈人最可能归属的两个族群(芬族和突厥族)皆为乳糖不耐受族群,这符合马塞里努斯与其他古典作家之言。

---

① 普里斯库斯记载阿提拉的主食为肉类。E.A.Thompson, *The Huns*, p.129; H. Kennedy, *Mongols*, *Huns and Vikings Nomads at War*, p.48.

② Ammianus Marcellinus, XXXI.2.21.马塞里努斯来自帝国东部,觉得西欧日耳曼人或高卢人的蓝灰色眼睛比较凶恶。见 Ammianus Marcellinus, XV.12.1, XVI.12.36。

③ 晚期萨尔马提亚墓葬的发现证明阿兰人确为诺迪克种族,且身材高大。O.J. Maenchen-Helfen, *The World of the Huns*, p.362.

第十二章
中西史料衔接问题

中国史籍中有关匈奴的最后记载见《魏书》卷 102《西域传》粟特国条①，这段记载是中外匈人史学者讨论最多的中文文献。全文并不长，引用如下：

> 粟特国，在葱岭之西，古之奄蔡，一名温那沙。居于大泽，在康居西北，去代一万六千里。先是，匈奴杀其王而有其国，至王忽倪已三世矣。其国商人先多诣凉土贩货，及克姑臧，悉见虏。高宗初，粟特王遣使请赎之，诏听焉。自后无使朝献。②

夏特认为粟特国即南俄草原上的阿兰人政权，这段关于匈奴征服粟特国的记载正是马塞里努斯笔下匈人对阿兰人的征服，时间在 370 年前后。③"三世"后约为七十五年后，与魏高宗在位时间

---

① 《北史》卷 85《西域传》也有记载，完全是照抄《魏书》。本书引用的《魏书》内容基本上《北史》中亦有，不再说明。
② （北齐）魏收：《魏书》，中华书局 1974 年版，第 2270 页。
③ 马塞里努斯的记载见 Ammianus Marcellinus, XXXI.3.1. 从这段记载看，匈人降服阿兰人为渐进过程。目前学者大多赞同马塞里努斯的说法，据推测征服延续时间约为 350—370 年。P. Heather, "The Huns and the End of the Roman Empire in Western Europe", p.5.

(452—465 年)大体符合。这位匈奴统治者忽倪其实就是古典史料
中"称霸莱茵、黑海间的匈王",即阿提拉幼子艾尔纳克(Ernac)。①阿
提拉死后,艾尔纳克率众返回伏尔加河流域的匈人旧地继续统
治,那位与中国交涉的匈奴君主应该就是艾尔纳克。这样,夏特
认为自己已将匈人与匈奴的史料成功衔接,从而证明匈人其实源
于匈奴。②

　　先不论夏特的分析,他对匈人历史的叙述现在看来是错误的。
有关艾尔纳克的记载散见于古典史料中,将它们拼接起来不难了
解其生平。尽管阿提拉对他宠爱有加,匈人也对他寄予厚望③,但
艾尔纳克本质上是个黯淡无光的人物。阿提拉死后,中欧与东欧
诸族不再服从匈人统治,相继起来反抗,匈人连遭惨败,霸权彻底
瓦解。④艾尔纳克遭东哥特人击败后率残部南迁入东罗马帝国境
内,接受皇帝马尔西安(Marcian)庇护,此后艾尔纳克及其部众一
直是皇帝的忠实臣民。⑤艾尔纳克之兄邓直昔克(Dengizech)曾持
续发动战争,力图恢复匈人霸权,其间他数次向艾尔纳克求援但全
部遭拒,结果邓直昔克于 469 年在东罗马军队打击下败亡。⑥

---

① 按照希腊语的读法,"艾尔纳克"有时亦可读为"赫尔纳克"(Hernac)。

② 林幹选编:《匈奴史论文集(1919—1966)》,第 475—476 页;余太山:《嚈哒史研
究》,齐鲁书社 1986 年版,第 45 页。余太山先生认为忽倪也可能是阿提拉长
子艾拉克(Ellac),其实这是不可能的。虽然艾拉克在阿提拉诸子中能力最强,
而且经略过东部地区,曾涉足伏尔加河,但他于阿提拉死后两年(455 年)即被
格皮德人(Gepids)击败杀死,不可能有什么业绩。

③ 据普里斯库斯记载,当艾尔纳克出现时,阿提拉原本威严的目光会变得温和。
因为有人曾预言道阿提拉之后匈人会衰落,但艾尔纳克会恢复匈人昔日的荣
耀。E.A.Thompson, *The Huns*, pp.129—130.

④ E.A.Thompson, *The Huns*, p.168.

⑤ E.A.Thompson, *The Huns*, p.173. 作为罗马的盟友,这些匈人地位上低于哥特
部落,没有获得"同盟者"(foederati)称号,大概也没有年金。R.A.Gabriel, *Em-
pires at War II*, p.607.

⑥ E.A.Thompson, *The Huns*, pp.171—173.

关于东罗马帝国安置艾尔纳克部众的地点，古典史料的记载较为含混，但可以肯定位于多瑙河中下游南岸。较通行的观点为位于多瑙河与特斯(Theiss)河交汇处[①]；门琴黑尔芬认为在更靠东南的地区，大约为巴尔干西北部。[②]无论如何，这些地区距伏尔加河都很遥远，从这里到伏尔加河的路程超过两千公里，而且从多瑙河中下游至伏尔加河之间居住着众多敌视匈人的好战民族。[③]艾尔纳克及其部众正是为了免于被他们消灭才避入东罗马境内，自不可能再长途跋涉穿越敌境前往伏尔加河地区，史料中也无任何此类记载。纵观艾尔纳克的一生，他从未"称霸"过，也很难被称为"王"，甚至从未涉足伏尔加河。

夏特之说还有很多其他问题。比如《魏书》中关于粟特的信息早在 437 年即为中国史家获悉[④]，此时阿提拉的霸权尚未确立。再比如艾尔纳克的前"三世"当为阿提拉之父，其活动时间应该在420—430 年间[⑤]，不可能在 375 年前后。后来有学者修正夏特说法，认为忽倪并非艾尔纳克，而是阿提拉之前的著名匈人首领巴拉米尔或乌尔丁(Uldin)。此说法也获得不少赞同，一些国内著作在提到巴拉米尔或乌尔丁时直接称之为"忽倪"。[⑥]但前面已说过巴拉米尔乃虚构人物，就算他真的存在，活动时间也在八十年前；乌尔丁活动于 3 世纪末 4 世纪初，408 年其部众溃散瓦解，之后不知

---

①　E.A.Thompson，*The Huns*，p.176.特斯河即今蒂萨(Tisza)河。

②　O.J.Maenchen-Helfen，*The World of the Huns*，pp.63—66；E.A.Thompson，*The Huns*，pp.149—162.

③　E.A.Thompson，*The Huns*，p.176.

④　余太山：《嚈哒史研究》，第 49 页。

⑤　卢阿死于 434 年，奥克塔大约死于 430 年，阿提拉之父穆恩狄乌克的事迹则完全不见记载。因此穆恩狄乌克的死亡时间当在 430 年之前。

⑥　陈序经：《匈奴史稿》，第 508 页。

所终。①因此巴拉米尔和乌尔丁在时间上与"高宗初"皆无法衔接，这类修正同样无法自圆其说。

不过，夏特解读史料的最大问题不在时间方面，而在空间方面，即粟特国不可能位于南俄草原。其实不用参考其他史料，只需简单分析上述粟特国条后半段便可看出该国不可能如此遥远。姑臧至伏尔加河流域直线距离超过七千公里，如果考虑到地形和路线，距离就更遥远。假如再考虑到5世纪时亚欧草原被分割为众多游牧民族势力范围，则中国与伏尔加河地区间绝无直接通商的可能。关于粟特，史学界传统看法为此地即古波斯铭文中的苏格达（Sugda），亦即古希腊人所谓的索格狄亚那（Σογδιανή），位于河中地区（Transoxiana）②南部。目前对于该说法尚存一些异议，而且粟特的含义在不同时期也有所不同③，但总体而言，粟特的位置不可能偏离河中太远。河中地区距离姑臧约两千公里，至北魏时两地间直接商贸已存在了数百年。④因此《魏书》中的粟特国，只可能位于传统所言的粟特地区，或者在该地区附近。

《魏书》这段记载中，如果一定要说有什么内容可能暗示更远地区，大概首先是那句"去代一万六千里"。⑤但只需看《西域传》

---

① O.J.Maenchen-Helfen，*The World of the Huns*，pp.63—66；E.A.Thompson，*The Huns*，pp.33—34；A.H.M.Jones，*The Later Roman Empire 284—602*，Vol.I，p.192.

② 大体指阿姆河与锡尔河之间的地区。

③ 比如本书所引《魏书》中记载的粟特在位置上可能偏东北一些，"大泽"当指咸海。

④ ［英］崔瑞德、鲁惟一：《剑桥中国秦汉史》，第395页。

⑤ 南俄草原距离代地直线距离约八千公里。

上下文就可明白：以现代直线距离观念理解古人记载并无实际意义。古人无现代坐标概念，他们对距离的理解主要是基于路径（itinerary）。[①]因此这类记载中的距离皆远大于实际距离。由于古人基于路径的地图概念，不独《魏书》，所有史籍中的《西域传》都是以路径编排国家顺序。《魏书·西域传》中，粟特国之前为洛那国，洛那国条前两句为：

> 洛那国，故大宛国[②]也。都贵山城，在疏勒西北，去代万四千四百五十里。

粟特国之后为波斯国，波斯国条前两句为：

> 波斯国，都宿利城[③]，在忸密西，古条支国也。去代二万四千二百二十八里。

这两条记载的含义非常清楚，在当时中国人的地理观念中，粟特位于费尔干纳盆地与伊朗高原路途之间。据记载的路径比例推知：粟特大体位置正是河中一带，亦即传统所言的粟特地区。

粟特国条中另一处可能与匈人相关联之处是称此地为"古之奄蔡"。奄蔡有可能就是欧洲历史中的阿兰，因此有人认为

---

① G.A.Sundwall, "Ammianus Geographicus", *The American Journal of Philology*, 117(1996), pp.620—621.

② 今费尔干纳盆地一带。

③ 即《周书》中的"苏利城"，《隋书》中的"苏蔺城"，指波斯帝国的首府泰西封（Ctesiphon），该名称源自该地区的另一称呼"苏利斯坦"（Suristan），"苏利"指叙利亚。见孙培良：《伊朗通史：萨珊朝伊朗》，西南师范大学出版社1995年版，第7页。

这里所说的匈奴人征服粟特可能就是指匈人征服阿兰人。奄蔡与古典记载的对应不予讨论①，这里只简要分析中国史料中的奄蔡：

奄蔡最早见于《史记》②，大略位置在里海与咸海以北。《魏书》中的粟特，即传统粟特偏西北地区，也曾被该民族控制，因此《魏书》称粟特为"古之奄蔡"并没有错。但《魏书》没有说当代粟特居民还是"古之奄蔡"。实际上奄蔡早就更名为阿兰③，此事记载于《后汉书》与《魏略》等史籍中④，《魏书》作者不可能不知道。《魏书》也没有说阿兰人居于粟特。实际上阿兰人是一支向西移动的东伊朗游牧民族，沿途吞并了众多民族，奄蔡大约只是被卷入西迁洪流的民族之一。⑤3 世纪后阿兰人走出中国人视野，但欧洲古典史料中对阿兰人的记载与中国史籍中的记载完全可以衔接。因此《魏书》所说的粟特地区居民不可能是阿兰人，《魏书》也从未提到阿兰。

由于夏特说法的严重缺陷，后来出现了某些折中说法，即匈奴人先征服粟特地区，然后又向北，再向西迁徙，最后进入南俄草原成为西方历史上的匈人。⑥该说法同样在时间空间上都跟匈人的

---

① 一般认为奄蔡就是古典记载中的东方游牧民族奥尔西人(Ἀορσοι)，有关这个民族的记载主要保存于斯特拉波的著作中。见 Srabo, XI.2.1, XI.5.8。
② 《史记》卷 123《大宛列传》。
③ 一般认为实际上是阿兰人征服了奄蔡。
④ 《后汉书》卷 88《西域传》和《魏略·西戎传》。参见(南朝)范晔，《后汉书》，中华书局 1965 年版，第 2923 页。
⑤ 马塞里努斯对阿兰人吞并的众多民族有具体记载。见 Ammianus Marcellinus, XXXI.2.13—15。
⑥ 林幹选编：《匈奴史论文集(1919—1979)》，第 132 页。

有关记载错位。中国史料中的匈奴人征服粟特大体上与西方史料中的匈人进入欧洲同时（匈人的活动可能更早），因此匈奴人不可能有时间再度迁徙变成匈人。而且《魏书》说得很清楚，匈奴征服粟特后并未离去，而是留在那里"已三世矣"，直至 5 世纪中期，而此时欧洲匈人的历史已近尾声。

关于匈奴人的去向，通过分析古代民族流动的普遍模式可以有更清晰的思路。一般情况下游牧民族的迁徙方向有二。其一为向水草相对丰美的游牧地区流动，这在亚欧草原上表现为由东向西迁徙；其二为向相对富裕舒适的农耕地区流动，这在亚欧草原上表现为由北向南迁徙。历史上与上述路线相反的民族迁徙极为少见。只要游牧民族的主体迁入富饶农业区并在当地居住一段时间后，此民族就不可能重回草原恢复游牧生活。即便面临农耕政权的强大压力，这些游牧民族后裔也只会屈服并与当地居民融合，不会离开。纵观古代游牧民族史，该现象尚无重大例外。历史上河中地区曾吸纳了无数游牧民族。作为粟特地区名称由来的古粟特人为伊朗游牧民族，于公元前 10 世纪初在此定居。此后河中地区不断有游牧民族进入，先是东伊朗与吐火罗诸族，后来是阿尔泰语诸族，15 世纪后突厥语民族成为当地居民的主体。[①]河中地区条件比较特殊，这里既是富庶农业地区，也有丰美牧场[②]，因而进入该地区的游牧民族能长时间保持游牧生活。[③]从历史记载来看，进入河中地区的游牧民族遇到压力时一般会向南迁徙，没有向北回到

---

① G.Hambly, *Central Asia*, pp.172—173.

② 《后汉书》卷 88《西域传》记载"栗弋（即粟特）国属康居。出名马牛羊、蒲萄觿果，其土水美，故蒲萄酒特有名焉"。

③ 相关分析见 W.Barthold, *Turkestan down to the Mongol Invasion*, pp.64—179。

草原的。匈奴人既在该地区统治"已三世矣",想必已经在此居住
了很长时间。之后这些匈奴人突然返回草原,在极短时间内退化
为极端原始的匈人,此事发生的可能性基本为零。因此匈奴人在
统治粟特之后继续西行的说法既缺乏证据,亦不合常理,违背
人性。

第十三章

西迁匈奴人的最后历史

如果说西方有关匈人的史料与中国有关匈奴的史料无法有效衔接，那么西方古典史料中是否记载了其他可能与匈奴有关的民族呢？马塞里努斯史著中所记载的众多民族中确实有一个民族可能与匈奴有关，这就是希奥尼泰人（Chionitae）。对于这个神秘民族的记载仅限于马塞里努斯的《历史》，而且这个民族在欧洲历史中的影响远不及匈人，因而长期以来一直被众多学者，尤其是中国学者忽略。事实上，马塞里努斯对希奥尼泰人的记录远比对匈人的记录更翔实生动，因为马塞里努斯本人与这个民族有过众多近距离接触。《历史》对希奥尼泰人的记载有以下几处：

第16卷第9章记载：350年，正在进攻罗马帝国的波斯沙普尔大王（Shapur the Great）①突然离开美索不达米亚前线，留下大臣与罗马和谈。他前往远离罗马边境之地作战，因为这里正遭到几支游牧民族进攻，其中最强大者为希奥尼泰人。战争旷日持久，持续

---

① 即波斯王沙普尔二世（309—379年），波斯历史上最杰出的君主之一，也是亚洲历史上在位时间最长的大君主。有关沙普尔的传奇事迹曾在中亚和西亚广泛流传，中世纪著名伊斯兰史家塔巴里（al-Tabari）对此有大量记述。见 M.H. Dodgeon & S.N.C.Lieu, *The Roman Eastern Frontier and the Persian Wars*（*AD 226—363*），London & New York：Routledge，1991，pp.288—295。

了八年。

第 17 卷第 5 章记载：357 年，沙普尔大王在北方的战争非常成功，他最终与这些"最凶猛的战士"（omnium acerrimi bellatores）达成和平协议并结成同盟。希奥尼泰人与其他游牧民族加入波斯军队，前往西部参与对罗马战争。

第 18 卷第 6 章记载：359 年，马塞里努斯奉上司乌尔西奇努斯之命执行侦察通信任务，最重要的任务是深入波斯科尔杜埃尼省侦察敌军入侵动向。该省总督暗通罗马，安排马塞里努斯潜伏在高处岩石上观察。马塞里努斯目睹了沙普尔大王率波斯与亚洲蛮族大军渡过安扎巴河的壮观场面。在队伍之首，希奥尼泰国王格伦巴泰斯身居沙普尔大王之左侧[1]，地位最为显赫。

第 19 卷的记载是全书最精彩生动的篇章。上述侦查结果及之后的事态发展表明：波斯人的战略意图是绕过防守严密的南线战场，通过北线快速迂回穿插，攻击叙利亚等富庶省份。[2]乌尔西奇努斯率马塞里努斯等人赶往幼发拉底河上游萨摩萨塔与宙格马，打算在波斯军队到达前毁掉那里的两座桥梁。[3]但因中途遇袭，队伍被冲散，马塞里努斯几经周折逃回底格里斯河上游重镇阿米达。之后马塞里努斯亲历了这场战争中最惨烈亦是最具决定性的战役——阿米达围攻战。《历史》对希奥尼泰军队参与攻城有详细描述。格伦巴泰斯之子被罗马守军用弩炮射死于城下，《历史》描述了这些强悍的亚洲战士为王子举行葬礼及哀悼仪式的全过

---

[1]　在波斯人和亚洲游牧民族文化中，左边比右边尊贵。比如匈奴的左贤王地位高于右贤王；突厥人的左杀[意为宰相或副王，源自波斯语"王"（Shah）]地位高于右杀。

[2]　Ammianus Marcellinus，XVIII.7.3—5.

[3]　Ammianus Marcellinus，XVIII.8.1—3.

程。随后波斯军及其蛮族盟军猛烈攻城,阿米达坚守七十三天终告陷落,城中守军大多战死或被俘,只有少数趁夜逃脱。马塞里努斯有幸在逃脱者之列,他历经艰险逃往亚美尼亚,在那里与乌尔西奇努斯汇合。

对波斯人而言,攻克阿米达貌似辉煌胜利,实际上无论在战略上还是在战术上,是役皆为重大失败。首先,罗马人通过侦查获悉敌人战略意图,迅速采取应对措施,以焦土战术迟滞波斯人进犯;其次,阿米达城下两个半月的停顿使波斯的北线奇袭计划化为泡影。波斯人在攻城战中蒙受惨重伤亡①,无力继续进攻,加之冬季来临,阿米达战役后沙普尔只得退兵。②

这里出现一个颇具争议的问题:为何沙普尔大王一定要攻克阿米达? 据众多古典史料记载,在进攻希奥尼泰人之前,沙普尔曾连续十四年(337—350 年)倾举国之力进攻罗马控制的美索不达米亚北部,结果无功而返,原因在于无法突破罗马人完善的纵深堡垒防御体系。此次时隔九年再度发动攻势,沙普尔做了精心准备。他吸取以往失败教训,听从投靠波斯的罗马人安托尼努斯的建议:避免以往逐城消耗模式,依靠部队机动性沿底格里斯河北上迂回,绕过罗马防御系统主体部分,迅速渡过幼发拉底河攻入叙利亚省等罗马帝国东方腹地。③正是为了实施该战略,沙普尔才大量征召亚洲游牧民族骑兵。④为出敌不意,沙普尔一直假意与罗马和谈,

---

① 马塞里努斯称波斯损失了三万人。Ammianus Marcellinus,XIX.9.9.

② Ammianus Marcellinus,XIX.9.9.

③ Ammianus Marcellinus,XVIII.5.6—7,XVIII.6.3,XVIII.6.18—19,XVIII.7.10—11.

④ Ammianus Marcellinus,XVIII.4.1.

最后一批罗马使者刚启程返国他就率大军随后出发。从战役初期乌尔西奇努斯与马塞里努斯等罗马高级将领的慌乱反应看,波斯人在出敌不意方面非常成功,罗马人从皇帝到士兵皆缺乏准备[1],沙普尔满心希望再现另一位沙普尔大王的辉煌业绩。为何在阿米达城下,沙普尔这位杰出战略家却突然背离战略初衷,决意要以大量伤亡与宝贵时间为代价攻克此城,结果造成奇袭计划失败呢?另据马塞里努斯记载,在攻城初始阶段,进攻的主力部队全是亚洲游牧骑兵。[2]游牧骑兵擅长的是机动野战,在攻城战方面能力是比较弱的。[3]波斯此举不仅在战略上短视,在战术上也极不明智。沙普尔大王这一连串异常举动该如何解释呢?

最合理的解释是为了保持麾下游牧将士的忠诚,沙普尔大王不得不这样做。这些亚洲民族对罗马与波斯两大帝国间的战争方式完全陌生,他们未见识过罗马人的纵深堡垒防御体系及其机械武器的威力,也不明了沙普尔大王的复杂战略。他们对战争的理解很大程度上带有古老的英雄主义色彩,难怪马塞里努斯将他们比作《荷马史诗》中痛失帕特洛克罗斯(Patroclus)的希腊英雄。[4]对

---

[1] A.Cameron & P.Garnsey, *The Cambridge Ancient History*, Vol.XIII, pp.35—37; D.S.Potter, *The Roman Empire at Bay AD 180—395*, London & New York: Routledge, 2004, p.487; A.H.M.Jones, *The Later Roman Empire 284—602*, Vol.I, pp.117—118.

[2] 据马塞里努斯所言,攻城时城下布满了密集的骑兵,举目所及,一望无边。参与攻城的四支游牧民族为希奥尼泰人、格兰尼人(Gelani,来自中亚草原)、阿尔巴尼人(Albani,来自高加索地区)以及塞格斯塔尼人[Segestani,即锡斯坦(Sistan)人,来自伊朗高原东南部,3世纪末曾是波斯帝国的巨大威胁],波斯军队主要以战象提供火力和技术支持。Ammianus Marcellinus, XIX.2.3—11.

[3] 马塞里努斯详细描述了这些游牧民族的攻城战过程。尽管作战英勇,但他们的弓箭终究无法抗衡罗马人的机械武器,加之罗马人居高临下占据地利优势,结果这些部落战士们蒙受了惨重伤亡,"在伤痛的恐惧中"(vulnerum metu)撤退。Ammianus Marcellinus, XIX.5.7—8.

[4] Ammianus Marcellinus, XIX.1.9.

沙普尔而言，为了安抚希奥尼泰人失去王子的悲痛，维系亚洲游牧骑兵不太可靠的忠诚①，必须不计代价摧毁阿米达。据《历史》记载，希奥尼泰人经商议决定，为平息被害王子亡灵的愤怒，必须将阿米达夷为平地。格伦巴泰斯发誓绝不允许杀子之仇未报就让麾下将士远走。②

如此一来，马塞里努斯笔下波斯人的一系列怪异举动就得到解释了。初到阿米达时，沙普尔大王完全无意攻城，他"只想通过谈判劝降守城官兵"，如果不成功他也不会停留。因为时间乃此次奇袭的关键，"他（沙普尔）遵照安托尼努斯的建议，急着要去别处"③，其他波斯将领反对攻城的态度甚至比波斯王还坚决。④之后的攻城行动主要是亚洲同盟者的自主决定，沙普尔无力阻拦，只得勉强应允。作战初始阶段波斯人为保存实力，并未积极参战，听任那些渴望复仇的游牧民族充当攻城主力。但后来城中罗马守军发动一次成功夜袭，致使众多波斯显贵丧生⑤，在游牧首领与波斯贵族的双重压力之下，沙普尔只得投入波斯大军（包括工兵部队）全力攻城，在战斗最激烈时还亲自参战。⑥无论如何，此时沙普尔大王心中必定充满了失望与挫折感。还有一点值得注意：阿米达地理位置优越且建筑设施完备⑦，陷落之后沙普尔大概想保留下来

---

① 波斯大军中的亚洲游牧盟军不只有希奥尼泰人，还有其他众多类似民族。详见马塞里努斯的描述。Ammianus Marcellinus，XIX.2.3—11.

② Ammianus Marcellinus，XIX.2.1.

③ Ammianus Marcellinus，XVIII.6.3，XIX.1.3.

④ Ammianus Marcellinus，XIX.1.6.

⑤ Ammianus Marcellinus，XIX.6.

⑥ Ammianus Marcellinus，XIX.7.

⑦ Ammianus Marcellinus，XVIII.9；A. Cameron & P. Garnsey，*The Cambridge Ancient History*，Vol.XIII，p.41.

由波斯军据守。但迫于亚洲同盟者的压力,沙普尔只得将阿米达彻底摧毁,然后于次年攻占了另一座重要性低得多的要塞贝扎布德,留下军队驻守。①

因此可以说,那位希奥尼泰王子的意外死亡是这场战争的最重要转折点,也可以说是整个 4 世纪东方战争的转折点。此事引发的一连串事件使事态发展完全脱离了沙普尔大王的掌控,彻底挫败了他进犯罗马的最后努力。②是役还使得整个东方战局发生逆转,波斯人耗尽了进攻实力,此后由进攻转入防御,丧失了战略主动权。从这些分析我们能推知希奥尼泰军队一定具有强大实力,在波斯大军中地位举足轻重,否则沙普尔大王不可能牺牲自己苦心经营的战略去迎合他们。据《历史》记载,希奥尼泰人在波斯军队中的地位相当独立,作战时都与波斯军队分开行动。比如在上述阿米达围攻战中,希奥尼泰人负责东面城墙,因为王子殒命于此,他们要从这里攻陷城池作为报复。③由此观之,此前沙普尔在北方"成功"战争的实情究竟如何也值得怀疑④,他是否真如史籍所言降伏了这些亚洲游牧民族亦很难确知。无论如何,当时希奥尼泰人无疑是一支非常强大的亚洲游牧民族。

希奥尼泰人究竟是一个怎样的民族? 对此说法不一,较流行的观点称他们就是后来的嚈哒人(Ephthalites,或称白匈人)。⑤此

---

①　Ammianus Marcellinus,XX.7. 相关分析见 A.Cameron & P.Garnsey,*The Cambridge Ancient History*,Vol.XIII,pp.41,423。

②　D.S.Potter,*The Roman Empire at Bay AD 180—395*,p.468;A.Cameron & P. Garnsey,*The Cambridge Ancient History*,Vol.XIII,p.40.

③　Ammianus Marcellinus,XIX.2.3.

④　G.Hambly,*Central Asia*,pp.53—54.

⑤　G.Hambly,*Central Asia*,p.55.

说法存在很多明显缺陷，主要是嚈哒人兴起时间比希奥尼泰人晚了半个世纪，希奥尼泰人强盛时嚈哒尚很弱小，臣属于柔然。①而且嚈哒人的文化习俗也跟希奥尼泰人有所不同。马塞里努斯详细记载了阿米达城下希奥尼泰王子的葬礼：

> 这位王族的死亡使希奥尼泰人沉浸于悲痛之中。所有希奥尼泰贵族，包括格伦巴泰斯在内，都被这一飞来横祸惊呆了。双方宣布休战，以便希奥尼泰人可以按照本族丧葬仪式哀悼这位出身高贵且深受众人爱戴的青年。在葬礼仪式上，王子的尸体被抬出来置于一座巨大高台之上，他的穿戴披挂一如生前。他身旁环绕摆放着十口卧具，每口卧具上都躺着一具死者模型。模型制作得惟妙惟肖，与真人极为相像。整整七天时间里，所有希奥尼泰贵族以及王子生前的同伴们大肆宴饮，以舞蹈及特有的哀歌来哀悼这位逝去的王族青年。
>
> 希奥尼泰妇女们也依照本族传统哀悼习俗大声恸哭，她们满怀悲伤捶打自己胸脯，哀叹本族的希望之星刚步入青春即不幸陨落。她们的哭泣哀悼方式类似于阿多尼斯（Adonis）奉献典礼上的维纳斯女祭司。②阿多尼斯奉献典礼是我们常见的宗教典礼，在典礼上女祭司们还会展示一些与丰产有关

---

① 王治来：《中亚史纲》，湖南教育出版社 1986 年版，第 156 页。

② 阿多尼斯是希腊神话中早逝的美少年，爱神阿芙狄忒的至爱。当时帝国东部地区普遍存在着阿多尼斯崇拜，一般都有阿多尼斯奉献典礼，用以庆祝阿多尼斯从地狱归来，即冬去春来，万物复苏。现存最早记载此类阿多尼斯崇拜仪式的是萨福的诗句："姑娘们！捶打你们的胸脯，撕破你们的外衣"，"为阿多尼斯离去（在地狱中）的四个月举哀"。见 Sappho, *Frags*, CIII, CXXXVI. 相关分析见 A.T.Olmstead, *History of the Persian Empire*, Chicago：University of Chicago Press, 1948, pp.468—469.

的密仪偶像。

　　遗体被火化后,骨灰被装入一只银瓮里,格伦巴泰斯计划将骨灰带回故国入土为安。①

　　这种丧葬仪式与嚈哒人及多数印欧游牧民族有很大差别②,与后来的突厥人很相似。③嚈哒人的丧葬习俗为土葬,与希奥尼泰人的火葬完全不同。④

　　有关希奥尼泰人的记载,很多内容都可能与匈人或者匈奴有关,这引起一些西方学者关注。"希奥尼泰"显然来自希腊语民族称谓(Χιονιται)。⑤"伊泰"(ιται)后缀在希腊语中很常见,用于构造部落名称,⑥"希奥尼泰"意即"希奥恩部落"。⑦因此该民族的原本称呼应该是"希奥恩"(Χιον),读音上与"匈"和"匈奴"都很接近。20 世纪初,不少西方学者认为希奥尼泰人可能为匈人的一支。⑧其

---

① Ammianus Marcellinus,XIX.1.10—11,XIX.2.1.

② G.Hambly, *Central Asia*, p.54.

③ 《北史》卷 99 载突厥人丧葬:"择日,取亡者所乘马及经服用之物,并尸俱焚之,收其余灰,待时而葬。春夏死者,候草木黄落;秋冬死者,候华茂,然后坎而瘗之。"其他有关突厥人丧葬习俗的记载见《周书》与《隋书》中的《突厥传》。一般认为火葬方式并非游牧民族本身传统,是从中亚一带传入,与拜火习俗有关。《周书》卷 50《异域传》中记载的西域焉耆人的火葬习俗是中国史料中最早的相关记载。有关突厥人的事火习俗见王小甫:《"弓月"名义考》,收录于王小甫:《唐、吐蕃、大食政治关系史》,北京大学出版社 1992 年版,第 224—242 页。

④ 《魏书》卷 102《西域传》嚈哒国条记载了嚈哒人的土葬习俗:"死者,富者累石为藏,贫者掘地而埋,随身诸物,皆置冢内。"另据 6 世纪普罗科皮乌斯记载,嚈哒人曾大败波斯王卑路斯(Peroz I)的军队(约 475 年),战后嚈哒人依照自己习俗掩埋了波斯死者。普罗科皮乌斯特意记载这些,是因为波斯人信仰琐罗亚斯德教,一般禁止土葬。见 Procopius, *Wars*, I.3.7,I.4.32。

⑤ 严格的拉丁语称谓应为"希奥尼特斯"(Chionites)。

⑥ G.Hambly, *Central Asia*, p.54.

⑦ 另一种说法是波斯人习惯在民族称谓结尾加"t"音,因此"希奥恩"是最有可能的读音。

⑧ G.Hambly, *Central Asia*, pp.54—55.

中最著名者为德国学者马夸特(J. Marquart)和英国学者塞科斯(P. M. Sykes)，塞科斯在 1915 年出版的《波斯史》中直接称希奥尼泰人为匈人。①《波斯史》出版后影响广泛，中国学者也注意到其中内容。著名学者岑仲勉先生在《伊兰之胡与匈奴之胡》一文中提及希奥尼泰人，认为塞科斯称这个民族"显是乌孙人"说法有误。②事实上，塞科斯的叙述并无问题，是岑仲勉误解了书中叙述。塞科斯的意思是入侵波斯的民族除希奥尼泰人之外，还有乌孙人。这段记述的史料来源自上述马塞里努斯《历史》第 16 卷第 9 章，原文称沙普尔大王与入侵者作战，进入"希奥尼泰人与欧塞尼人(Chionitae et Euseni)之领土"。"欧塞尼"为拉丁语民族称谓，原型为"欧森"(Eusen)，基本与"乌孙"同音，故而塞科斯认为这个民族无疑就是中国史籍中的乌孙。不过"欧塞尼"是否真的就是乌孙，还大有商榷必要。因为现存的马塞里努斯《历史》来自好几份中世纪抄本，有的抄本中这个民族并非"欧塞尼"，而是"库塞尼"(Cuseni)。如果后一种写法正确，则这个民族无疑就是贵霜(Kushan，即月氏)。③由于这段话是古典史料中对这个神秘民族的唯一记录，目前尚无法确定究竟哪一种拼法正确。贵霜说亦获得众多学者支持，他们将《历史》的这段记载视为这个中亚帝国出现于古典史料的极少数证据之一④，并将这段记录与之后寄多罗人的历史联系起来。⑤如果抛开文献勘误不谈，乌孙与贵霜实为非常相近的民族，它们同属印

---

① P.M.Sykes，*A History of Persia*，London：Macmillan and CO，1915，p.415.

② 林幹选编：《匈奴史论文集(1919—1979)》，第 30 页。

③ 贵霜帝国的大部早在一个多世纪前萨珊波斯立国时就被波斯攻占，这些贵霜人应该是后来到达的类似民族，或者"贵霜"一词此时只是地理概念，指河中地区中部。见 G.Hambly，*Central Asia*，pp.50—52。

④ 见[荷]J.E.范·洛惠泽恩-德·黎乌：《斯基泰时期》，云南人民出版社 2002 年版。

⑤ 有关寄多罗人的分析见后文。

欧游牧民族东方分支①,皆为吐火罗族或东伊朗族,而且都与匈奴有很深历史渊源,一直与匈奴关系密切。

马塞里努斯笔下还有一个与希奥尼泰人关系密切的民族格兰尼人(Gelani),他们首次出现于第 17 卷第 5 章,与希奥尼泰人一道成为波斯大王盟友。之后第 19 卷阿米达围攻战中,格兰尼人也作为波斯独立盟军参与攻城,负责南面城墙。因为格兰尼人仅出现于《历史》中,对这个民族我们基本一无所知。他们可能是希罗多德等人所说的格洛尼人(Geloni)②,但可能性不大,因为在后来章节中马塞里努斯同样描述了格洛尼人,并未提到他们与波斯和罗马有何瓜葛。③而且之后的古典史料还多次提到格洛尼人,他们伴随匈人与阿兰人迁入欧洲。④因此,如果格洛尼这个民族真的存在,他们的移动方向也跟格兰尼人不同。据笔者推测,格兰尼人应该与希奥尼泰人一样来自东方,极有可能就是中国史籍中原居锡尔河东北的康居人,这同样是与匈奴关系密切的民族。

如果深入分析古典史料,就会发现"希奥尼泰人即匈人或匈人分支"之说站不住脚。从上述马塞里努斯的战争经历看,他对希奥尼泰人无疑相当熟悉;至于匈人,马塞里努斯的熟悉程度稍逊,但他对该民族的总体认知及把握是毫无疑问的。对比《历史》中对这

---

① 贵霜与乌孙以及吐火罗可能皆属于希罗多德与老普林尼等古典作家所记载的东方游牧民族集团伊塞东人(Issedones),最早居住于马萨格泰人(Massagetae)之东,势力曾抵达河西一带。见 Herodotus, I.210—215; Pliny the Elder, IV.26。

② 希罗多德与彭波尼乌斯·梅拉(Pomponius Mela)等人的著作中对该民族均有记载。希罗多德的记载较详细,涉及该民族的起源以及他们对大流士入侵的反抗。见 Herodotus, IV.10, IV.102—135。关于可能属于该民族的考古发现,见 M.Jane, *Handbook to Life in Prehistoric Europe*, New York: Fact On File, 2006, p.86。

③ Ammianus Marcellinus, XXXI.2.14.

④ O.J.Maenchen-Helfen, *The World of the Huns*, pp.47—48.

两族的记载,希奥尼泰人与匈人完全是不同的民族,两者几乎毫无共同点。马塞里努斯笔下的匈人皆矮小丑陋;对于希奥尼泰人的相貌《历史》没有特意介绍,但他们肯定与匈人不同,一些希奥尼泰人十分高大漂亮。①纵观古典史料中所有对匈人外貌的记载,没有哪位匈人"高大",也没有哪位匈人"漂亮",对他们外貌的描述用语完全是相反的。因此可以肯定,匈人与希奥尼泰人在种族上有极大差别。而且希奥尼泰人远比匈人开化,显然是与文明世界有过长期交往的民族,这从他们与波斯人之间的外交与军事活动就可以看出。希奥尼泰君主格伦巴泰斯并不孔武有力,实际上非常瘦弱②,但他极具智谋,有无数胜绩③,这一王者形象与阿提拉那种粗犷勇武的蛮族统治者截然不同。相比于希奥尼泰人,同时期的匈人无疑相对野蛮落后。马塞里努斯从未提到,或者暗示过这两族之间存在任何关联。

　　如果假定匈人与匈奴间没有太大关系的话,就会发现希奥尼泰人虽然与匈人毫无关系,却很可能与匈奴人有关,甚至可能就是匈奴人。这里不妨再分析一下《魏书》中有关匈奴的记载。前面已经讨论过,这里的粟特位置在河中地区,可能稍稍偏北。希奥尼泰人的位置在哪里,《历史》并未明言,只两次提到他们严重威胁波斯帝国的

---

① 那位死于阿米达城下的希奥尼泰王子,马塞里努斯亲眼见过他,称他"身材高大,相貌漂亮"(proceritate et decore),还将他比作帕特洛克罗斯(Patroclus)和阿多尼斯(Adonis),此二人都是希腊神话与传说中的美少年。见 Ammianus Marcellinus,XIX.1.7—11。

② 马塞里努斯多次亲身目睹过格伦巴泰斯,特别注意到他"萎缩无力的四肢"(rogosa mimbra)。见 Ammianus Marcellinus,XVIII.6.22。另外在阿米达城下格伦巴泰斯履行宣战仪式,将一支矛象征性地投向罗马人,马塞里努斯称他投矛时"非常吃力"(vix)。见 Ammianus Marcellinus,XIX.2.6。

③ Ammianus Marcellinus,XVIII.6.22.

"最遥远边境"(extremi limites 或者 ultimi termini)。①而且沙普尔率大军征伐他们时,为保证国土另一端西部边境(occidentale latus)安全,指示当地官员尽力与罗马和谈。②以此推知,希奥尼泰人的进攻地点应该是波斯东北边境。波斯东北边疆传统上以阿姆河为国界,那么希奥尼泰人所控制地区正是粟特地区。再看《魏书》之言:

> 先是,匈奴杀其王而有其国,至王忽倪已三世矣。其国商人先多诣凉土贩货,及克姑臧,悉见虏。高宗初,粟特王遣使请赎之,诏听焉。自后无使朝献。

北魏高宗元年为 452 年,那么匈奴人征服粟特的时间大体上应该在 4 世纪中后期。

因此对照中西史料,我们会发现匈奴人对河中地区大征服的时代,大体上也正是希奥尼泰人兴起于河中地区,威胁波斯东北边疆的时代。这不可能是巧合。如果说西方史料中的匈人与中国史料中的匈奴在时间空间上错位,无法有效衔接的话,西方史料中的希奥尼泰人与中国史料中的匈奴在时间空间上则完全吻合,有关这两个民族的记载可以非常好地衔接。因此这些希奥尼泰人很可能就是匈奴人,他们一路西迁来到河中地区,于 4 世纪中后期摧毁了当地的波斯缓冲藩属国,开始与萨珊帝国直接交往。联系到《历史》中有关希奥尼泰王格伦巴泰斯征战获胜无数的记载,这位强大的游牧王可能正是匈奴粟特政权的开国君主,那位与中国交涉的

---

① Ammianus Marcellinus, XV.13.4, XVI.9.3.

② Ammianus Marcellinus, XVI.9.3.

匈奴君主可能就是他的后裔。

前面已经说过,关于匈奴人的种族,目前支持者最多的看法是匈奴为种族混杂的民族,其主体为高加索种。匈奴人一路西迁至河中地区,必然与中亚诸族以及同盟的印欧游牧民族大量混血,因此到 4 世纪时匈奴人的相貌可能已经与其他中亚民族无大异。这可以解释马塞里努斯虽然对希奥尼泰人记载很多,包括描述某些个体外貌特征,但并未谈到这个民族的总体相貌。

因此可以说,虽然匈人与匈奴可能并无关系,但匈奴与罗马却可能有过联系,而且两者交往的时间比匈人与罗马交往的时间要早二十年。

关于希奥尼泰人之后的历史,各方史料均无明确记载。但粟特地区既位于众多民族与文明交会之地,这些外来征服居民的历史不可能完全被忽略。中世纪史料称波斯王白赫兰五世(Bahram V)统治后期(约 427 年)曾大败东北方入侵的"突厥人"。[1]其他史料则称 4 世纪后期粟特地区的统治民族为寄多罗人(Kidarites),该名称得自该族杰出君主寄多罗(Kidara)。[2]寄多罗人对波斯边境造成的冲击连遥远的拜占庭都能感受到,普里斯库斯在其史著中称这个民族为"寄多罗匈人"(Κιδάριτες Οὔννοι)[3],但这只是泛称,他们显然并非真正的匈人。[4]由于受到嚈哒人威胁,寄多罗人的统治

---

① 孙培良:《伊朗通史:萨珊朝伊朗》,第 89—90 页。

② D.Sinor, *The Cambridge History of Early Inner Asia*, pp.171—172.

③ A.D.H.Bivar, "Cavalry Equipment and Tactics on the Euphrates Frontier", p.282.

④ 当时欧洲人一般把所有东方游牧民族统称为匈人。Procopius, *Wars*, III.11.9. 从钱币图案上看寄多罗人的外貌肯定与匈人不同。见马小鹤:《摩尼教与古代西域史研究》,中国人民大学出版社 2008 年版,第 413—428 页;D.Sinor, *The Cambridge History of Early Inner Asia*, p.200.

重心逐渐南移①,先后征服了北印度部分地区,在旁遮普一带建立新王朝。②关于寄多罗人的民族属性,中国史籍称其为月氏人,此说法获得相当的考古支持,比如寄多罗钱币上的君主称号为"贵霜王"(Kushanshah)③;但印度人称其为匈奴人(Hunas),而且目前多数学者认同此说。现存印度比泰里石柱铭文记载了笈多王塞健陀笈多(Skandagupta)击败这些"匈奴人"的事迹,时间约为457年。④基本能肯定这些"突厥人"或寄多罗人就是希奥尼泰人。⑤前面已说过,据马塞里努斯记载,4世纪中后期入侵河中地区的游牧民族可能是匈奴与其他印欧民族的同盟集团(贵霜或乌孙可能是重要盟友);加之匈奴人相对落后,可能采纳贵霜等先进民族的文字宗教以及统治模式,因此这个民族在文化外貌上具有贵霜特征毫不奇怪。考虑到距离和交往等因素,印度人之说相对更可靠。由于地处嚈哒与印度笈多(Gupta)王朝两大强权之间,寄多罗人的新王朝无法长久维持,只存在了约半个世纪就被嚈哒人消灭。此后还有一些寄多罗小国存在了更长时间,但在6世纪初也全部亡于嚈哒人。⑥

　　寄多罗人的历史可视为最后一批匈奴人的历史。这些来自北亚的游牧民族最后大概与其他游牧民族及当地人融合,形成北印度的拉吉普特人(Rajput)。⑦这个民族在印度历史上一直英雄辈

① D.Sinor, *The Cambridge History of Early Inner Asia*, p.172.
② G.Hambly, *Central Asia*, pp.55—56.
③ D.Sinor, *The Cambridge History of Early Inner Asia*, p.172; G.Hambly, *Central Asia*, p.55.
④ G.Hambly, *Central Asia*, pp.56—57; 余太山:《嚈哒史研究》,第85页。
⑤ G.Hambly, *Central Asia*, pp.54—55; 马小鹤:《摩尼教与古代西域史研究》,第410页。
⑥ D.Sinor, *The Cambridge History of Early Inner Asia*, p.299.
⑦ [印]R.C.马宗达、H.C.赖乔杜里、卡利金卡尔·达塔:《高级印度史(上)》,商务印书馆1986年版,第167页。

出，以勇武和良马著称于世。

　　综上所述，匈奴与匈人的关系数百年来一直引起广泛争议，迄今尚无定论。笔者自不可能对该问题得出什么结论，只能对熟悉的古典文献进行分析研究，以揭示两族间的差异，并提出个人看法，以期抛砖引玉，使大家对学术界相关问题予以关注。笔者以为"匈奴"与"匈人"都是具有复杂内涵的重要历史概念，两者所包含的地域、文化、民族、时间以及历史活动等内容皆有重大差异，因此两者不可混淆。这方面国内学术界应该与国际学术界保持一致，不管匈人与匈奴关系如何，至少在称谓上将两者区别开。即便将来真的能证明匈人主体源自匈奴，两者也不宜混用。

补　记
匈人进入欧洲的早期战役

已知匈人发动的最早战争，即征服阿兰人之战，时间应该在370年前后。[1]关于战争的起因，约丹尼斯转引5世纪著名匈人史学者普里斯库斯的记载称，一伙匈人因追猎一头雌鹿而走出贫瘠的麦奥提克沼泽（Maeotic swamp）[2]，窥见了阿兰人的富饶土地，遂决定发动掠夺战争。[3]约丹尼斯所说的起因富有戏剧性效果，乍看之下可信度不高，但游牧民族总是倾向于向水草丰美的地域迁徙乃基本的历史模式，马塞里努斯也描述过阿兰人土地的富庶[4]，因此阿兰人遭到其他游牧民族的进攻并非特例。

关于匈人对阿兰人的进攻，马塞里努斯记载道：

---

① P.Heather，"The Huns and the End of the Roman Empire in Western Europe"，*The English Historical Review*，110(1995)，p.6.

② 麦奥提克沼泽即今亚速海，目前已知的匈人最早栖身地。见刘衍钢：《古典学视野中的"匈"与"匈奴"》，第63—80页。

③ Jordanes，*Getica*，XXIV. 123—124. C. Christopher，*The Gothic History of Jordanes*，NSW，Evolution Publishing，2006.

④ Ammianus Marcellinus，XXXI.2.19. Ammianus Marcellinus，*The Later Roman Empire*. London，Penguin Books，2004. Marcellinus，*Ammianus Marcellinus*，Vol.I—III，The Loeb Classical Library，London：William Heinemann，1958—1982.

> 匈人穿过阿兰人的领土。这些阿兰人与格琉图恩吉人
> (Greuthungi)为邻,习惯上被冠以绰号"塔纳伊斯诸族"(Tan-
> aites)。匈人利用杀戮和劫掠,迫使剩下的阿兰人同意成为忠
> 实盟友,与自己联合行动。①

这里的"格琉图恩吉人"为当时罗马人对东哥特人的称谓。传统上
阿兰人与东哥特人之间以顿河为界,同时顿河亦是当时欧洲与亚
洲的分界。②阿兰人的领土在顿河以东,故而这里称"阿兰人与格
琉图恩吉人为邻"。又因为阿兰人内部族系繁多,故而用复数,称
其为"诸族"。

关于匈人征服阿兰人的过程,由于史料极度缺乏,史学界曾有
过较多争议。有学者认为匈人与阿兰人之间有过大规模决战,结
果阿兰人战败。这种观点以吉本的说法为代表。③但 20 世纪以
来,该看法已被否定,一般认为匈人的征服活动主要采用渐进渗透
方式。④实际上马塞里努斯曾明确称匈人之降服阿兰人"或是通过
武力,或是通过盟约(armis aut pactis)"⑤,并强调阿兰人在勇猛善
战方面与匈人极为类似。⑥上述引文亦称"匈人利用杀戮和劫掠,
迫使剩下的阿兰人同意成为忠实盟友"。因此匈人对阿兰人的降
服可能较为艰难,也很难说彻底。对于阿兰诸族,匈人大概打拉结

---

① Ammianus Marcellinus,XXXI.3.1.

② Strabo,*The Geography*,XI.1,1—2. Strabo,*The Geography of Strabo*,Vol.V,
The Loeb Classical Library,London:William Heinemann LTD,1954.

③ 吉本:《罗马帝国衰亡史》第 2 卷第 26 章。E.Gibbon,*The Decline and Fall of the
Roman Empire*,Vol.II,London:Routledge Thoemmes Press,1997.

④ E.A.Thompson,*The Huns*,Oxford,Blackwell Publishers,pp.27,63.

⑤ Ammianus Marcellinus,XXXI.3.

⑥ Ammianus Marcellinus,XXXI.2.20—23.

合,将阿兰人各个击破,然后利用阿兰人壮大自己的实力。那些与匈人有着"盟约"关系并与匈人一起西进的阿兰部落仍保持着极大独立性。实际上此后欧洲的阿兰人部落与匈人部落之间少有统属关系,匈人诸王的宫廷中亦没有阿兰人臣仆。①而且在之后的欧洲民族大迁徙中,阿兰人所扮演的角色也比匈人更重要。②

　　大约在 4 世纪 70 年代初期,匈人与阿兰人联军开始越过顿河,袭击东哥特王国。匈人与阿兰人皆为游牧民族;而哥特人主要以农业与畜牧为生,大体上属定居民族。③因此匈人与阿兰人在战术上拥有明显优势,他们的基本作战模式大概是发动持续不断的机动突袭。统辖东哥特诸部落的是赫尔曼纳里克(Hermanaric)王。④当时的哥特社会尚未发展到建立统一王国的地步,赫尔曼纳里克主要依靠长年征伐在东哥特各部落中树立权威。照马塞里努斯的说法,赫尔曼纳里克"是个极为好战的君王,因为众多各式各样的勇猛业绩而为周边民族所忌惮"。⑤约丹尼斯也称赫尔曼纳里克"降服了众多北方好战民族,迫使他们遵从自己的法律,我们的某些祖先(指哥特人)曾将他比作亚历山大大帝,这是很合理的"。⑥但据马塞里努斯的说法,赫尔曼纳里克还是无法抵御匈人

------

① O.J.Maenchen-Helfen, *The World of the Huns*, pp.35, 72—73, 80.

② D.Sinor, *The Cambridge History of Early Inner Asia*, pp.113—117.

③ Andrzej Kokowski, "The Agriculture of the Goths between the First and Fifth Centuries AD(Central and Eastern Europe—The Roman and the Early Migration Period)", *The Ostrogoths from the Migration Period to the Sixth Century: An Ethnographic Perspective*, Sam J.Barnish and Federico Marazzi(eds.), Woodbridge: The Boydell Press, 2007, pp.221—236.

④ "赫尔曼纳里克"是约丹尼斯所记载的名字。马塞里努斯称其为"艾尔门里库斯"(Ermenrichus),这已是带有希腊化与拉丁化色彩的名字,古典作家笔下的蛮族人名常有如此变形。

⑤ Ammianus Marcellinus, XXXI.3.1.

⑥ Jordanes, *Getica*, XXIII.116.

联军的凶猛攻势。

> 艾尔门里库斯(即赫尔曼纳里克)遭到突如其来侵略风暴的打击。尽管他在长时间里尽力抵抗外来进犯,但有关侵略者的各种夸大其词的恐怖谣言还是四处传播。最终艾尔门里库斯只得自杀以摆脱这场巨大危机带来的恐慌。[1]

约丹尼斯对此的记载有所不同,称赫尔曼纳里克正准备组织抵抗,却意外因暗杀而身负重伤。随后匈王巴兰勃趁机进攻东哥特人,赫尔曼纳里克很快死于伤痛与年迈体弱,死时年一百一十岁,东哥特人的势力遂迅速瓦解。[2]约丹尼斯的记载显然可信度不高,现代学者总体上认同马塞里努斯的说法。约丹尼斯所谓的"匈王巴兰勃"或称"巴拉米尔"是否确有其人,现代学者对此争议颇大。较主流的意见认为当时匈人的社会尚比较原始,不可能有统一的君主,因此巴兰勃是个虚构人物。[3]

赫尔曼纳里克的继承者为维提米利斯(Vithimiris)。维提米利斯意识到敌人的巨大战术优势,遂雇用一些匈人部落为自己作战,以抵御阿兰人的进攻。维提米利斯在一段时间内挡住了阿兰人的进攻,但还是屡战屡败,终于阵亡。[4]马塞里努斯的这段记载需要特别予以关注,因为赫尔曼纳里克死后,东哥特人的主要敌人

---

[1] Ammianus Marcellinus,XXXI.3.2.

[2] Jordanes,*Getica*,XXIV.129—130.

[3] E.A.Thompson,*The Huns*,p.63;A.Cameron & P.Garnsey,*The Cambridge Ancient History*,Vol. XIII,Cambridge,Cambridge University Press,1998,p.500.

[4] Ammianus Marcellinus,XXXI.3.3.

突然由匈人变成了阿兰人，而且哥特人还能招募到匈人雇佣军。马塞里努斯在后文中还提到，匈人为了进袭西哥特人（Visigoths），遂"放过眼前敌人，与他们达成和约平息战事"。[1]这里的"眼前敌人"，应该就是东哥特人。由这些记载可推测，东哥特人的势力范围在赫尔曼纳里克死后已大幅收缩，匈人的主力便停止进攻，迅速西进奇袭西哥特人，由其盟友阿兰人继续进攻东哥特人，东哥特人因此得以在顿河流域支撑了一段时间。东哥特人能够雇用匈人为自己作战，这是比较明确的证据，表明当时匈人尚无统一领袖，各部落往往自行其是，不相统属。[2]匈人有实力发动大规模的西进征战，其诸部落之间必定存在着某种同盟关系。但这种同盟似乎并不稳固，亦未能覆盖全体匈族，因此匈人的敌人一直能够雇用匈人为自己效力。匈人诸部落的这种分裂状态一直持续至后来匈人势力灭亡。[3]

　　维提米利斯死后，其幼子维德里库斯（Viderichus）继位，东哥特人的实际军政事务由两位将军阿拉特乌斯（Alatheus）与萨弗拉克斯（Saphrax）负责。[4]马塞里努斯称此二人皆为经验丰富且声望显赫的首领，这确非虚言。正是这两位领袖在危急局势下竭尽全力保存了东哥特部众及其军队的实力，特别是骑兵的实力，后来又将东哥特人安全带入罗马帝国境内。在后来的亚得里亚堡会战中，东哥特骑兵发挥了关键作用。此时东哥特人处境艰难，在北方已难以立足。据马塞里努斯记载：

---

[1]　Ammianus Marcellinus，XXXI.3.5.

[2]　E.A.Thompson，*The Huns*，pp.54—55.

[3]　O.J.Maenchen-Helfen，*The World of the Huns*，pp.429—438.

[4]　Ammianus Marcellinus，XXXI.3.3.

考虑到目前的危险局势,他们不再有反击敌人的信心,于是他们谨慎地后撤,到达纳斯提乌斯(Danastius)河,这条河流经希斯特(Hister)河与波利斯腾尼斯(Borysthenes)河之间的广大平原。①

这里的达纳斯提乌斯河即今德涅斯特(Dniester)河;希斯特河即多瑙河;波利斯腾尼斯河即今第聂伯(Dnieper)河。需要特别注意的是,虽然马塞里努斯先提及东哥特人的南撤,但东哥特人的撤离时间应该晚于后面记载的西哥特人的撤退。实际上后来大多数西哥特人征得罗马皇帝同意迁入帝国境内之后,东哥特人才抵达多瑙河北岸。②因此东哥特人与匈人的战争过程大致如下:首先东哥特人遭到匈人主力攻击,被迫向西北退却,让出南俄草原的西进通道。之后匈人主力西进袭击西哥特人,尾随的阿兰人继续进攻东哥特人。东哥特人又抵抗了一段时间后终于不支,才决定跟随其他民族一起向南迁徙。需要特别说明一点,跟随维德里库斯南迁的并非东哥特人的主体。大部分东哥特人被匈人降服,成为匈人的藩属。八十年后摧毁匈人霸权并开创东哥特王朝的正是这批留在北方的东哥特人。

东哥特人以西居住着特鲁因吉人,即西哥特人,当时主要由阿塔纳里库斯(Athanarichus)王统治。③在晚期罗马帝国史上,阿塔纳里库斯是个重要人物,有众多史料提到他。马塞里努斯称其为"判

---

① Ammianus Marcellinus,XXXI.3.3.
② Ammianus Marcellinus,XXXI.4.12.
③ Ammianus Marcellinus,XXXI.3.4."阿塔纳里库斯"即日耳曼名阿塔纳里克(Athanaric)的拉丁化名称。

官"(iudex),指蛮族中地位较高的国王或者部落盟主。关于阿塔纳里库斯是否为所有西哥特人认同的强大君主,目前尚无定论。①364 年罗马帝国东部爆发内战,阿塔纳里库斯曾派遣军队援助篡位者普罗科皮乌斯。罗马皇帝瓦伦斯平定普罗科皮乌斯后曾数度出兵,越过多瑙河惩罚西哥特人。双方与 369 年言和,但瓦伦斯降低了阿塔纳里库斯作为"罗马盟友"的等级。②

得知东哥特人遭到袭击的消息之后,阿塔纳里库斯急忙布置防御。

> 于是他沿着达纳斯提乌斯河岸,在格琉图恩吉人的护栅距离适中的地方修筑自己的营寨。然后他派遣穆恩德里库斯(Munderichus)与拉迦里马努斯(Lagarimanus),还有其他高阶贵族(越过边境)二十里以监视敌人的前进动向。同时阿塔纳里库斯得以不受干扰,专注于组建作战部队。③

但西哥特人大多从事农耕,部落比较分散,举族军事动员在短时间内难以完成。匈人利用游牧骑兵的机动性优势,放过东哥特人迅速西进,采用大迂回战术奇袭西哥特人。据马塞里努斯记载,匈人趁着夜色迅速行军,由德涅斯特河上游西哥特人未及布防的区域迅速渡河。匈人的行军速度之快,甚至超过了对方侦察兵的情报

---

① M.Kulikowski, *Rome's Gothic Wars*, Cambridge: Cambridge University Press, 2007, p.101.

② Ammianus Marcellinus, XXVII.5; A. Cameron & P. Garnsey, *The Cambridge Ancient History*, Vol.XIII, p.94.

③ Ammianus Marcellinus, XXXI.3.5.

传递速度。于是匈人突袭阿塔纳里库斯的大本营。①此时西哥特人的军队主力部署于德涅斯特河沿岸,新征召的部队尚未集结,因此阿塔纳里库斯所在地的兵力较为空虚。匈人的攻击使得阿塔纳里库斯蒙受了相当的损失,但更为严重的后果在于失败所产生的普遍恐惧情绪。于是阿塔纳里库斯退往南部多山地区,在这里匈人的骑兵优势难以发挥,他可以据险防守。②

> 阿塔纳里库斯于是加高堡垒,同时派出部队,在从盖拉苏斯(Gerasus)河直到多瑙河的地域内袭扰泰法利人(Taifali)的土地。③

阿塔纳里库斯所退守的地区约为达契亚(Dacia)地区,即今罗马尼亚西部喀尔巴阡山脉中段,这里一向是游牧民族难以抵达的区域。盖拉苏斯河即今普鲁特(Pruth)河,为达契亚地区之东界。泰法利人为北非的柏柏尔民族,这里提到的泰法利人曾是战俘,被罗马帝国安置在该地区,马塞里努斯对该民族及其迁移安置有不少记载。④这个民族长久以来已脱离罗马控制,经常以达契亚为基地袭扰临近的罗马省份。他们受到攻击,多瑙河对岸的罗马帝国必定也会感受到威胁,罗马人对北方的严重局势已逐渐有所了解。

> 刚开始时,我们的民众以轻蔑态度对待这些消息。这是因为,除了对遥远地区发生的事情感到不安或震惊,在这些地

---

① Ammianus Marcellinus，XXXI.3.6.
②③ Ammianus Marcellinus，XXXI.3.7.
④ 见 Ammianus Marcellinus，XXXI.9.3—5。

区的居民完全不知战争为何物。但相信这些事情的人越来越多，当外族使者到来时，流言得到了证实。①

　　然而，匈人在击败阿塔纳里库斯后没有再进一步进攻。马塞里努斯对此的解释是匈人忙于收罗战利品，阿塔纳里库斯得以趁机逃脱。②但事实恐怕并非如此，因为此后约二十年间匈人都没有再向多瑙河平原发动大规模的进攻，阿塔纳里库斯及其继承者的势力依然在多瑙河以北存在了近三十年。③这显然不是因为匈人的进攻是一次贪图战利品的偶然战场行动。这段时间内匈人的本部大体仍然在南俄平原，故而匈人主力能够在 395 年突破高加索防线，深入袭扰罗马帝国东部省份及波斯帝国西部疆土。④但此时匈人因长年远离故土征战，可能已达到实力极限，所以停止了进一步进攻，携带战利品返回。这种游牧民族的征战模式在历史上是很常见的。由于匈人行动迅速，他们退走后西哥特人依然不明就里，陷于巨大恐慌。

　　尽管(阿塔纳里库斯幸存下来，)消息还是传遍了其他哥特部落，称某个至今尚不为人知的强悍种族近来由其藏身之处钻出来，像源自高山的雪暴一样震撼并席卷所有周边之物。⑤

---

① 　Ammianus Marcellinus，XXXI.4.3—4.

②⑤ 　Ammianus Marcellinus，XXXI.3.8.

③ 　A.Cameron & P.Garnsey，*The Cambridge Ancient History*，Vol.XIII，pp.502—503.

④ 　J.O.Maenchen-Helfen，*The World of the Huns*，pp.51—57；D.Sinor，*The Cambridge History of Early Inner Asia*，pp.181—183.

最终大多数哥特人决定不再跟随阿塔纳里库斯，但他们难以自立，遂决定转而向唯一可能依靠的强权——罗马帝国寻求庇护。①他们希望罗马帝国能够接纳他们，允许他们度过多瑙河在色雷斯（Thrace）地区定居。

> （如此决定）原因有二：首先，色雷斯的土地非常肥沃（利于耕作）；其次，在色雷斯与那些目前暴露于异族战争风暴的适耕土地之间，有希斯特河的宽阔波涛相隔。于是所有其他部落皆一致同意了该计划。②

西哥特人的主体在首领阿拉维乌斯（Alavivus）的率领下于 376 年抵达多瑙河北岸。而阿塔纳里库斯与罗马皇帝瓦伦斯有隙，之前曾誓言不再踏入罗马国土③，他自知不会被罗马帝国接纳，便率领麾下的部众退往高加兰达（Caucalanda）地区，他在这里筑堡守卫，击退了萨尔马特人（Sarmatae）等游牧民族的进犯。④高加兰达的具体位置不详，据推测可能是今罗马尼亚西部的特兰西瓦尼亚（Transylvania）地区。马塞里努斯称这里"山峦高耸，树木参天"，非常适于对抗骑兵的进袭。不过阿塔纳里库斯的大部分部众与将领此时已离弃了他，决定进入罗马帝国避难，比如前面引文中提到的穆恩德里库斯后来为罗马皇帝效力，官至阿拉比亚（Arabia）⑤边防司令。⑥阿塔纳里库

---

① A.Cameron & P.Garnsey, *The Cambridge Ancient History*, Vol.XIII, p.500.

② Ammianus Marcellinus, XXXI.3.8.

③ Ammianus Marcellinus, XXVII.5.9.

④ Ammianus Marcellinus, XXXI.4.13.

⑤ 阿拉伯半岛西北部。

⑥ Ammianus Marcellinus, XXXI.3.5.

斯的长年抵抗行动后来终于获得罗马帝国的认可。381年1月,阿塔纳里库斯违背早先的誓言,避入罗马帝国,他在君士坦丁堡的宫廷受到皇帝狄奥多西一世的友好接待。两周后阿塔纳里库斯病逝,狄奥多西为其举行了隆重葬礼,以安抚境内的哥特民众。①

　　西哥特人主体抵达多瑙河畔后派出使者前往君士坦丁堡觐见罗马皇帝,誓言会遵守罗马的法律,情势需要时还会向罗马提供辅助兵士。②约丹尼斯对此事的记载基本相类,只是相对简略。③罗马皇帝瓦伦斯应允了西哥特人的请求,于是这些西哥特人全族渡河,被安置在多瑙河南岸诸省。④之后,维德里库斯率领的东哥特部众亦抵达多瑙河北岸,他们同样提出归顺请求,却被罗马皇帝拒绝。⑤但东哥特人趁着当时局势混乱、罗马军队疏于防范之机,暗中渡过了多瑙河。⑥过河的哥特人数量难以确知。马塞里努斯称罗马官员曾力图清点哥特人数量(显然仅是西哥特人),但徒劳无功。⑦后来的史家尤纳皮乌斯(Eunapius)则称仅入境的哥特战士就有二十万人⑧,这显然是过于夸张的说法。

　　至此,西哥特人的主体和相当部分的东哥特人已经进入罗马帝国境内,欧洲的民族分布格局发生了巨大变化。由匈人的战争行动所引发的连锁反应,将极大影响晚期罗马帝国的历史进程。

---

① A.Cameron & P.Garnsey, *The Cambridge Ancient History*, Vol.XIII, p.95.
② Ammianus Marcellinus, XXXI.4.1.
③ Jordanes, *Getica*, XXV.131.
④ Ammianus Marcellinus, XXXI.4.5—9.
⑤ Ammianus Marcellinus, XXXI.4.12.
⑥ Ammianus Marcellinus, XXXI.5.3.
⑦ Ammianus Marcellinus, XXXI.4.6.
⑧ E.A.Thompson, *The Huns*, p.63; A.Cameron & P.Garnsey, *The Cambridge Ancient History*, Vol.XIII, p.98.

其中最直接的重大事件即罗马帝国境内哥特人之公开反抗以及378 年的亚得里亚堡之役，罗马皇帝瓦伦斯殁于是役，帝国从此丧失了对蛮族的军事优势。①

最后，需要探讨一个颇具争议的问题，即亚得里亚堡会战中是否有匈人参战。有现代匈人史家认为是役有匈人参战，而且匈人骑兵的进攻可能在战斗中发挥了决定性作用。最重要的证据是马塞里努斯的相关记载：亚得里亚堡战役之前，哥特人曾与一些匈人和阿兰人结盟，共同对抗罗马②，而且战后也有匈人与阿兰人跟随哥特人大肆劫掠。③但所有的古典史料皆未提及匈人参战。赞同匈人参战的学者对此的解释是罗马人在战斗中损失惨重，"事后无人能对所发生的事有清晰准确的描述"。④

但笔者认为匈人参战的可能性不大，匈人在战斗中发挥关键作用更是可能性极小。对于亚得里亚堡会战的经过及前因后果，马塞里努斯有详尽记述。战役的全过程较为清楚，扭转战场局势的最关键因素是阿拉特乌斯与萨弗拉克斯率领的东哥特骑兵，他们突然出现于战场，协助西哥特骑兵击溃了罗马骑兵的左翼，随后哥特骑兵包抄罗马步兵，致使罗马军队陷于绝境。⑤是役罗马步兵几乎全军覆没，但罗马骑兵在战役中期即被击败并被驱离战场，因此大部分罗马骑兵得以幸存。马塞里努斯大概正是通过这些幸存者了解了战役的全过程，要说"事后无人能对所发生的事有清晰准确的描述"，似乎不符合事实。至少对于敌人的骑兵，罗马人应该有准确

① ［美］T.N.杜普伊：《武器和战争的演变》，军事科学出版社 1985 年版，第 51 页。
② Ammianus Marcellinus，XXXI.8.4.
③ Ammianus Marcellinus，XXXI.16.3.
④ E.A.Thompson，*The Huns*，pp.29—30.
⑤ Ammianus Marcellinus，XXXI.12.14—17，XXXI.13.1—2.

的信息。实际上马塞里努斯对参战敌军的骑兵部队有很清楚的描述,其中除西哥特人与东哥特人之外,还有少量阿兰人。①如果真有匈人参战,记载中应该不会忽略。因此笔者认为匈人参战的可能性不大。固然在战役之前及之后哥特人都有部分匈人盟军,但马塞里努斯明确称他们是"少数"(aliqui)②,不可能发挥重要作用。

另一个值得讨论的问题是匈人在欧洲军事史上的地位如何。有一种流行的观点认为欧洲人对匈人的游牧战术完全陌生,因而在军事上不是匈人的对手,国内的多数学者亦乐于接受此种说法。③不过在笔者看来,该说法在文献与考古层面皆缺乏根据。实际上早于匈人进入欧洲之前八个世纪,欧洲人就已对游牧骑射战术有所了解并加以吸纳模仿。到了罗马帝国后期,罗马野战部队(Comitatenses)中的骑兵比例已达四分之一以上,其中多数为骑射手(Sagittarii)。④以史家马塞里努斯为例,他本人精通骑射,在帝国军队任职期间多次指挥骑兵部队作战⑤,《历史》中的相关记述颇多。⑥最值得关注的是,马塞里努斯谈到 4 世纪中期罗马骑兵已采用游牧民族惯用的大规模围猎方式,即蒙古人所谓的"捏儿格"(nerge),进行战术训练。⑦因此在匈人入侵以前,罗马骑兵的"游

---

① Ammianus Marcellinus,XXXI.12.17.

② Ammianus Marcellinus,XXXI.8.4.

③ 例如齐思和:《匈奴西迁及其在欧洲的活动》,原载《历史研究》1977 年第 3 期。林幹选编:《匈奴史论文集(1919—1979)》,中华书局 1983 年版,第 144 页。

④ P.Sabin & H.V.Wees & M.Whitby, *The Cambridge History of Greek and Roman Warfare*, Vol.II, Cambridge: Cambridge University Press, 2007, pp.293, 355.

⑤ 见刘衍钢:《马塞里努斯生平考》,《古代文明》2012 年第 2 期,第 27—34 页。

⑥ 例如 Ammianus Marcellinus,XVI.12.2, XVI.12.7, XXIII.2.7。

⑦ Ammianus Marcellinus,XXIV.5.2. H.Kennedy, *Mongols, Huns and Vikings Nomads at War*, London: Cassell & Co, 2002, pp.118—121; P.Sabin & H.V. Wees & M.Whitby, *The Cambridge History of Greek and Roman Warfare*, Vol.II, p.373.

牧"色彩已非常浓厚。此外，自匈人进入欧洲之后，欧洲诸族与罗马的军队中一直不乏匈人雇佣兵，例如本书中提到的哥特人雇用匈人为自己作战，因此欧洲人不可能对匈人战术感到陌生。①

综合各种史料看，匈人在军事上成功，主要原因在于纯粹游牧骑兵的机动性优势，以及来自苦寒地带民族的顽强与吃苦耐劳。对于匈人这方面的优势，马塞里努斯用了大量篇幅加以说明。②匈人的强悍与坚韧，是生息于丰饶平原上的阿兰与哥特诸族难以想象的，罗马帝国境内的居民更不能望其项背。然而单纯在战术上，匈人的入侵并没有给欧洲诸族与罗马军队带来太大冲击，即便是亚得里亚堡会战这样的巨大灾难也没有改变罗马军队的战术体系。6世纪查士丁尼时代的罗马军队在战术与装备方面与4世纪中期匈人抵达之前的罗马军队基本上大同小异。③因此，对于匈人在欧洲战争史上的重要性，我们不应过分夸大。

① 刘衍钢：《古典学视野中的"匈"与"匈奴"》，第70页。

② Ammianus Marcellinus, XXXI.2.

③ P.Sabin & H.V.Wees & M.Whitby, *The Cambridge History of Greek and Roman Warfare*, Vol.II, pp.355—357.

结　　语

在罗马帝国的衰落过程中,东方的因素始终至关重要。在历经 2 世纪的东方瘟疫和 3 世纪危机之后,帝国人口锐减,经济凋敝。在如此背景下,东部地区表现出远高于西部地区的经济和人口复原能力,其必然的结果是帝国政治经济重心的逐步东移,最终君士坦丁堡取代罗马成为帝国的最重要都城。同样也在这一时期,东部几段边疆所承受压力持续增加,外敌多次突破东部边境防线,给帝国东部带来巨大灾难。其结果是帝国军事的重心由西部的莱茵河地区移至东部的多瑙河地区,使得该地区成为帝国军事实力的源泉,再造帝国的"伊利里亚诸帝"和君士坦丁王朝皆来自多瑙河军团。

在罗马帝国面临的东部威胁中,波斯是唯一的"非蛮族"敌手,同时它亦是罗马帝国最强大最持久的外敌。即便在罗马人"统治全世界"的全盛时期,波斯帝国也是罗马人所认知的"世界"中唯一没有被罗马帝国征服,始终有实力与罗马帝国抗衡的东方镜像强权。两大帝国抗衡的边疆战线北起高加索地区,南至美索不达米亚东南部,长约一千四百公里。波斯帝国跟罗马帝国一样是文明国家,有着良好的内部组织,也跟罗马帝国一样能动员庞大的人力物力进行长期战争,因此两国间的战争往往是规模浩大、时间持久的消耗战。

　　另一段重要的东方边境防线为三千公里长的多瑙河防线。这里是横亘欧亚、延伸约一万公里的内亚草原世界的终点。大草原世界的军事攻击与族群迁徙方向主要为自东向西，因此多瑙河边境成为承受整个欧亚草原冲击力的最终防线。到了 4 世纪末，罗马帝国在这里面临的威胁主要是日耳曼诸蛮族以及更重要的新来者东方蛮族，后者主要指来自欧亚草原上的游牧民族。东方蛮族在相关古典史籍中往往隐而不彰，却是非常重要的幕后推手。比如摧毁罗马帝国的最直接因素——日耳曼诸族——就是在东方游牧民族推动之下冲入罗马帝国，瓦解了罗马帝国境内的统治秩序，最终瓜分并取代了欧洲的西罗马帝国。大草原世界攻击与迁徙的另一主要方向为自北向南，因此对波斯帝国而言，来自东方的游牧部落亦是比罗马帝国更危险的敌人。罗马帝国从未有灭亡波斯帝国并取而代之的动机和计划，北方的游牧部落却有着征服南方温暖富庶地带的本能和冲动，而且往往取得成功。

　　因此罗马帝国与上述威胁罗马帝国的两大东方因素的关系往往错综复杂、相互交织。在晚期罗马帝国的史家中，马塞里努斯是少有的对这两大东方因素始终非常关注、非常强调的史家。东方战争在其《历史》中占据了巨大篇幅，成为贯穿该书的主线。对东方蛮族的记载则分散于该书各章，特别是最后亦是最重要的一卷对于匈人入侵和哥特人南迁与叛乱的部分，可谓罗马帝国瓦解的序幕。身为历史当事者的马塞里努斯对此事的深远影响已有所洞悉，特意以浓厚的古希腊悲剧风格撰写了该卷的开篇。因此，今人在对相关问题开展专门研究的同时，也应注意研读、翻译马塞里努斯著作的重要性，如此方可理解《历史》叙事线索背后的深刻现实关切。

附　录

《历史》选译

一、斯特拉斯堡会战

XVI.12. 副帝（恺撒）尤里安进攻威胁高卢的七个阿拉曼尼王，并在阿尔根托拉图姆的一场会战中击溃蛮族。

1. 于是，慌乱情绪在阿拉曼尼诸王之中散播，他们是科诺多马里乌斯（Chonodomarius）、维斯特拉尔普斯（Vestralpus）、乌里乌斯（Urius）、乌尔西奇努斯（Ursicinus）①、塞拉皮欧（Serapio）、苏奥马里乌斯（Suomarius）和霍尔塔里乌斯（Hortarius）。他们集合全军，下令吹起军号准备开战，然后行军至阿尔根托拉图姆（Argentoratum）城附近。他们以为尤里安已在惊恐中撤退，目前正在忙于完成壁垒的修筑。

2. 这时罗马军队中一名逃亡轻盾兵的到来更使得蛮族自信满满。这个犯罪的士兵害怕受罚，于是在其军官开拔之后投靠到蛮

---

① 与马塞里努斯的统帅同名。

族一方。他告诉蛮族:尤里安身边只有一万三千名士兵,这些人就是恺撒所有的追随者。如此一来,蛮族的求战之心更加迫切。

3.随着逃兵的反复宣讲,蛮族的自信愈发高涨。于是蛮族选出一名使者去尤里安面前传话,他以傲慢的口吻命令恺撒退出蛮族以剑与勇气赢得的土地。可尤里安丝毫没有畏惧,也没有动怒或者忧心忡忡,他嘲笑蛮族的放肆,下令扣押敌方使者直至堡垒的修建工程完成。他还以同样稳健的态度按兵不动。

4.而科诺多马里乌斯王则四处鼓动,激起众人的情绪,蛮族人中各处都能看到他的身影。在蛮族首领之中,科诺多马里乌斯有着最危险的野心,他目空一切,自认为总是福星高照。

5.因为他曾在势均力敌的战斗中击败恺撒德肯提乌斯(Decentius)①,还洗劫并摧毁了众多富庶城市,长时间在高卢横行无忌。最近他又迫使一个军队数量与实力皆超过自己的罗马将军②落荒而逃,这更使他信心倍增。

6.而且阿拉曼尼人注意到罗马人盾牌上的标记,认出他们正是自己的手下败将。这些罗马士兵曾多次面对一小撮蛮族分队,尚未与敌人接战就因恐惧而四散奔逃,结果损失惨重。恺撒也对士兵的怯战深感忧虑,因为目前情况危险紧急,盟友也都已离开,他麾下的将士尽管很英勇,却数量太少,难以对抗数量庞大的蛮族

---

① 德肯提乌斯为前西部皇帝马格内恩提乌斯(Magnentius)的副帝。
② 指巴尔巴提奥(Barbatio)。

部落。

7.当初升的太阳映红了天际,军号声响起,步兵们遵命行进到一处空旷地,他们的侧翼集结着骑兵部队。这些骑兵是非常恐怖的兵种,因为其中有重甲骑兵与骑射手。

8.这里到敌营护栅的路程据路标显示为十四里格,即二十一罗里,我军就从此地高举罗马军旗前进。恺撒出于安全与战术优势的考虑,把已经派出的前哨部队召回。面对列阵站立的将士,他以惯常的平静口吻与自然优雅的态度做了如下发言:

9.坦率地说,考虑到大家当前的安全,身为恺撒,我无意隐瞒当前的状况。我只是鼓励与恳求各位,我的战士们!对我们坚强而身经百战的部队要有信心。我们不应该在仓促与疑惑中做出决定,而应该做出谨慎的选择,希望能够借此抵挡敌人或者击退敌人。

10.身处险境时年轻人自然应该活跃而勇敢,同时如果形势需要,也应该镇定而谨慎。因此我认为,当抉择的时刻到来时,我将简要说明自己的看法,希望你们能激于义愤,给予我合理的支持。

11.现在已近正午,我们因长途行军而劳累不堪,随后我们的道路将会黑暗而艰险。当夜空中月亮渐亏,也没有星光闪耀,只有地上燃烧的火焰散发着酷热,而且没有水源供应。就算有办法顺利克服这种种困难,当大群吃饱喝足养精蓄锐的敌人发动进攻时,我们如何应付？当四肢因饥饿与劳累而衰弱时，我们又有什么力量前去抗击他们？

12. 然而最困难的境地也预示着命运的转机。如果正确的建议能够被欣然听从，往往当局面已毫无希望时，上天的帮助会使一切恢复原样。现在我请求诸位，依靠壁垒与沟渠环绕以及警戒的哨兵保护自己，让我们抓紧时间利用睡眠与食物加以休整。然后，以上帝和平之名，我必须说，当天刚刚破晓时，让我们高举鹰徽和战旗前进。

13. 士兵们不等他完成自己的发言就咬牙切齿，以长矛敲击盾牌表达他们的急切求战之心。士兵们恳求恺撒：有至高无上的神之关爱以及他们自身的信心，还有幸运的统帅（指恺撒）历经考验的勇气为支持，恺撒应该率领他们前去迎击近在眼前的敌人。当时的历史确实表明，有守护精灵一直在帮助恺撒，激励着将士们的士气。

14. 除了士兵们一心求战外，高级将领们也一致支持开战，其中最重要者为近卫军长官（praefectus praetorio）弗罗伦提乌斯（Florentius）。弗罗伦提乌斯认为，开战确实很冒险，但趁着蛮族聚集在一起的机会，不论如何都要击败他们。他声称，如果敌人分散退走了，那么士兵们天性中更强烈的战斗热情会发展成为无法抑制的抗命骚乱。因为士兵们认为，胜利要靠自己拼搏，只有通过极端艰辛残酷的战斗才能获得。

15. 此外另有两方面的考虑增强了我方将士的信心。他们回想过去一年间，当莱茵河对面的蛮族在罗马人的土地上横行时，无人挺身而出保卫自己的家园，也无人抗击他们。人们只是在各处用树木修建密集的路障以封锁道路，定居在蛮族都难以长久适应的冬季严寒中。另一方面，当皇帝进军蛮族的国土时，蛮族们却不敢抵抗也不敢现身，只得表示顺从以求得和平。

16. 然而无人注意到现在形势已经不同了，蛮族在三个方面受到毁灭性的压迫。皇帝从莱提亚（Raetia）威胁他们；恺撒则就在他们附近，令他们无处逃逸；而那些跟他们有冲突的邻居（部落）正从四面八方威逼他们的后背。确实在最近，皇帝在达成和平后离开了，而且随着冲突根源的消失，（边境）邻近部落也已保持平静；是罗马将领极端耻辱的逃离大大助长了蛮族本性中深藏的野蛮性。

17. 另一方面，罗马的局势因为下述这些麻烦而恶化。两个王室家族的兄弟本来遵守去年从君士坦提乌斯那里获得的和平，不敢煽动骚乱或进行其他反叛活动。但不久之后，两人中地位较高且忠于誓言的贡多马杜斯（Gundomadus）遭背信杀害，他的民众与我们的敌人密谋，结果瓦多马里乌斯（Vadomarius）统治的民众突然与发动战争的蛮族联合。瓦多马里乌斯坚持声称，此举违背他本人的意愿。

18. 于是，从高级将领到低级士兵皆同意此时乃决战的良机，他们的坚强意志绝不会动摇。一名掌旗手突然大呼："前进吧，最幸运的恺撒！让更大的幸运引导您！通过您，我们最终能感受到战士们的勇气和意愿。您要作为幸运而强有力的统帅领导前进的道路，只要至高的神意显现，您将会发现，当力量被激发时战士们将会创造何等的业绩。这一切会在一位善战统帅的注视之下，他将会见证（我们）团结一心的成就。"

19. 听到这些发言后，战士们没有丝毫耽搁，立即向前行军至一座距离莱茵河岸不远的山丘，山丘的坡度很平缓，表面覆盖着已经成熟的谷物。山顶上有三名敌人的侦察骑兵，他们立即飞驰而去，急忙向自己人报告罗马人的到来。但还有一名敌人的步兵不能跟上骑兵，我军迅速行动将其抓获。他招供称：日耳曼人已经于三天三夜前渡过了莱茵河。

20. 我方将领派人去侦察临近的敌人，同时我方将士排列成密集的楔形阵，我们的前锋、长矛手和领队，步履坚定地站立着，如同坚不可摧的城墙矗立在那里。敌人出于谨慎，也排列成楔形阵与我方对峙。

21. 如前述的逃兵所言，敌人看见所有（我方）骑兵被部署于右翼面对他们，他们于是把所有最强大的骑兵以密集队形部署于左翼。无疑出于安全方面的考虑，在他们的骑兵之中到处都配置有用于分散突击的轻装步兵。

22. 因为他们意识到，面对我方的重甲骑兵，他们一方的骑兵战士即便战技纯熟，能一手抓住缰绳与盾牌一手挥舞长矛，也不能对有铁甲护身的我方战士造成伤害。而步兵战士在激战之中时，如果正面遭遇（重骑兵）无可退避，他们的惯用战术是伏下身体躲藏，同时猛刺敌人战马的侧部，如此则猝不及防的骑士会被抛落地面，要杀死他们非常容易。

23. 于是他们做了安排，在右翼暗中部署了隐藏的突击部队。现在所有好战的野蛮民族皆由科诺多马里乌斯和塞拉皮欧这两个权势最高的国王统帅。

24. 科诺多马里乌斯实际上是这整场邪恶叛乱的始作俑者。他行向左翼，头戴一顶装饰着华丽羽毛的头盔；他自以为是且胆大妄为，上肢力大无穷；他巨大的身躯里燃烧着炽烈的战斗欲望，他的战马也口喷白沫（跃跃欲试）；他手持一支巨大可怖的投枪立于马背上，身上的闪亮铠甲使得他远比其他人醒目；他是一个无畏的战士，亦是众首领中最优秀者。

25. 敌人的右翼则由塞拉皮欧指挥。他当时很年轻，下巴刚开始蓄须，但他的能力胜过他的同龄人。他是科诺多马里乌斯的兄弟梅德里库斯（Mederichus）之子，梅德里库斯是个终其一生毫无信义的人。之所以取"塞拉皮欧"这一名字，是因为梅德里库斯曾长年作为人质滞留在高卢，在那里接受了希腊秘仪教育①，因而他将自己儿子的名字由原本的"阿格纳里库斯"（Agenarichus）改为"塞拉皮欧"。

---

① 这种宗教秘仪显然与埃及的塞拉皮斯（Serapis）崇拜有关。

26. 他们后面跟随着五名权力次于他们的国王，另有十名王族首领，再后面是大批贵族和来自各民族的三万五千名士兵。这些士兵来打仗有的是为了报酬；有的则是自愿前来，以期通过战争改变命运，回复昔日地位。

27. 现在，当军号高声响起，负责战线左翼的罗马将军塞维鲁斯（Severus）走近满是战士的堑壕。这处堑壕用于部署伏兵，他们能突然出击，使整个敌军陷于混乱。这些无畏的战士站立在阴影之中难以被察觉，他们既不会后退也不会走远。

28. 目睹这些之后，恺撒在两百名骑兵的环绕护卫下勇敢地前往迎接最艰难的战斗。在活力与激情的感召下，他以言语和手势激励那些正快速部署的步兵阵线。

29. 然而，由于战士们的队列伸展得很长，加之战士的数量极众，要对所有将士发言是不可能的。而且恺撒还必须尽力避免嫉妒的严重危害，担心别人会认为他渴望将皇帝的眷顾独揽于自己一人。他不顾个人安危，冒着敌人的箭矢（在阵前）行进。对于熟识者与陌生者，他都以同样的（鼓励）燃烧起他们的英勇战斗热情。

30. "伙伴们！时候到了！现在正是战斗的时刻，是你们和我都一直期待的时刻，也是你们曾不断挥动武器所呼唤的时刻！"

31. 来到另一侧军阵外缘的军旗之处时，他又说："看啊！我的战士伙伴们！我们长久盼望的日子到来了，它促使我们所有人去洗刷往日的耻辱,恢复伟大罗马应有的荣光。眼前的这些野蛮人受到疯狂与无穷怒火的驱使,即将面对自己的毁灭,他们注定会被我们的力量击溃。"

32. 恺撒又以相同方式部署其他久经战阵的将士,并以如下的训话激励他们:"英勇的将士们! 让我们鼓起勇气,让我们用与自己职责相配的力量洗刷往日的屈辱。正是因为顾虑这些屈辱,我当初被加冕恺撒时才有所犹豫。"

33. 然而当看见有士兵鲁莽地要求举起军旗前进时,恺撒预见到士兵们难以抑制的激情可能会破坏战场纪律。于是他说:"我恳求你们不要玷污即将到来的胜利荣光,战斗中追击转身逃跑的敌人时不要过于急切,在战斗最紧急的关头不要退缩。因为我会毫不犹豫抛弃那些胆怯逃生者,而对那些出于谨慎判断而追击敌人,攻击敌人后背的战士,我则会坚定地伴随他们。"

34. 恺撒持续不断地重复上述话语以及其他的鼓励和告诫,都收到了同样效果。他把我军最强大的部分配置于正对蛮族第一线的位置。突然间,阿拉曼尼人一方的步兵中爆发出一阵激荡着怒气的吼叫。按照要求,在他们的吼叫声,蛮族的众王族们应该下马步行,与步兵们待在一起。此举是为了防止一旦战局不利时,王族们会轻易离开众人,抛弃处于困境中的普通战士。

35. 听到吼声之后,科诺多马里乌斯立即从马背上跃下,其余首领也毫不迟疑跟着他下马。因为他们对己方将会获胜皆确信无疑。

36. 于是，双方都发出作战信号，军乐手吹奏出低沉的号声。在极短时间内，两军向对方投出标枪，发射箭矢，然后日耳曼人以超乎想象的速度冲过来，他们右手挥动长剑，冲向我军骑兵队。他们咬牙切齿，展现出比平常更令人恐怖的愤怒表情；他们的长发飘动如愤怒的火焰，眼睛里闪烁着特有的疯狂光芒。①面对他们，我军战士沉着稳健，他们举起盾牌列成一排排盾墙保护自己上身，同时以剑突刺，挥舞长矛，给对方带来死亡恐惧。

37. 在战场最关键的地方尘云升腾，战况激烈。我军骑兵排列成密集队形英勇出击；侧翼则有步兵保护②，他们在前排以紧密相扣的小圆盾组成防线。我军各部分的部署与行动有所不同，有的坚守，有的后退；其中最凶狠善战的战士以膝抵地，拼尽全力击退敌人进攻。在近距肉搏中，双方士卒皆意志坚决，盾牌的突起相互碰击，胜利者的呼喊与倒地者的呻吟响彻云霄。我军的左翼以紧密阵形前进，他们以压倒性力量击退日耳曼人的主力，高呼着狂暴的战斗口号向前推进。但守护我军右翼的骑兵却出人意料地被击败，四处逃散。这些溃逃骑兵的前部发现自己受到军团主力的保护后就停下来，挡住了后部骑兵的退路，随后他们重新集结，又投入进攻。

38. 于是，骑兵的作战队列得以恢复。然而此时又发生了另一

---

① 这是西欧蛮族作战时常用的心理威慑战术。
② 保护侧翼的步兵一般是轻步兵，与承担阵线主力的重步兵有所不同。

件事：重甲骑兵的指挥官受了轻伤，而且他身边的一名随从因为甲
胄太沉重，昏厥后从马背上滑落下来。重甲骑兵们目睹此情景便
一哄而散，向各方逃散。幸好步兵们排列成相互支持的密集阵形，
危急之际岿然不动，这些重甲骑兵才没有践踏步兵，造成完全的混
乱。当这些骑兵只顾逃往安全地方时，恺撒在远处目睹此情形，立
即催马赶来，他像一道栏杆一样挡住骑兵们的去路，要求他们回去
战斗。

39. 恺撒身边的紫色龙旗标志非常醒目，因此他立即被战士们
认出。战旗被固定在一根长矛杆的顶端，就像一条风中招展的巨
蛇。①骑兵队中的一名副官停了下来，他脸色苍白，因恐惧而颤抖，
随后转身集结部下重新列队战斗。

40. 面对危局，恺撒像杰出统帅通常所做的那样温和地斥责他
们："英勇的士兵们！你们能逃到哪里去呢？你们难道不知道逃跑
从来不会带来安全，只能显示盲动的愚蠢吗？让我们回去跟其他
人一起战斗吧，这样我们至少能分享到即将到来的荣光。我们怎
么能抛弃这些为国鏖战的将士们呢？"

41. 此番言语起了很大的激励作用，士兵们都返回阵线加入战
斗。恺撒此举是在模仿历史上苏拉的壮举，尽管细节上有所差别。
苏拉率军迎战米特里达提斯（Mithritates）的部将阿尔奇劳斯
（Archelaus）时，战况非常残酷激烈，苏拉精疲力竭，所有士兵都抛

① 这是伊朗游牧民族特有的战旗，帝国中期传入罗马帝国，马塞里努斯在其他地
方对此有描述。见 Ammianus Marcellinus，XVI.10.7。

弃了他。苏拉抓起一面军旗冲向战线前方,将其掷向敌人,同时大声说道:"只管去吧! 我挑选你们是为了跟我共赴危难的。将来人们问'你们的将军在哪里?'你们只需如实回答'他为我们战斗,已独自在贝奥提亚(Boeotia)捐躯'。"

42. 我军骑兵被击败溃散后,阿拉曼尼人全力压向我军前方步兵阵线。他们认为我军的抵抗意志已遭削弱,可以趁机将我们击败。

43. 但在随后的肉搏战中,双方势均力敌,持续了很长时间。因为我军的角盔部队(Cornuti)与手镯部队(Bracchiati)①乃久经战阵的强悍劲旅,他们的外貌与姿态,还有他们极洪亮的战斗口号,立刻镇住了敌人。这种专用于激战的口号,由低沉的呢喃逐渐升至高亢的怒吼,有如一波一波的惊涛拍打礁石。士兵们以武器对武器,身体对身体相互搏杀,双方的移动使得战场上烟尘笼罩,外人难以看清战况,同时空中不断有标枪箭矢呼啸着到处飞落。

44. 蛮族怒火万丈,暴怒使他们行动失控,队伍有些混乱。他们不断以长剑猛砍,力图打破我军阵线;我军战士则以龟甲方式列阵,组成坚固的盾牌防护链阻挡敌人。

45. 得知这些战况后,巴达维(Batavi)部队迅速冲过来援助自己的袍泽,一同过来救援的还有以强悍著称的"国王"(Reges)战

---

① 都是拥有特殊装饰的蛮族精锐部队,罗马帝国晚期组建。

队。此时是战场上生死攸关的转折时刻,我们的战士被围困,他们的到来正逢其时,可谓天赐。我们的军号吹奏出激昂的音调,战士们又振作精神作战。

46. 阿拉曼尼人气焰高涨,他们喘着粗气,似乎要以狂暴怒气摧毁所有敢于抵挡者。在近距肉搏中,战士们挥出的剑要么被剑格挡,要么劈开对方的铠甲。伤者的鲜血未及流淌就被其他伤者压倒,死伤者越堆越高,场面十分恐怖。同时标枪箭矢依然不停地发射,带铁镞的箭如雨点般倾泻。

47. 现在双方势均力敌,难分高下。阿拉曼尼人高大强健,我军将士则训练有素;敌军凶猛喧嚣,我军则沉着谨慎。我军的信心来自高昂的士气,敌人则依靠他们的巨大身躯。

48. 往往是罗马人多次被披重甲的敌人压倒,又立即在原地站起来继续战斗;而蛮族战士因为伤痛疲劳左膝弯曲跪地后,依然不停止攻击,可见其极度顽强坚决。

49. 突然,一队由敌人贵族组成的狂暴战队猛冲过来,其中有国王及其侍从。他们连续突破了我军多条阵线,直达第一军团(Primani)①所在的中央阵线。这里即所谓的“中军大帐”,我军战士排列成密集的纵深队形在此严阵以待,他们坚不可摧,如铁塔般矗立。于是激战再度展开,我军士气更为高涨。为避免受创,战士

---

① 指守护中央军阵的精锐部队,一般由军区司令(magister militum)直接指挥。

们以鱼盔战士（murmillo）①的方式举盾防卫，同时拔剑猛刺敌人侧部，以发泄对敌人的狂怒。

50. 但敌人亦非常英勇，为了胜利不惜牺牲，他们持续发动攻击，力图冲破我军阵线。冲在前面的敌人被砍倒后，立即有未受伤的敌人顶上来。随着被杀的敌人不断增多，罗马人越发自信，而那些垂死敌人断续的呻吟声终于使敌人感到恐慌，他们开始丧失勇气。

51. 最后，因为伤亡极众，敌人终于动摇了。现在他们虑及自身安危，开始急速向各方向逃窜。这就如同惊涛骇浪中的水手及乘客们会期盼出现一阵大风，至于风把他们带到何方倒无所谓，要紧的是赶紧让他们远离巨浪的中心，因此任何大风都会令他们大喜过望。

52. 现在，神意的天平倒向我方。我们的战士挥舞着已经弯曲的剑砍劈逃敌的后背；有时战士们手中没有武器，他们就从蛮族敌人那里夺过标枪，用它们猛刺敌人的要害。再多的杀伤都不能平息战士们的怒火，再多的鲜血都不能满足战士们的杀戮欲望，甚至那些放弃抵抗求饶的敌人也丝毫不能唤起战士们的怜悯。

---

① 鱼盔战士为最经典的角斗士形象之一，其装备大概源自轻装高卢战士。鱼盔战士只有头部与上肢有装甲，格斗时以盾牌遮挡没有防护的部位，因而持盾方式比较独特。下面"刺敌人侧部"也是罗马步兵对付蛮族的基本战术动作之一，因为蛮族战士一般装甲不多，侧部无防护。

53. 这样,大批敌人遭受致命刺伤,倒地后只求速死以便解脱;其他半死的敌人已气息奄奄,正用垂死的空洞眼神感受最后的阳光。还有的敌人脑袋被长杆矛戟劈成两半,两瓣头颅就这样挂在身上,仅在咽喉部位跟身体相连。还有些敌人尽管毫发无伤,却跌倒在浸满同伴鲜血的湿滑泥泞中,被不断倒下的死伤者埋没,(因挤压或窒息)最后死在人堆中。

54. 我军在战场上进展顺利,战士们勇气倍增,不断挥动武器攻击,结果连锋刃都卷口了,敌人闪亮的头盔和盾牌滚落在脚下。最后,面对极端劣势,蛮族想夺路而逃,但堆积的尸体挡住了他们的去路,于是他们转向河流。现在这条几乎舔舐他们后背的河流成了他们逃生的唯一希望。

55. 我们的战士尽管身披甲胄,依然不知疲倦地快速奔跑,追击溃逃的敌人。有的敌人以为依靠游泳技巧能够逃过眼前的危险,于是把自己的性命托付给河流。恺撒却疾思敏捷,预见到可能的危险,他在众将军与副官的陪伴下大声呼喊,严词制止战士们的行动,严禁任何人因为贪功追敌而进入激流漩涡。

56. 于是恺撒的命令被遵守,只见战士们站在岸边,用各式各样的远程武器攻击敌人。有的敌人远远游开想躲避死亡,他们的身体却被卷入漩涡中,沉入河水深处。

57. 就如同戏剧表演一样,帷幕拉开后,很多奇妙的景象呈现在眼前,人们可以不用害怕放心观看。有的水性不好的敌人拼命跟着水性好的，那些没能跟上的则像树干一样随波漂荡；还有的被波浪席卷，最后被狂暴的涡流吞没；有的敌人还带着盾牌，他们在水中不断改变方向，以躲避水中突出的巨大礁石。部分敌人几经危难，终于到达远处的河岸。最后，河水都变了颜色，河床上满是蛮族的血沫，场面令人震惊。

58. 对蛮族的杀戮正在进行时，科诺多马里乌斯王想出了一个逃离的办法。他和几名扈从从成堆的尸体上飞速跑过，径直奔向自己的营地。这座营地当初是他为了显示自己的无畏，特意修建在特里本奇（Tribunci）①和康科狄亚（Concordia）②的罗马堡垒旁边的。科诺多马里乌斯早就在那里备有一条船以备不时之需，现在他想赶紧爬上这条船逃向某秘密去处。

59. 由于只有越过莱茵河他才可能抵达目的地，他慢慢撤退，同时遮住自己的脸以免被认出。当他已靠近河岸，正准备绕开一处激荡着泥水的沼泽湖时，马腿陷入泥泞难以自拔，他被掀落马背。虽然身体肥胖，行动不便，他还是迅速逃到附近一座小山上。但因为平日里地位显赫，他无法掩盖自己的身份，还是被人认出来。一个大队的士兵在副官率领下全速追赶他，他们出于谨慎，没有贸然进攻，只是布置兵力包围了这座满是树木的山丘，以防藏身于阴暗树丛的敌人发动突袭。

60. 眼看着罗马军队的部署，科诺多马里乌斯在极度恐惧的驱

---

① 今斯特拉斯堡附近。
② 今德鲁森海姆（Drusenheim）。

使下，独自走出来投降。随后投降的还有他的三个好友以及两百名扈从。根据日耳曼人的习俗，在国王死后继续偷生或者在危急之际没有为国王战死，这对他们来说都是莫大的耻辱。

61. 蛮族的本性向来是在逆境中卑躬屈膝，而在顺境中傲慢自大。科诺多马里乌斯很顺从地被别人拖走，他羞愧困窘，面无人色，因往日罪恶的愧疚而一言不发。这个曾经蹂躏高卢地区，其暴行令无数人恐惧的人，现在俯身受辱，状况跟往昔真是有天壤之别。

62. 就这样，无上的神意决定了战场上的胜负。现在天色已晚，收兵的军号响起，战士们才很不情愿地撤回。他们在莱茵河岸边扎营，以多层盾牌列成防线保护自己，然后享受食物和睡眠。

63. 是役，罗马一方阵亡者为士兵二百四十三人，军官四人。四名阵亡军官为角盔部队副官拜诺波德斯（Bainobaudes）与莱普索（Laipso）、重甲骑兵长官英诺肯提乌斯（Innocentius），以及一位我无法提供姓名的无职副官。散落在战场上的阿拉曼尼人尸体计有六千具，此外还有难以计数的成堆尸体被河流带走，无法确知。

64. 尤里安在战场上所表现出的卓越品质远高于他的身份，他也应该拥有更高指挥权，因此全军将士齐声欢呼他为"奥古斯都"。但尤里安斥责士兵们的鲁莽行径，发誓宣称自己绝不会谋求更高的地位。①

———————————

① 此时尤里安的身份已是恺撒（即副帝），如果接受拥立称帝，必然会爆发内战。

65. 为了提升庆祝胜利的喜庆气氛，尤里安召开庆功大会，在会上展示分发赏赐。尤里安用温和得体的语调下令把科诺多马里乌斯带上来，科诺多马里乌斯进来时弯着腰，然后很谦卑地张开四肢，伏在地上。他用本族语乞求宽恕，尤里安告诉他不必担心。

66. 几天后，科诺多马里乌斯被解送往皇帝的宫廷，之后又被送往罗马。在罗马凯里安（Caelian）山上的佩勒格里纳堡（Castra Peregrina）中，他死于肢体麻木之疾。①

67. 在这场如此巨大而彻底的胜利之后，君士坦提乌斯的宫廷中有人开始肆意毁谤尤里安以取悦皇帝。他们很滑稽地称呼皇帝为"征服者"（Victorinus），而皇帝本人，尽管在统兵作战方面记录平庸，却时常吹嘘对日耳曼人的征服。

68. 他们编出无数空洞的赞誉和显赫辉煌的事例，以惯常的方式吹嘘皇帝，而皇帝的天性也喜爱阿谀之词。他们把世上所有的功绩都归于皇帝的受命运庇护的远见卓识。

69. 结果，谗佞之徒的言辞使得皇帝志得意满。皇帝在随后发布的诏令中以傲慢的口吻撒谎，吹嘘自己的很多个人成就。尽管从未亲临险地，他却编造说自己通过战斗和征服，屡屡迫使敌人部落的国王们屈服。实际上（战争发生时）他本人正在其他地方，例如意大利。一位将军曾英勇抗击波斯人②，但皇帝在极为冗长的

---

① 可能是死于中风。
② 这位将军应该是指当时马塞里努斯的上司乌尔西奇努斯。

文书中未有一字提到他的功劳。皇帝还把附有桂冠的信函送往诸省的庆祝大会,在信中以可鄙的方式自吹自擂,说自己曾亲临战场的最前列。

70. 到后来,这些诏令被塞入有关这位皇帝的公共记录集中,里面的内容为关于皇帝功劳的无耻叙述,将他吹捧得上了天。其实阿尔根托拉图姆的战役正在进行时,皇帝离战场有四十天的路程,可记录里却说皇帝曾在战场上亲自部署战阵,还亲自站在军旗之中,(身先士卒)打得蛮族抱头鼠窜。皇帝还谎称科诺多马里乌斯(被俘后)被献给自己,对于尤里安的光辉业绩,他只字不提,将其深深隐藏。这真是厚颜无耻! 要不是皇帝的(恶劣)名声早已在外,多数公众会对别人的伟业一无所知。

二、强渡底格里斯河及泰西封城下的战斗

XXIV.6. 杀死了两千五百名波斯人,自己仅损失七十人之后,尤里安在大会上赏赐了很多冠冕。

1. 然后我军抵达一条人工挖掘的运河,名为"纳尔马尔夏"(Naarmalcha),意即"国王运河",这条河此时已经干涸。昔日图拉真以及之后的塞维鲁(Severus)曾想尽办法将河底的淤泥搬走,使之成为一条非常大的运河,这样他们就能利用水流将船队由幼发拉底河送入底格里斯河。

2. 综合各方面考虑,最安全的办法似乎是重新清理这处河道。

此前波斯人同样顾虑到这点,便以大量巨石将河道堵塞。当河道被清理后,湍急的水流汹涌而入,于是整个舰队随着水流安全通行了三十斯塔迪亚,最后进入底格里斯河的河道。随后我军立即架起桥梁,军队过河后向科切(Coche)行进。

3. 劳累之后需要适当的休整,于是我们在一片富饶的土地上扎营。这里满是果园和葡萄园,到处是碧绿葱翠的柏树。这其中有一处阴凉舒适的宅地,里面的所有墙壁上都画满了异域风格的绘画,展示波斯王在各式各样的狩猎中猎杀野兽。因为在他们国家,所有的绘画和其他艺术都是用来表现各类杀戮和战争。

4. 到目前为止,事态的进展完全符合皇帝的计划,于是皇帝愈加自信,继续前进直面所有的困难。由于幸运之神从未背弃他的军队,他认为自己可以采取更多更冒险的行动。那些运载给养和机械的最坚固船只被卸下货物,每艘船上增加配置了八十名战士。舰队中较强大的部分留下来被分为三支船队,其中一支交由司令(comes)维克多(Victor)指挥,他们接到指示,要在第一个夜晚趁着安静的夜色快速渡河,攻占对面一侧敌人控制的河岸。

5. 但将军们有着很大的忧虑,他们一致要求停止行动,但他们的话未能动摇皇帝的意志。随着命令的下达,军旗高高升起,五艘舰船立刻出发消失在视野中。然而当舰船靠近对面河岸时不断遭到敌人投掷武器的攻击,敌人的投射物有火炬和其他所有各类可燃物。如果不是皇帝激于胸中的勇气迅速应对,战士们可能已陷入火海。他大声呼喊,命令战士们在河岸边已占领的地方树起战旗发出信号,这样整个舰队能够快速划桨驶向该地点。

6.由于皇帝的这一作为,舰队未遭受损坏,战士们也得以幸存。尽管战士们遭到敌人从高处投掷的石块和其他远程武器的攻击,他们还是经过艰苦激战,冲过了非常高耸陡峭的河岸,并坚守不退。

7.就如同历史记载的塞尔托里乌斯(Sertorius)携带着武器甲胄游泳横渡罗讷河(Rhone)一样,当信号发出后,有些战士担心自己在这危急关头会落在后面,于是他们紧紧伏身在宽大弯曲的盾牌上(渡河)。尽管在控制方向时比较笨拙,他们还是伴随着舰船通过了满是激流与漩涡的河流。

8.波斯人把全副披挂的重甲骑士(cataphractes)配置于正对我们的位置。他们以密集队形排列,当他们移动时,紧密合身的甲胄闪烁着耀眼光芒,令对方士兵炫目。此外,他们的马匹也全身披挂着皮甲。这些骑兵有大批步兵作为后援,步兵以紧密队形举盾前进,他们的盾呈长方形,以编枝与生皮制成。在步骑军之后是战象,它们有如移动的山丘。战象一向令人畏惧,它们巨大的身躯会给任何靠近者带来毁灭。

9.于是皇帝按照《荷马史诗》中的战术①,让战斗力较弱的步

①　Homer,*Iliad*,IV.297ff.

兵部队位于作战阵线之间。因为他们如果被配置于前锋，可能会蒙羞退却，进而席卷整支军队；如果将他们配置于所有作战连队之后，他们又可能随意逃走，无人会阻止他们。皇帝本人与轻装辅助部队在一起，时而出现在最前线，时而在后方。

10. 当两军越来越近，能够相互看清对方时，罗马人缓缓前进，其步调如同抑抑扬格（anapaest）节律。①他们同时摇动着盾牌，带羽冠的头盔闪闪发光。前列的轻装散兵部队首先发起进攻，对敌人投掷标枪，这时地面上一阵阵旋风扫过，到处尘土飞扬。

11. 双方依照作战惯例，大声呼喊战斗口号，军号声也此起彼伏，以鼓舞战士们的斗志。士兵们挥舞长矛或拔出刀剑，投入激烈的短兵交战。战士们冲到敌人队伍前的速度越快，他们被箭矢所伤的可能性就越小。同时尤里安在队伍中忙碌着，时而支援受创的部队，时而激励落后的部队，他表现得既像一名勇敢的普通士兵，又像一位精力充沛的最高统帅。

12. 结果，波斯人的第一线部队败退了，开始只是局部缓慢地后退，随后就变为快速奔逃。当时非常炎热，波斯人带着阻碍他们行动的武器甲胄，径直逃向邻近的城市。尽管我们的战士同样在酷热的平原上披坚执锐从天亮战斗到日落，他们依然全力追击敌人，攻击他们的腿与后背。敌人的整支军队，包括庇格拉涅斯

---

① 抑抑扬格为一种诗歌节律，由两个短音和一个长音组成。罗马步兵这种行进方式源自斯巴达，古典史料中多有记载。如 Gellius, I.11.1—5; Cicero, *Tusc*, III.2.37; Val.Max, II.6.2。

(Pigranes)、苏雷纳（Surena）与纳尔塞乌斯（Narseus）这些最高统帅，全部急奔向泰西封的城墙。

13. 我军的战士们也差点跟着溃逃的敌人冲进城门，幸亏将军维克多高举双手并大声呼喊，阻止了他们的行动。维克多本人肩部受了箭伤，他担心战士们气焰正旺且行动过于迅速，轻率地冲入城墙之内却找不到出口，结果会被优势数量的敌军所包围。

14. 让古代的诗人们去吟唱赫克托（Hector）的战斗吧，让他们去歌颂特撒利亚（Thessalian）首领①的勇武吧；让那久远的历史去讲述索法内斯（Sophanes）、阿米尼亚斯（Aminias）、卡里马库斯（Callimachus）与库奈吉鲁斯（Cynaegirus）等人在米底（Medic）战争中的显赫伟业②吧。我军部分战士在这一天所表现出的英勇受到所有人的赞誉，比之上述英雄们也毫不逊色。

15. 战士们士气高涨，胸中依然燃烧着战斗激情，他们信心百倍地踩踏着敌人的尸体归来，聚集在皇帝的大帐中给予皇帝赞美与感激。因为不管在哪里，不管身为一位统帅还是一名士兵，皇帝总是挂念别人的福祉而不虑及自身。此战波斯一方有超过两千五百人被杀，我军仅有七十人阵亡。

16. 皇帝授予有功的战士海洋冠（naval crowns）和军营冠

---

① 指阿喀琉斯（Achilles）。

② 见希罗多德与尤斯丁（Justin）等人的著作。"米底战争"即对波斯人的战争。

(camp crowns)①,他们在战场上有着不可动摇的意志,他们的英勇行为皇帝本人曾亲身目睹,皇帝能叫出他们中许多人的名字。

17. 皇帝完全确信此后类似的胜利还会接踵而至,他为复仇者马尔斯(Mars the Avenger)准备了很多牺牲。有十头漂亮的公牛被牵上来,但其中的九头尚未被带到祭坛就自动倒伏在地上,第十头牛则挣脱绳索跑开,人们费了很大力气才把它拉回来。它被用于献祭,显现出未来的征兆。尤里安看了征兆之后极度忿怒地呼喊,要求朱庇特作证,称自己今后绝不再向马尔斯奉献牺牲。实际上他此后再也未能献祭,因为死亡很快就将他带走了。

三、匈人的早期活动

XXXI.3. 匈人通过武力和盟约等手段迫使阿兰人诸部加入己方,然后他们进攻哥特人,将哥特人逐出自己的领土。

1. 于是,匈人穿过阿兰人的领土。这些阿兰人与格琉图恩吉人(Greuthungi)②为邻,习惯上被冠以绰号"塔纳伊斯诸族"(Tanaites)。匈人利用杀戮和劫掠,迫使剩下的阿兰人同意成为忠实盟友,与自己联合行动。在新加盟的阿兰人协同之下,匈人的袭击更加大胆,随后突入艾尔门里库斯(Ermenrichus)王③广大空旷且物

---

① 都是给予立功战士的传统赏赐,盖利乌斯(Gellius)对此有详细记述。见 Gellius,V.6。
② 即东哥特人(Ostrogoths)。
③ 即约丹尼斯(Jordanes)著作中的东哥特王艾尔曼纳里克(Ermanarich)。

产丰饶的领地。这位艾尔门里库斯是个极为好战的君王,因为众多各式各样的勇猛业绩而为周边民族所忌惮。

2. 艾尔门里库斯遭到突如其来侵略风暴的打击。尽管他在长时间里尽力抵抗外来进犯,但有关侵略者的各种夸大其词的恐怖谣言还是四处传播。最终艾尔门里库斯只得自杀,以摆脱这场巨大危机带来的恐慌。

3. 艾尔门里库斯死后,维提米利斯(Vithimiris)继位为王。他雇用了一批匈人加入自己一方,并依靠这些匈人抵挡了阿兰人一段时间。但他还是蒙受了很多失败,最终因不敌对方的优势军力而阵亡。之后阿拉特乌斯(Alatheus)与萨弗拉克斯(Saphrax)以维提米利斯幼子维德里库斯(Viderichus)的名义管理国内事务,此二人都是经验丰富的统帅,因意志坚定而久负盛名。考虑到目前的危险局势,他们不再有反击敌人的信心。于是他们谨慎地后撤,行进至达纳斯提乌斯(Danastius)河①,这条河流经希斯特(Hister)②河与波利斯腾尼斯(Borysthenes)③河之间的广大平原。

4. 当特鲁因吉人(Theruingi)④之王⑤阿塔纳里库斯(Athanari-

---

① 即今德涅斯特(Dniester)河。

② 即多瑙河。

③ 即今第聂伯(Dnieper)河。

④ 即西哥特人(Visigoths)。

⑤ 原文为"判官"(iudex)。这个词在当时往往指部落首领,但这里指地位高于普通国王的国王。关于阿塔纳里库斯是否为所有西哥特人认同的强大君主,目前尚有争议。见 M.Kulikowski, *Rome's Gothic Wars*, Cambridge:Cambridge University Press, 2007, p.101。

chus)得知这些出人意料的消息后，他像其他遭遇威胁的人一样倾尽全力保住自己的地位。这个阿塔纳里库斯我在前文已经提到过①，因为他曾派军队援助普罗科皮乌斯（Procopius），瓦伦斯不久前降低了他的等级。

5. 于是他在达纳斯提乌斯河岸修筑自己的营寨，此处到地标"格琉图恩吉人的护栅"②尚有一段距离。然后他派遣穆恩德里库斯（Munderichus）与拉迦里马努斯（Lagarimanus），还有其他高阶贵族（越过边境）二十里以监视敌人的前进动向。其中的穆恩德里库斯后来成为（罗马帝国）阿拉比亚（Arabia）地区的边境统帅。同时阿塔纳里库斯得以不受干扰，专注于组建作战部队。

6. 但战局的发展却完全出乎阿塔纳里库斯的预料。匈人一向精于算计，他们估计一支大部队正在远处集结。于是匈人放过眼前的敌人③，与他们达成和约平息战事，这样匈人采取下一步行动就不再有后顾之忧。当明月当空，夜晚不再黑暗时，匈人们涉水渡河。随后他们取道最佳路线，以防止（敌方）送信者跑在自己前面使远方的敌人有所察觉。最终匈人以迅捷的突袭进攻阿塔纳里库斯本人（的驻地）。

7. 匈人的首波袭击使得阿塔纳里库斯大为惊骇，他损失了一些部下，在匈人的驱赶下急忙退往陡峭崎岖的山地。考虑到新的

---

① 见马塞里努斯《历史》第 17 卷第 5 章第 6 节。
② 这些护栅的作用大概是标识格琉图恩吉人的领土界线。
③ 大概指格琉图恩吉人。

形势,加上害怕匈人发动更大规模的攻击,阿塔纳里库斯遂加高堡垒,同时派出部队,在从盖拉苏斯(Gerasus)河①直到多瑙河的地域内袭扰泰法利人(Taifali)②的土地。阿塔纳里库斯指望通过如此迅速缜密的堡垒工程,自己能有一处安然无恙的根据地。

8. 上述规划完善的工程正在进行时,匈人又以极快速度扑向阿塔纳里库斯。要不是匈人们为沉重的战利品所累停止了进攻,阿塔纳里库斯在首次攻击中就会被消灭。尽管(阿塔纳里库斯幸存下来,)消息还是传遍了其他哥特部落,称某个至今尚不为人知的强悍种族近来由其藏身之处钻出来,像源自高山的雪暴一样震撼并席卷所有周边之物。大部分特鲁因吉民众离开了阿塔纳里库斯,他们缺衣少食,想寻找一处不知道蛮族为何物的遥远地域栖身。关于究竟该前往何处定居,他们考虑了很长时间,最后认为色雷斯(Thrace)地区是最合适的避难之所。原因有二:首先,色雷斯的土地非常肥沃(,利于耕作);其次,在色雷斯与那些目前暴露于异族战争风暴③的适耕土地之间,有希斯特河的宽阔波涛相隔。于是所有其他部落皆一致同意了该计划。

XXXI.9. 大部分名为"特鲁因吉人"的哥特人被驱离自己的国境。他们发誓将服从罗马并为罗马军队提供兵员,经过罗马一方瓦伦斯皇帝的同意,他们被接纳送往色雷斯。同时另一部分哥特

---

① 今普鲁特(Pruth)河,位于古达西亚(Dacia)省的东部边界。
② 泰法利人为北非的柏柏尔民族,这些泰法利人为战俘,被罗马帝国安置在这些地区。马塞里努斯对该民族及其迁移安置有不少记载。见马塞里努斯《历史》第31卷第9章。
③ 原文为"异族马尔斯的雷霆",可能因为传说中的战神马尔斯生于色雷斯地区。

人，即格琉图恩吉人，也乘着筏子暗中渡过希斯特河。

1. 于是在首领阿拉维乌斯（Alavivus）的率领下，特鲁因吉人占领了多瑙河岸，然后他们派使者去见瓦伦斯皇帝。使者们以谦卑的态度请求皇帝接纳自己的族人，并誓言他们不仅会过和平的生活，而且当形势需要时他们还会向罗马提供辅助士兵。

2. 上述局势在境外发展的同时，可怕的谣言也传播至（蛮族世界）之外，称北方民族正以席卷之势带来新的、超常的更巨大灾祸。整个地区都被波及，从马科曼尼人（Marcomanni）与夸迪人（Quadi）①的领地直到本都（Pontus）②地区。一个无人知晓的凶悍族群，在突如其来的狂暴驱使下离开家园，他们与自己的家眷组成分散游荡的小队，在希斯特河流域活动。③

3. 刚开始时，我们的民众以轻蔑态度对待这些消息。这是因为，除了对遥远地区发生的事情感到不安或震惊，在这些地区的居民完全不知战争为何物。

4. 但相信这些事情的人越来越多，当外族使者到来时，流言得到了证实。哥特使者们急切地乞求皇帝接纳一个丧失家园的民族，允许他们定居在多瑙河的罗马一侧河岸。这些事件带来的是

---

① 马科曼尼人与夸迪人为东端的日耳曼部落联盟，大约分布在多瑙河上游以北地区。
② 本都指黑海。
③ 该句的意思有些含混，大概是指少量匈人（例如前文提到的哥特人盟友）已抵达多瑙河对岸。

喜悦而非恐惧。使者们颇为精明地奉承道,恭喜皇帝有了一个千载难逢的好机会,可以从来自最遥远地域的民族中征集如此之多的士兵,所得的好处将超乎想象。这样就无需每年从各省份招募兵士,(由于节省了招兵费用,)帝国的金库将会增加大堆的黄金。

5. 由于抱有这样的希望,各类官员受命乘坐马车前往,负责输送这些好战的蛮族。(皇帝要求官员们)行事要小心谨慎,勿要遗留下什么问题有损于罗马帝国。实际上,此举将给国家带来严重祸患。于是经过皇帝的许可,哥特人可以渡过宽广的多瑙河,在安宁的色雷斯找到一处居住地。哥特人成群结队不分昼夜地渡河,他们的运载工具有船只、筏子甚至掏空的树干。由于河中水流可谓最凶险之地,加之当时频繁的暴雨使得河流更加湍急,有的哥特人拼命想游过去,但在水中的巨浪的打击下,很多人被河水吞没。

6. 于是在这一地区,一场导致罗马覆灭的狂野风暴正在酝酿。以下的事实是明显无疑的:那些负责运送蛮族的官员力图清点记录,以便确定入境者的数量,结果却是徒劳无功,只得放弃。正如一段非常著名的预言所言:"希望明了此事者也会希望知道,利比亚平原上被西风(Zephyr)卷走的沙粒数量几何?"①

7. 结果,昔日米底②大军进犯希腊的一幕又重演了。当(米底大军)通过赫勒斯彭(Hellespont)的浮桥,并依靠复杂工程③之助

---

① 见维吉尔(Virgil)《农事诗》(*Georgics*)第 2 篇第 106 行以次。
② 米底人一般泛指波斯人。
③ 指挖掘一条运河穿过半岛的地峡,以便波斯舰队通过。

来到阿托斯（Athos）山脚下的海面时，为了解答（军队数量的）疑问，这支大军在多利斯库斯（Doriscus）接受分组清点。[①]而后世的人读到这些内容时都当它们是传说演义。

8. 无数的部落蜂拥进入各行省，他们遍布于广大的原野，并扩展至所有地区，甚至所有的山脊。因为这一当代的事例，上述古代故事的可信度得以确证。随后哥特人的首领弗里提根努斯（Fritigernus）[②]与阿拉维乌斯受到接见，皇帝下令向哥特人提供当下所需的补给，并分配土地给他们耕种。

9. 在此期间，我们边境的防护形同虚设，武装蛮族的洪流如埃特纳（Aetna）火山喷发般四处扩散。[③]值此危难之际，亟须某些功勋卓著且声望显赫，能够提升军力的人。然而仿佛神对我们抱有敌意，此时掌握军权的都是声名狼藉之徒：首先是鲁皮奇努斯（Lupicinus），色雷斯军区统领；其次为马克西姆斯（Maximus），一个成事不足败事有余的边防统帅。

10. 他们的背信贪婪是一切灾祸的根源。他们犯下的众多罪

---

① 古希腊史典故，见希罗多德《历史》第 7 卷第 59 节。薛西斯率大军入侵希腊时，为了知道自己军队的规模，他在多利斯库斯停留，围出一片大约能容纳一万人的空地，让他的部队一批接一批站满围地。通过统计批次，他就能了解波斯军队的大致数量。马塞里努斯《历史》在其他地方描述人数众多时也提到过该典故，见第 18 卷第 6 章第 23 节。
② 史书一般称其为弗里提根（Fritigern）。
③ 实际上根据哥特人与罗马帝国达成的协议，哥特人过河时必须先交出武器。不过哥特人往往用各种方法瞒过罗马官员，将武器带过河。见 Zosimus, *HN*, IV.20.6; Eunapius, *Frag.*, 42。

行确凿无疑、为人熟知，他们还玩忽职守，利用各种恶劣手段伤害这些当时尚无敌意的外来求助者。我将忽略所有这些罪恶，只说一件闻所未闻的悲惨事例。关于这件事，即便他们身为自己的法官，也找不到任何借口开脱罪行。

11. 当过河的蛮族为食物匮乏所迫时，这些可恨的罗马将军们琢磨出一种可耻的交易手法。他们尽其所能从各地搜罗到大量的狗，（然后与哥特人交易，）每只狗换一个奴隶。那些被运走的奴隶中包括一些哥特贵族之子。

12. 同时就在这些天内，格琉图恩吉王维特里库斯（Vithericus）①（及其部众）也行进至希斯特河岸。随同维特里库斯的还有阿拉特乌斯与萨弗拉克斯，以及一位同样重要的首领法尔诺比乌斯（Farnobius），维特里库斯在这些人的监护下行使统治权。他们迅速派出使者向皇帝乞求，希望也能得到同样的恩准，被帝国接纳。

13. 虑及国家利益的需要，以及又一批蛮族过河可能造成的麻烦，这些使者的要求被回绝。与此同时，阿塔纳里库斯害怕遭遇与格琉图恩吉人相同的命运，便撤退了。他想起以前与罗马达成和平时曾羞辱过瓦伦斯：他宣称自己碍于神圣誓言，无论如何都不会踏足于罗马人的土地。结果他以此誓言为由，迫使皇帝在河中心与自己签订和平协议。②阿塔纳里库斯担心皇帝的恨意迄

---

① 即前文的东哥特幼王维德里库斯（Viderichus）。
② 相关记述见马塞里努斯《历史》第 27 卷第 5 章第 6 节。

今未消，遂率所有部众退入高加兰达（Caucalanda）地区。[①]这里山峦高耸，树木参天，阿塔纳里库斯在这里首先击退了萨尔马特人（Sarmatae）的进犯。[②]

---

① 高加兰达的具体位置不详，大约是今罗马尼亚西部的特兰西瓦尼亚地区。
② 阿塔纳里库斯的长年抵抗行动后来终于获得罗马帝国的认可。381 年 1 月，阿塔纳里库斯违背早先的誓言，避入罗马帝国，他在君士坦丁堡的宫廷受到皇帝狄奥多西一世的友好接待。两周后阿塔纳里库斯病逝，狄奥多西为其举行了隆重葬礼，以安抚境内的哥特民众。

参 考 文 献

中文史料

（汉）司马迁：《史记》，中华书局 1959 年版。

（汉）班固：《汉书》，中华书局 1975 年版。

（南朝）范晔：《后汉书》，中华书局 1973 年版。

（北齐）魏收：《魏书》，中华书局 1974 年版。

（唐）李延寿：《北史》，中华书局 1974 年版。

（唐）魏征等：《隋书》，中华书局 1982 年版。

中文专著

陈序经：《匈奴史稿》，中国人民大学出版社 2007 年版。

林幹：《匈奴通史》，人民出版社 1986 年版。

林幹选编：《匈奴史论文集（1919—1966）》，蒙古语言文学历史研究所历史研究室 1977 年版。

林幹选编：《匈奴史论文集（1919—1979）》，中华书局 1983 年版。

马小鹤：《摩尼教与古代西域史研究》，中国人民大学出版社 2008 年版。

孙培良:《伊朗通史:萨珊朝伊朗》,西南师范大学出版社 1995 年版。

王治来:《中亚史纲》,湖南教育出版社 1986 年版。

武沐:《匈奴史研究》,人民出版社 2005 年版。

余太山:《塞种史研究》,中国社会科学出版社 1992 年版。

余太山:《嚈哒史研究》,齐鲁书社 1986 年版。

中文译著

[美]A.T.奥姆斯特德:《波斯帝国史》,上海三联书店 2010 年版。

[俄]维·维·巴尔托里德、[法]伯希和:《中亚简史》,中华书局 2005 年版。

[苏]波德纳尔斯基:《古代的地理学》,商务印书馆 1997 年版。

[法]布尔努瓦:《丝绸之路》,山东省报出版社 2001 年版。

[英]崔瑞德、鲁惟一:《剑桥中国秦汉史》,中国社会科学出版社 2007 年版。

[德]赫伯特·格隆德曼:《德意志史》第一卷,商务印书馆 1999 年版。

[法]勒内·格鲁塞:《从希腊到中国》,浙江人民美术出版社 1985 年版。

[法]勒内·格鲁塞:《草原帝国》,商务印书馆 1998 年版。

[英]加文·汉布里主编:《中亚史纲要》,商务印书馆 1994 年版。

[英]爱德华·吉本:《罗马帝国衰亡史》,吉林出版集团责任有限公司 2008 年版。

［美］沙伦·M.凯、保罗·汤姆森:《奥古斯丁》,中华书局 2003 年版。

［美］爱德华·勒特韦克:《罗马帝国的大战略》,商务印书馆 2008 年版。

［印］R.C.马宗达、H.C.赖乔杜里、卡利金卡尔·达塔:《高级印 度史(上)》,商务印书馆 1986 年版。

［美］W.M.麦高文:《中亚古国史》,中华书局 2004 年版。

［日］内田吟风:《北方民族史与蒙古史译文集》,云南人民出版 社 2003 年版。

［美］J.W.汤普森:《历史著作史》(上卷第一册),商务印书馆 1992 年版。

西文史料

Appian, *Appian's Roman History*, Vol. I—IV, The Loeb Classical Library, Cambridge, Massachusetts: Harvard University Press, 1982—1995.

Dio, *Dio's Roman History*, Vol.I—IX, The Loeb Classical Library, London: William Heinemann, 1954—1984.

Dio, *Dio's Roman History*, Volume I, London: William Heinemann, 1970.

Eusebius, *The Ecclediastical History*, Vol.I—II, The Loeb Classical Library, London: William Heinemann, 1953—1965.

Herodian, *Herodian*, Vol.I—II, The Loeb Classical Library, London: William Heinemann, 1969—1970.

Herodotus, *Herodotus*, Vol.I—III, The Loeb Classical Library,

Cambridge, Massachusetts: Harvard University Press, 1950.

Homer, *Iliad*, Vol. I—II, The Loeb Classical Library, Cambridge, Massachusetts: Harvard University Press, 2001—2003.

Josephus, *Josephus*, Vol. I—XIII, The Loeb Classical Library, Cambridge, Massachusetts: Harvard University Press, 1998—2006.

Julian, *The Work of the Empire Julian*, Vol. I—III, The Loeb Classical Library, London: William Heinemann, 1949—1954.

Libanius, *Autography and Selected Letters*, Vol. I—II, The Loeb Classical Library, London: Harvard University Press, 1992.

Libanius, *Selected Orations*, Vol. I—II, The Loeb Classical Library, London: Harvard University Press, 1977—2003.

Marcellinus, Ammiannus, *Res Gestae*, C.U. Clarke(ed.), Berlin: Weidmann, 1963.

Marcellinus, Ammianus, *Ammiani Marcellini Rerum Gestarum Libri Qui Supersunt*, W. Seyfarth (ed.), Leipzig: B. G. Teubner, 1978.

Marcellinus, Ammianus, *The Later Roman Empire*, London: Penguin Books, 2004.

Marcellinus, *Ammianus Marcellinus*, Vol. I—III, The Loeb Classical Library, London: William Heinemann, 1958—1982.

Plutarch, *Plutarch*, Vol. I—XVI, The Loeb Classical Library, Cambridge, Massachusetts: Harvard University Press, 1999—2006.

Procopius, *Procopius*, Vol. I—VII, The Loeb Classical Library, London: William Heinemann, 1952—1954.

Saint Augustine, *The City of God Against the Pagans*, Vol. I—

VII, The Loeb Classical Library, London: William Heinemann, 1963—1981.

Saint Jerome, *Select Letters of St. Jerome*, London: William Heinemann, 1954.

Strabo, *The Geography of Strabo*, Vol.I—VIII, The Loeb Classical Library, Cambridge, Massachusetts: Harvard University Press, 1949—1954.

Tacitus, *Tacitus*, Vol.I—IV, The Loeb Classical Library, Cambridge, Massachusetts: Harvard University Press, 1951—1952.

Thucydides, *History of the Peloponnesian War*, Vol.I—III, The Loeb Classical Library, Cambridge, Massachusetts: Harvard University Press, 1991—1992.

西文专著

Adkins, L. & Adkins, R.A., *Handbook to Life in Ancient Greece*, New York: Fact On File, 1997.

Adkins, L. & Adkins, R.A., *Handbook to Life in Ancient Rome*, New York: Fact On File, 2004.

Arendt, H., *The Origins of Totalitarianism*, New York: Meridian, 1958.

Ball, W., *Rome in the East*, London & New York: Routledge, 2000.

Balsdon, J. P. V. D., *Romans and Aliens*, London: The University of North Carolina Press, 1979.

Barnes, T.D., *Ammianus Marcellinus and the Representation of*

Historical Reality, Ithaca & London: Cornell University Press, 1998.

Barthold, W., *Turkestan down to the Mongol invasion*, London: E.J.W.Gibb Memorial Trust, 1977.

Boardman, J. & Griffin, J. & Murray, O., *The Oxford History of Greece and the Hellenistic World*, Oxford: Oxford University Press, 1988.

Boardman, J. & Griffin, J. & Murray, O., *The Oxford History of Roman World*, Oxford: Oxford University Press, 1988.

Boeft, J. den & Hengst, D. den & Teitler, H.C., *The Historiographic Art of Ammianus Marcellinus*, Amsterdam & Oxford & New York & Tokyo: North-Holland, 1992.

Bowman, A.K. & Champlin, E. & Lintott, A., *The Cambridge Ancient History*, Vol.X, Cambridge: Cambridge University Press, 1996.

Bowman, A.K. & Garnsey, P. & Rathbone, D., *The Cambridge Ancient History*, Vol.XI, Cambridge: Cambridge University Press, 2000.

Breasted, J.H., *Ancient Records of Egypt*, Volume 3, London: Histories & Mysteries of Man LTD, 1988.

Brown, P., *The World of Late Antiquity AD 150—750*, London: Harcourt Brace Jovanovich, 1976.

Browning, R., *The Emperor Julian*, London: Weidenfeld & Nicolson, 1977.

Bury, J.B., *History of the Later Roman Empire*, London: Macmillan and CO. Limited, 1923.

Cameron, A. & Garnsey, P., *The Cambridge Ancient History*, Vol.XIII, Cambridge: Cambridge University Press, 1998.

Cameron, A. & Ward-Perkins, B. & Whitby, M., *The Cambridge Ancient History*, Vol.XIV, Cambridge University Press, 2000.

Campell, B., *The Roman Army, 31 BC-AD337*, London & New York: Routledge, 1994.

Campell, D.B., *Greek and Roman Siege Machinery 399BC—AD363*, Oxford: Osprey Publishing, 2003.

Cary, M., *A History of Rome down to the Reign of Constantine*, New York: Macmillian & ST Martin's Press, 1970.

Chadwick, R., *First Civilization: Ancient Mesopotamia and Ancient Egypt*, London: Equinox Publishing LTD, 2005.

Chrissanthos, S.G., *Warfare in the Ancient World*, London: Praeger, 2008.

Clark, C.U., *The Text Tradition of Ammianus Marcellinus*, New Haven: Yale University, 1903.

Cook, S.A. & Adcock, F.E. & Charlesworth, M.P. & Baynes, N.H., *The Cambridge Ancient History*, Vol.XII, Cambridge: Cambridge University Press, 1999.

Cosmo, N.Di., *Ancient China and its Enemies: the Rise of Nomadic Power in East Asian History*, Cambridge & New York: Cambridge University Press, 2002.

Curtis, V.S. & Hillenbrand, R. & Roger, J.M., *The Art and Archaeology of Acient Persia*, London & New York: I.B.Tauris, 1998.

Davies, J.P., *Rome's Religious History: Livy, Tacitus and Ammianus on Their Gods*, Cambridge: Cambridge University Press, 2004.

Dill, Samuel M.A., *Roman Society in the Last Century of the Western Empire*, London: Macmillan & Co, 1921.

Dodgeon, M.H. & Lieu, S.N.C., *The Roman Eastern Frontier and the Persian Wars (AD 226—363)*, London & New York: Routledge, 1991.

Drijvers, J.W. & Hunt, D., *The Late Roman World and its Historian*, London & New York: Routledge, 1999.

Ferrill, A., *The Fall of the Roman Empire*, New York: Thames and Hudson, 1986.

Gabriel, R. A., *Empires at War II*, London: Greenwood Press, 2005.

Garratt, G.T., *Legacy of India*, London: Oxford University Press, 1937.

Gibbon, E., *The Decline and Fall of the Roman Empire*, Vol.I—VI, London: Routledge Thoemmes Press, 1997.

González, J.L., *A History of Christian Thought*, Vol.I—III, Chicago: University of Chicago Press, 1971.

Goodman, M., *The Roman World 44BC—AD180*, London & New York: Routledge, 1997.

Graham, S. & Vanderspoel, J. & Mattingly, D. & Foxhall, L., *The Cambridge Dictionary of Classical Civilization*, Cambridge: Cambridge University Press, 2006.

Graham, S., *A Dictionary of Ancient History*, Oxford:

Blackwell Publishers, 1994.

Grant, M., *Constantine the Great*, New York: Maxwell Macmillan, 1994.

Greatrex, G. & Lieu, S.N.C., *The Roman Eastern Frontier and the Persian Wars(AD 363—630)*, London & New York: Routledge, 2002.

Hambly, G., *Central Asia*, New York: Delacorte Press, 1966.

Hanmilton, W., *Ammianus Marcellinus: The Later Roman Empire*, London: Penguin Books, 2004.

Harries, J., *Law and Empire in Late Antiquity*, Cambridge: Cambridge University Press, 1999.

Heather, P., *The Fall of the Roman Empire*, Oxford: Pan Books, 2005.

Heather, P., *The Visigoths*, San Marino: The Boydell Press, 1999.

Heather, P. J., *Goths and Romans 332—489*, Oxford: Clarendon Press, 1992.

Isaac, B., *The Limits of Empire*, Oxford: Clarendon, 1990.

Jane, M., *Handbook to Life in Prehistoric Europe*, New York: Fact On File, 2006.

Jones, A.H.M., *The Decline of the Ancient World*, London & New York: Longman, 1975.

Jones, A.H.M., *The Later Roman Empire 284—602*, Vol.I, Baltimore: The John Hopkins University Press, 1986.

Jones, A.H.M., *The Later Roman Empire 284—602*, Vol.II,

Baltimore: The John Hopkins University Press, 1986.

Kallet-Mark, R.M., *Hegemony to Empire*, *The Development of Roman Imperium in the East From 148 to 62 BC*, Berkeley & Los Angeles & Oxford: University of California Press, 1995.

Keegan, J., *A History of Warfare*, London: Pimlico, 2004.

Kelly, C., *Ammianus Marcellinus*: *The Allusive Historian*, Cambridge: Cambridge University Press, 2008.

Kelly, C., *Ruling the Later Roman Empire*, Cambridge: The Belknap Press of Harvard, 2004.

Kennedy, H., *Mongols*, *Huns and Vikings Nomads at War*, London: Cassell & Co, 2002.

Keppie, L., *The Making of the Roman Army*, Totoea, New Jersey: Barnes & Noble Books, 1984.

Kulikowski, M., *Rome's Gothic Wars*, Cambridge: Cambridge University Press, 2007.

Lee, A.D., *War in late Antiquity*, Oxford, Blackwell Publishing, 2007.

Lendon, J.E., *Empire of Honour*, Oxford: Oxford University, 1997.

Lenski, N., *Age of Contantine*, Cambridge: Cambridge University Press, 2006.

Levick, B. & Staff, L.B., *Tiberius the Politician*, London: Routlege, 1986.

Lot, F., *The End of the Ancient World*, London & New York: Routledge, 1996.

Luttwak, E.N., *The Grand Strategy of the Roman Empire: From the First Century A.D. to the Third*, New York: Johns Hopkins University Press, 1977.

MacGeorge, P., *Later Roman Warlords*, Oxford: Oxford University Press, 2000.

Maenchen-Helfen, O.J., *The World of the Huns*, Berkley & Los Angeles: University of California Press, 1973.

Majumdar, R.C. & Raychaudhuri, H.C. & Kalikinkar, D., *An Advanced History of India*, London: Macmillan & Co. LTD, 1958.

Marsh, F.B., *A History of the Roman World From 146 to 30 BC*, London: Methuen & Co, 1964.

Matthews, J.F., *Ammianus Marcellinus*, New York: Charles Scribner's Sons, 1982.

Matthews, J.F., *The Roman Empire of Ammianus*, New York: Michigan Classical Press, 2007.

Matthews, J.F., *The Roman Empire of Ammianus: with a new introduction*, Ann Arbor: Michigan Classical Press, 2007.

Millar, F., *The Roman Near East 31 BC—AD 337*, Cambridge & London: Harvard University Press, 1993.

Mitchell, S., *A History of the Later Roman Empire AD 284—641*, Malden: Blackwell, 2007.

Mommsen, T., *The Provinces of the Roman Empire from Caesar to Diocletian*, Vol.I, New York: Barnes & Noble, 1996.

Mommsen, T., *The Provinces of the Roman Empire from Caesar to Diocletian*, Vol.II, New York: Barnes & Noble, 1996.

Olmstead, A.T., *History of the Persian Empire*, Chicago: University of Chicago Press, 1948.

Paker, E.H., *A Thousand Years of the Tartars*, London & New York: Routledge, 1996.

Parker, S.T., *Romans and Saracen: A History of the Arabian Frontier*, Winona Lake: Eisenbrauns, 1986.

Penrose, J., *Rome and Her Enemies: An Empire Created and Destroyed by War*, Oxford: Osprey Publishing, 2005.

Potter, D. S., *The Roman Empire at Bay AD 180—395*, London & New York: Routledge, 2004.

Pritchard, J.B., *Ancient Near Eastern Texts Relating to the Old Testament*, Princeton: Princeton University Press, 1955.

Redford, D.B., *The Oxford Encyclopedia of Ancient Egypt*, Volume 2, Oxford: Oxford University Press, 2001.

Robinson, O.F., *The Sources of Roman Law*, London & New York: Routledge, 1997.

Rollins, A., *Rome in the Fourth Century AD*, Jeffeson & London: McFarland & Company, 1991.

Rollins, A.M., *The Fall of Rome A Reference Guide*, London: McFarland, 1946.

Rostovtzeff, M., *The Social and Economic History of the Roman Empire*, Vol.I, Oxford: Clarendon, 1963.

Rostovtzeff, M., *The Social and Economic History of the Roman Empire*, Vol.II, Oxford: Clarendon, 1963.

Russell, B., *A History of Western Philosophy*, New York & London: Touchstone, 1972.

Sabin, P. & Wees, H.V. & Whitby, M., *The Cambridge History of Greek and Roman Warfare I*, Cambridge: Cambridge University Press, 2007.

Sabin, P. & Wees, H.V. & Whitby, M., *The Cambridge History of Greek and Roman Warfare II*, Cambridge: Cambridge University Press, 2007.

Salmon, E.T., *A History of the Roman World From 30 BC to AD 138*, London: Methuen & Co, 1963.

Scullard, H.H., *A History of the Roman World From 753 to 146 BC*, London: Methuen & Co, 1964.

Seager, R., *Tiberius*, Oxford: Blackwell, 2005.

Sherwin-White, A.N., *Roman Foreign Policy in the East 168 B. C. to A.D. 1*, Norman: University of Oklahoma, 1984.

Sinor, D., *The Cambridge History of Early Inner Asia*, Cambridge: Cambridge University Press, 1990.

Sordi, M., *The Christians and the Roman Empire*, London & Sydney: Groom Helm, 1983.

Southern, P., *The Roman Empire From Severus to Constantine*, London & New York: Routledge, 2001.

Sykes, P.M., *A History of Persia*, London: Macmillan and Co, 1915.

Thomas, S.B., *Rome and the Barbarians 100 BC—AD400*, Baltimore & London: The John Hopkins University, 2003.

Thompson, E.A., *The Huns*, Oxford, Blackwell Publishers,

1996.

Vogt, J., *The Decline of Rome*, London: Weidenfeld & Nicolson, 1965.

Watson, G.R., *The Roman Soldier*, New York: Cornell University Press, 1985.

Wells, C., *The Roman Empire*, Stanford: Stanford University Press, 1984.

Wiesehofer, J., *Ancient Persia from 550 BC to 650 AD*, London & New York: I. B.Tauris, 1999.

Yarshater, E., *The Cambridge History of Iran III*, London & New York: Cambridge University, 1983.

西文论文

Alexander, L., "The Origin of Greek and Roman Artillery", *The Classical Journal*, 41(1946), pp.208—212.

Alföldi, A., "Some Portraits of Julianus Apostata", *American Journal of Archaeology*, 66(1962), pp.403—405.

Bacher, W., "Statements of a Contemporary of the Emperor Julian on the Rebuilding of the Temple", *The Jewish Quarterly Review*, 10(1897), pp.168—172.

Barnes T.D., "Review Article: Ammianus Marcellinus and His World", *Classical Philology*, 88(1993), pp.55—70.

Baynes, N.H., "Rome and Armenia in the Fourth Century", *The English Historical Review*, 25(1910), pp.625—643.

Baynes, N.H., "The Death of Julian the Apostate in a Christian

Legend", *The Journal of Roman Studies*, 27(1937), pp.22—29.

Bivar, A.D.H., "Cavalry Equipment and Tactics on the Euphrates Frontier", *Dumbarton Oaks Papers*, 26(1972), pp.271—291.

Blockley, R., "Ammianus and Cicero: The Epilogue of the 'History' as a Literary Statement", *Phoenix*, 52(Autumn-Winter, 1998), pp.305—314.

Blockley, R.C., "Ammianus Marcellinus on the Battle of Strasburg: Art and Analysis in the 'History'", *Phoenix*, 31(1977), pp.218—231.

Blockley, R. C., "Ammianus Marcellinus on the Persian Invasion of A.D. 359", *Phoenix*, 42(1988), pp.244—260.

Blockley, R. C., "Festus' Source on Julian's Persian Expedition", *Classical Philology*, 68(1973), pp.54—55.

Bullough, V.L., "The Roman Empire vs.Persia, 363—502: A Study of Successful Deterrence", *The Journal of Conflict Resolution*, 7(1963), pp.55—68.

Cameron, A., "The Roman Friends of Ammianus", *The Journal of Roman Studies*, 54(1964), pp.15—28.

Cameron, A.M. & Cameron, A.D.E., "Christianity and Tradition in the Historiography of the Late Empire", *The Classical Quarterly*, *New Series*, 14(1964), pp.316—328.

Chalmers, W.R., "Eunapius, Ammianus Marcellinus, and Zosimus on Julian's Persian Expedition", *The Classical Quarterly*, 10 (1960), pp.152—160.

Croke, B., "Cassiodorus and the Getica of Jordanes", *Classical*

Philology, 82(1987), pp.117—134.

Downey, G., "Julian the Apostate at Antioch", *Church History*, 8(1939), pp.303—315.

Edbrooke, Jr. R.O., "The Visit of Constantius II to Rome in 357 and Its Effect on the Pagan Roman Senatorial", *The American Journal of Philology*, 97(1976), pp.40—61.

Fisher, G., "A New Perspective on Rome's Desert Frontier", *Bulletin of the American Schools of Oriental Research*, 336 (2004), pp.49—60.

Fornara, C.W., "Julian's Persian Expedition in Ammianus and Zosimus", *The Journal of Hellenic Studies*, 111(1991), pp.1—15.

Fornara, C. W., "Studies in Ammianus Marcellinus: II: Ammianus' Knowledge and Use of Greek and Latin Literature", *Historia: Zeitschrift für Alte Geschichte*, 41(1992), pp.328—344.

Fornara, C. W., "Studies in Ammianus Marcellinus I: The Letter of Libanius and Ammianus' Connection with Antioch", *Historia: Zeitschrift für Alte Geschichte*, 41(1992), pp.420—438.

Frakes, R.M., "Ammianus Marcellinus and Zonaras on a Late Roman Assassination Plot", *Historia: Zeitschrift für Alte Geschichte*, 46(1997), pp.121—128.

Frakes, R. M., "Cross-References to the Lost Books of Ammianus Marcellinus", *Phoenix*, 49(1995), pp.232—246.

Griffith, S. H., "Ephraem the Syrian's Hymns 'Against Julian': Meditations on History and Imperial Power", *Vigiliae Christianae*, 413(1987), pp.238—266.

Heather, P., "Cassiodorus and the Rise of the Amals: Genealogy and the Goths under Hun Domination", *The Journal of Roman Studies*, 79(1989), pp.103—128.

Heather, P., "The Huns and the End of the Roman Empire in Western Europe", *The English Historical Review*, 110 (1995), pp.4—41.

Hoffman, M.A., "The History of Anthropology Revisited—A Byzantine Viewpoint", *American Anthropologist*, *New Series*, 75, 5 (1973), pp.1347—1357.

Howorth, H.H., "The Westerly Drifting of Nomades, from the Fifth to the Nineteenth Century. Part XII. The Huns", *The Journal of the Anthropological Institute of Great Britain and Ireland*, 3 (1874), pp.452—475.

Hunt, E.D., "Christians and Christianity in Ammianus Marcellinus", *The Classical Quarterly*, 35(1985), pp.186—200.

Kelly, G., "Ammianus and the Great Tsunami", *The Journal of Roman Studies*, 94(2004), pp.141—167.

Keyser-Tracqui, C. & Crube'zy, E. & Ludes, B., "Nuclear and Mitochondrial DNA Analysis of a 2000-Year-Old Necropolisin the Egyin Gol Valley of Mongolia", *Am. J. Hum. Genet*, 73(2003), pp.247—260.

Keyser-Tracqui, C. & Crube'zy, E. & Pamzsav, H. & Varga, T. & Ludes, B., "Population origins in Mongolia: genetic structure analysis of ancient and modern DNA", *Am J Phys Anthropol*, 131 (2006), pp.272—281.

Lightfoot, C. S., "Trajan's Parthian War and the Fourth-Century Perspective", *The Journal of Roman Studies*, 80 (1990), pp.115—126.

Lindner, R.P., "Nomadism, Horses and Huns", *Past and Present*, 92(1981), pp.3—19.

Mackail, J. W., "Ammianus Marcellinus", *The Journal of Roman Studies*, 10(1920), pp.103—118.

MacMullen, M., "Some Pictures in Ammianus Marcellinus", *The Art Bulletin*, 46(1964), pp.435—455.

Maenchen-Helfen, O.J., "Germanic and Hunnic Names of Iranian Origin", *Oriens*, 10(1957), pp.280—283.

Maenchen-Helfen, O.J., "The Date of Ammianus Marcellinus' Last Books", *The American Journal of Philology*, 76 (1955), pp.384—399.

Matthews, J.F., "The Origin of Ammianus", *The Classical Quarterly, New Series*, 44(1994), pp.252—269.

Pack, R., "Ammianus Marcellinus and the Curia of Antioch", *Classical Philology*, 48(1953), pp.80—85.

Seager, R., "Perceptions of Eastern Frontier Policy in Ammianus, Libanius, and Julian(337—363)", *The Classical Quarterly*, 47 (1997), pp.253—268.

Seager, R., "Roman Policy on the Rhine and the Danube in Ammianus", *The Classical Quarterly*, 49(1999), pp.579—605.

Sundwall, G.A., "Ammianus Geographicus", *The American Journal of Philology*, 117(1996), pp.619—643.

Syme, R., "Zeitkritik und Geschichtsbild im Werk Ammians by A. Demandt", *The Journal of Roman Studies*, 58 (1968), pp.215—218.

Thompson, E.A., "Ammianus Marcellinus and the Romans", *Greece & Rome*, 11(1942), pp.130—134.

Warmington, B.H., "Ammianus Marcellinus and the Lies of Metrodorus", *The Classical Quarterly*, *New Series*, 31 (1981), pp.464—468.

Wheeler, E.L., "Methodological Limits and the Mirage of Roman Strategy: Part I", *The Journal of Military History*, 57 (Apr., 1993), pp.7—41.

Wheeler, E.L., "Methodological Limits and the Mirage of Roman Strategy: Part II", *The Journal of Military History*, 57 (Apr., 1993), pp.215—240.

Williams, M.F., "Four Mutinies: Tacitus 'Annals' 1.16—30; 1.31—49 and Ammianus Marcellinus 'Res Gestae' 20.4.9—20.5.7; 24.3.1—8", *Phoenix*, 51(Spring, 1997), pp.44—74.

Woods, D., "Maurus, Mavia, and Ammianus", *Mnemosyne*, *Fourth Series*, 51(Jun., 1998), pp.325—336.

Yule, H., "Notes on the Oldest Records of the Sea-Route to China from Western Asia", *Proceedings of the Royal Geographical Society and Monthly Record of Geography*, 4(1882), pp.649—660.

图书在版编目(CIP)数据

罗马帝国的梦魇：马塞里努斯笔下的东方战争与东
方蛮族/刘衍钢著.—上海：上海人民出版社，2018
ISBN 978 - 7 - 208 - 15283 - 0

Ⅰ.①罗… Ⅱ.①刘… Ⅲ.①希波战争-战争史-研
究②匈奴-民族历史-研究 Ⅳ.①K125②K289

中国版本图书馆 CIP 数据核字(2018)第 146471 号

责任编辑 范　晶
封扉设计 人马艺术设计·储平

罗马帝国的梦魇
——马塞里努斯笔下的东方战争与东方蛮族
刘衍钢 著

出　　版	上海人民出版社
	（200001　上海福建中路 193 号）
发　　行	上海人民出版社发行中心
印　　刷	上海商务联西印刷有限公司
开　　本	635×965　1/16
印　　张	16
插　　页	3
字　　数	192,000
版　　次	2018 年 8 月第 1 版
印　　次	2019 年 3 月第 2 次印刷
ISBN	978 - 7 - 208 - 15283 - 0/K·2761
定　　价	48.00 元